Stephan Lamby

DENNOCH SPRECHEN WIR MITEINANDER

Stephan Lamby

DENNOCH SPRECHEN WIR MITEINANDER

Wie ein Familientreffen zu einer Reise durch die Welt der Demagogen wurde

C.H.Beck

Wilhelmstraße 9, 80801 München, info@beck.de

www.chbeck.de
Umschlaggestaltung: Rothfos & Gabler, Hamburg
Umschlagabbildung: Brat Co stocksy.com
Satz: Janß GmbH, Pfungstadt
Druck und Bindung: Pustet, Regensburg
Printed in Germany
ISBN 978 3 406 83009 9

MIX
Papier | Fördert gute Waldnutzung
FSC® C014889

verantwortungsbewusst produziert
www.chbeck.de/nachhaltig
produktsicherheit.beck.de

In Erinnerung an Rudolf Vrba
1924–2006

INHALT

PROLOG

Der Mann neben mir dreht sich noch einmal um. Er erkennt sich auf einem Bild, an dem er eben vorbeigegangen ist. Jetzt will er sich das Bild noch einmal genau anschauen. Es zeigt ihn, wie er eine Kettensäge in die Luft streckt. Darunter steht: «The Enemy of the State», der Feind des Staates. Der Mann ist Präsident des Staates Argentinien, er zögert kurz, dann ruft er laut: «Yes, I am the enemy of the state.» Alle um ihn herum kichern.

In dem Restaurant in Oberitalien dröhnt plötzlich Marschmusik aus den Lautsprechern. Nach ein paar Takten fängt die junge Frau, die mir gegenübersitzt, an zu summen, schließlich gibt sie sich einen Ruck und singt den Text mit, Strophe für Strophe. Sie strahlt übers ganze Gesicht. Als ich sie frage, was das für ein Lied ist, antwortet sie, es sei ein uraltes Kampflied der Faschisten. Ist sie selber Faschistin? Sie wundert sich über meine Frage: «Ja, selbstverständlich.»

Joe ist per Video in die amerikanische Fernsehsendung meines Cousins geschaltet. Er und die anderen Gäste schäumen vor Wut, Donald Trump wurde gerade von einem New Yorker Gericht verurteilt. Joe sagt einen Zusammenbruch der amerikanischen Gesellschaft voraus: «Die nächsten fünf Jahre werden unvorstellbar sein.» Aber was soll's, brummt er, auf den Ruinen könne man später etwas Neues errichten.

Der Mann mit Strohhut hat sein ganzes Berufsleben lang als Arzt gearbeitet. Jetzt macht er in einer Plattenbausiedlung in Gera Wahlkampf für die AfD. Natürlich bekommt er mit, wie über seine Partei berichtet wird, die ganzen Negativschlagzeilen, die Nazi-Vergleiche. Er findet: «Die Leute können diese Propaganda nicht mehr hören. Die haben ja ihren eigenen Verstand.» Dann schränkt er ein: «Die Leute, die vor der Glotze hängen, werden natürlich vom Staatsfunk manipuliert.» Sobald seine Partei an der Macht sei, würde sie dem Staatsfunk ein Ende setzen.

Seit beinahe 40 Jahren beobachte ich politische Prozesse. Noch nie habe ich die Wut auf das herrschende System, die Sehnsucht nach Umsturz und ja, nach Zerstörung als so tiefgreifend und bedrohlich empfunden wie in den letzten Monaten. Was ist los in unserem Land? Was ist los in anderen Ländern?

Lange Zeit galt die Demokratie doch als stabil, als unzerbrechlich, als die durchsetzungsstärkste, flexibelste, kurzum: als die beste Staatsform der Geschichte. Doch so ist es nicht, zumindest nicht mehr. In immer mehr Gesellschaften wird die Demokratie in Frage gestellt, ihre Fundamente werden brüchig. Schrille Außenseiter und neue Formen der öffentlichen Kommunikation bedrohen das gewohnte politische Gefüge.

Die größte Gefahr lauert im Inneren, das zeigen auch der hasserfüllte Wahlkampf und der rauschhafte Sieg von Donald Trump. Was an die Stelle der Demokratie drängt, hat noch sehr unscharfe Konturen. Der alte Faschismus mit Stahlhelm und Springerstiefeln ist es wohl nicht. Aufmärsche auf Straßen gibt es nur selten, heute toben sich radikalisierte Bürger auf den Schlachtfeldern von TikTok, Telegram und X aus. Noch erleben wir eine Phase der Disruption, des Übergangs. Aber wohin, was soll nach dem Übergang folgen? Figuren, die noch vor wenigen Jahren kaum Chancen im politischen Betrieb gehabt hätten, erhalten plötzlich großen Zuspruch, weil sie versichern, alles andere zu sein, nur keine klassischen Politiker. Sie werden schnell beliebt, wenn sie in Talkshows oder sozialen Medien etablierte Politiker nur wüst genug beleidigen und ihnen jegliche Integrität absprechen. Die müssen wiederum feststellen, dass ihre Überzeugungskraft schwindet, dass ihnen die Zustimmung weiter Teile der Bevölkerung abhandenkommt. Liegt es an ihrer veralteten Form der Kommunikation? Liegt es daran, dass der Vorwurf, «die da oben» seien allesamt korrupt, durch ständig neue Skandale Nahrung erhält? Liegt es daran, dass die Bürger den Versprechungen der Regierungen immer weniger glauben, weil sich an ihren Lebensverhältnissen eh nichts verbessert?

Parallel zu der Erschütterung des westlichen Politikmodells läuft in Argentinien gerade ein Experiment, das sich den bekannten Schemata entzieht und auf dessen Ausgang viele, auch in Deutschland, gespannt blicken: Der argentinische Präsident Javier Milei will den Staat nicht stärken, sondern so weit wie möglich zerstören und seine

Aufgaben dem freien Markt überlassen. Sein Vorhaben setzt er mit brachialer Energie durch. Die Debatte über die Stärkung des Staates versus seine gezielte Schwächung wird unter anderen Vorzeichen ja auch hierzulande geführt, auch an diesem Grundsatzstreit ist die Ampelkoalition zerbrochen. In Argentinien kann man außerdem beobachten, was passiert, wenn Regierungen jahrelang an ihrer Bevölkerung vorbeiregieren, wenn das Vertrauen in Politik schwindet. Dann können Personen das Vakuum füllen, die die Demokratie am liebsten in Schutt und Asche legen wollen.

Noch unterscheiden sich die Anführer der neuen Bewegungen in Nord- und Südamerika von den Politikern, die in Deutschland an der Macht sind oder Chancen haben, in Regierungsverantwortung zu kommen. Aber die Versuchung, die von ihren Ansichten und Methoden auch hier ausgeht, wächst rapide. Um aus vielen Anhängern eine Gemeinschaft Gleichgesinnter zu formen, bieten die neuen Anführer schlichte Freund-Feind-Bilder an: wir gegen die. Mitglieder anderer Parteien behandeln sie nicht wie Konkurrenten, sondern wie Feinde, die ausgeschaltet werden müssen, mindestens politisch. Immer hetzen sie gegen Journalisten, gegen eine vermeintliche Verschwörung etablierter Politiker und Medien, gegen eine behauptete «Meinungsdiktatur». Oft machen sie Stimmung gegen Fremde, gegen Menschen aus anderen Ländern, mit anderer Hautfarbe und anderer Religion. Sie zerstören die Toleranz und somit den Wesenskern der Demokratie.

Nicht nur die Demagogen sind angsteinflößend, sondern auch die unzähligen Menschen, die ihnen Macht übertragen. Auch ihre Bereitschaft, sich zu unterwerfen, rüttelt am Fundament der Demokratie. Selbst wenn sich Donald Trump eines Tages aus der Politik zurückziehen sollte, wird seine Make-America-Great-Again-Bewegung (MAGA) wohl von anderen Demokratiefeinden fortgeführt und benutzt werden. Daher werde ich nicht nur auf die Anführer schauen, sondern in erster Linie auf ihre Anhänger. Ihre Argumentationsmuster ähneln sich frappierend, länder- und kulturübergreifend.

Für dieses Buch habe ich mich auf den Weg gemacht. Im Laufe eines Jahres bin ich an Orte gereist, an denen ich den politischen Gezeitenwechsel sehen und begreifen kann. Meistens habe ich einfache Bürger getroffen, fernab der politischen Zentren, es waren zahlreiche Zufallsbekanntschaften darunter. Die Reisen führten mich auch zu Mitgliedern meiner eigenen Familie und zu Freunden. Zu Menschen also, die mir nahestehen und denen ich mich seit langem verbunden fühle. Einige dieser Begegnungen waren ermutigend, andere sehr schmerzhaft. Diese Teile des Buches berühren meine eigene Geschichte, auch die meiner Mutter, ihrer Schwester und die meines amerikanischen Cousins. Von ihnen will ich hier erzählen, weil ihre Lebensläufe und Erfahrungen eine exemplarische Aussagekraft für den Zustand unserer Gesellschaften haben.

Bei vielen Menschen, denen ich in den letzten Monaten begegnet bin, habe ich mich über ihre politischen Ansichten gewundert, über ihren Zorn, nicht nur gegen Politiker, sondern auch gegen uns Journalisten. Dennoch haben wir miteinander gesprochen, oft haben wir gestritten. Fast immer hat es sich gelohnt.

Mit den Ländern und Orten, die ich besucht habe, verbinden mich persönliche Beziehungen. Vor vielen Jahren habe ich eine Weile in den USA gelebt, ein Teil meiner Verwandtschaft ist amerikanisch. Meine italienische Patentante lebt in Mailand, meine angeheirate Familie und auch viele Freunde leben in Argentinien. Und das angespannte Verhältnis zwischen dem Osten und dem Westen, das uns bis heute beschäftigt, kenne ich von Kindesbeinen an aus der eigenen deutsch-deutschen Familie.

Oft habe ich mich auf meinen Reisen gefragt, warum das Bedürfnis vieler Menschen nach einer gänzlich anderen, antidemokratischen Politik so groß ist. Es fällt mir auf, wie einfach dieses Bedürfnis ausgenutzt wird, wie leicht die Demokratie aus den Angeln gehoben werden kann. Auch fällt mir auf, wie anfällig Menschen aus der bürgerlichen Mitte inzwischen für extreme Ansichten sind. Je länger meine Reisen dauerten, desto klarer wurde mir, dass die Diktaturen und faschistischen Regime des 20. Jahrhunderts keine Ausrutscher waren, keine historischen Anomalien. Die Gefahr, dass wieder solche Herrschaftssysteme errichtet werden, ist real.

Wie würden die Demokratien diesmal zu Grunde gehen? Würde ihr Ende von Massenunruhen begleitet werden, wie man es im Januar 2021 in den USA befürchten musste? Würden sie mit lautem Getöse zerbrechen wie in einigen afrikanischen Ländern, die ich vor zwei Jahren einmal bereisen konnte, etwa in Mali oder Niger? Oder würden sie dahinsiechen, in Dunkelheit sterben, wie die *Washington Post* behauptet?

In den 1920 Jahren, also vor 100 Jahren, führte mit Benito Mussolini erstmals ein Diktator eine faschistische Regierung an. Im April 1945 starben die beiden mächtigsten Faschisten, die die Welt gesehen hat, innerhalb von zwei Tagen. Was ist heute Faschismus? Ist eine solche Bezeichnung für Bewegungen des 21. Jahrhunderts überhaupt noch passend oder ist sie eine polemische Überspitzung, die den Blick verstellt? Ich gehe der Frage nach, auch im historischen Rückblick. So wie es für Wirtschaftsjournalisten wichtig ist, die Dynamik vergangener Wirtschaftskrisen zu untersuchen, etwa die von 1929. Ich will nicht gleichsetzen, sondern Muster erkennen, auch Unterschiede.

So viel lässt sich mit Gewissheit sagen: In den allerwenigsten Fällen putschen sich die neuen Führer gewaltsam an die Macht, sie kommen nach freien Wahlen dorthin, ganz ohne Zwang, getragen von Millionen von Menschen. Sie bezeichnen sich selber auch nicht als autoritär oder faschistisch; natürlich wissen sie, dass derlei Begriffe belastet sind. Sie sind geschickter: Ihr Angriff auf die Demokratie erfolgt im Gewand der Verteidigung der Demokratie.

Um die Demokratien des Westens zum Einsturz zu bringen, braucht es also nicht Wladimir Putin. Viele Menschen zerstören gerade selber ihre Demokratie. Aktuelle Regierungen sind daran nicht schuldlos. Ich habe aber auch Menschen kennengelernt, die sich den Feinden der Demokratie in den Weg stellen, mit Mut und mit Erfolg.

Ich bin durch die Südstaaten der USA gereist, durch Argentinien, durch Deutschland und durch Norditalien. Wo es sich anbietet, blicke ich in die Vergangenheit dieser Länder. Und wo es möglich ist, wage ich einen Blick in ihre Zukunft.

Mein Erlebnisbericht ist eine Momentaufnahme. Noch ist mir nicht klar, ob wir mitten im Sturm sind oder kurz davor.

IM WESTEN

Martin

Den ersten Tag des neuen Jahres verbringen wir an einem für mich besonderen Ort. Vom Petersberg aus kann man weit den Rhein hinabblicken, über Bonn hinaus, sogar die Türme des Kölner Doms sind zu erkennen. Wenn man auf die andere Rheinseite schaut, sieht man Bad Godesberg, auch Muffendorf, dort bin ich aufgewachsen. Meine gesamte Jugend lang habe ich von meinem Elternhaus aus auf den Petersberg und das gelbliche Hotel auf seinem Hochplateau geschaut. Ein Ort, an dem sich deutsche Geschichte und meine kleine Familiengeschichte kreuzen.

Nach dem Zweiten Weltkrieg kamen hier die Hohen Kommissare der westlichen Siegermächte zusammen, mit ihnen vereinbarte Konrad Adenauer den Weg des von ihnen besetzten Teils Deutschlands in die Eigenständigkeit. Später diente das Haus als Staatsherberge, Kanzler Willy Brandt ließ hier oben Leonid Breschnew nächtigen. Um ihn zu umschmeicheln, schenkte er ihm einen Mercedes Coupé der luxuriösen SLC-Klasse. Die Bonner reißen noch heute Witze darüber, dass Breschnew das teure Spielzeug auf der Serpentinenstraße den Berg hinunter zu Schrott fuhr.

Kurz darauf gab die Bonner Regierung den Betrieb der Herberge auf und ließ das Gebäude verfallen. Wer Teile des Gemäuers und der Innenausstattung suchen will, sollte sich einmal die Privathäuser in den Nachbargemeinden anschauen. Das Haus auf dem Berg diente als Fundgrube für die Bewohner von Nieder- und Oberdollendorf sowie Königswinter, die ihre Eigenheime aufhübschten.

Für uns junge Godesberger wurde der Petersberg zu einem anderen Sehnsuchtsort, und jetzt komme ich zu meiner sehr persönlichen Geschichte. Als Jugendliche träumten wir davon, den leerstehenden Prachtbau zu besetzen und in ein autonomes Jugendzentrum zu verwandeln. In unserer Fantasie teilten wir die riesigen Zimmer unter uns auf, im alten Speisesaal sollten abends Rockbands auftreten. Ich erinnere mich, wie in den späten 70er Jahren mein Cousin Martin aus Chicago zu Besuch kam, wie wir auf meinem Moped die Straße den Berg hoch knatterten und dann durch die prominente Ruine strolchten. Der historische Ort wurde unser Abenteuerspielplatz.

Es gibt noch ein Ereignis, das in unserer Familiengeschichte bedeutsam war. Jahre vor der Hotelschließung, im Jahr 1955, haben meine Eltern hier oben ihre Hochzeitsnacht verbracht.

Das ist auch der Grund, warum meine Mutter uns, ihre Großfamilie, zu Beginn des neuen Jahres 2024, im längst wiedereröffneten Hotel Petersberg um sich versammelt. Sie will hier oben mit drei Generationen ihren 90. Geburtstag feiern. Zu diesem Familienfest kommt auch Martin, er ist mit seiner Frau den langen Weg aus Connecticut angereist. Es ist ein freudiges, ein herzliches Wiedersehen nach vielen Jahren.

Dieser Martin ist der eigentliche Grund, warum ich gleich zu Beginn so viel von dem Gebäude hoch über Bonn und von dem Familientreffen schreibe. Die Begegnung mit ihm erzählt mir einiges über die tiefe Zerrissenheit Amerikas; auch kann man, wenn man die Zeichen richtig deutet, ein wenig in die Zukunft der Demokratie und der großen geopolitischen Verschiebungen schauen. Mein amerikanischer Cousin orientiert sich ganz an Donald Trump, seinem Idol. Das Wiedersehen mit ihm setzt für mich den Ton für das gesamte Jahr. Daher möchte ich ihn kurz etwas näher vorstellen.

Alles nahm Mitte der 50er Jahre seinen Anfang. Bald nachdem meine Mutter in Bonn heiratete, verließ ihre jüngere Schwester Loretta ihre Heimat, das Rheinland, und wanderte in die USA aus, nach Chicago. Sie heiratete ebenfalls, gebar fünf Kinder, darunter Martin. Trotz der großen Entfernung und des trennenden Atlantiks blieben unsere Familien eng miteinander verbunden. Wir freuten uns über den gelegentlichen Besuch der Verwandten aus Übersee, oder wir verbrachten die Sommerferien gelegentlich in Illinois bei Loretta und ihrer Familie. Ich erinnere mich, wie Martin und ich im August 1974 in der amerikanischen Nachbarschaft Zeitungen austrugen. Sogar eine Schlagzeile der *Chicago Tribune* habe ich noch vor Augen: «Nixon resigns!» Es war der Höhepunkt der Watergate-Affäre, der Präsident war zurückgetreten. Erst viele Jahre später wurde mir klar, wie sehr in diesen Wochen die amerikanische Politik erschüttert worden war und auch das Vertrauen der Bevölkerung in ihre Volksvertreter.

Martin und ich blieben in Kontakt, als wir erwachsen wurden, nördlich von New York gründete er einen Handwerksbetrieb, er renoviert Häuser, auch ich habe dort mal einige Zeit gejobbt. Wir teilten die Vorliebe für Basketball und laute Rockmusik. In einem Sommer Ende der 80er Jahre lud mich Martin einmal zu einem Ausflug mit seinem Pickup-Truck ein, er saß am Steuer, ein Freund von ihm und ich standen hinten auf der Ladefläche und ließen uns den Wind durch die Haare wehen. Etwa zwei Stunden lang fuhren wir so die Küstenstraße Richtung Süden entlang. In Atlantic City besichtigten wir das Trump Casino. Es war das erste Mal, dass Martin und ich mit dem Namen dieses Glücksritters in Berührung kamen: Trump.

In späteren Jahren kamen Themen auf, die sich zwischen uns schoben, politische Themen. Während ich, um es einfach zu sagen, dem amerikanischen Imperialismus der 1970er und 1980er Jahre skeptisch gegenüberstand, musste ich mir von Martin Sprüche anhören, nach denen die USA die größte Nation auf Erden sei. Er entwickelte sich zum glühenden Anhänger der Republikanischen Partei und verteidigte voller Leidenschaft die Präsidenten Reagan, Bush Senior und später Bush Junior. Und es gab noch eine Überzeugung, in die er sich von früh an eingemauert hatte: Während Amerika – er meinte natürlich die Vereinigten Staaten – Gottes auserwähltes Land sei, war Russland für ihn die Inkarnation des Bösen, ein Reich, das es zu bekämpfen gilt.

Zwei Dinge liegen mir noch auf dem Herzen, bevor ich ausführlicher auf unser Neujahrstreffen zu sprechen komme: In seiner Begeisterung für die Sache der Republikaner sticht Martin aus dem amerikanischen Teil unserer Familie heraus. Der Rest unserer Verwandtschaft denkt gemäßigt liberal oder ist an politischen Themen wenig interessiert.

Und dann gibt es noch etwas, und dieser Hinweis ist mir noch wichtiger: Obwohl uns politisch mehr als ein Ozean trennt, verstehen wir uns als Cousins unverändert gut. Ich möchte es deutlich und unmissverständlich sagen: Martin ist hilfsbereit, er ist überaus charmant, er nimmt jeden und jede mit seinem rheinisch-amerikanischen Humor und seinem durch nichts zu trübenden Selbstbewusstsein für sich ein. Wenn er sich wohlfühlt, und das tut er meistens, legt sich ein verschmitztes Lächeln auf sein Gesicht, wie beim frühen Elvis Presley; auch auf den werde ich später noch zurückkommen. Außerdem ist Martin nicht so verbohrt, dass er sich politischen Grundsatzdiskussionen vollständig verweigern würde; er sucht die Auseinandersetzung. Ich glaube, ich habe ausreichend erzählt, dass mein Cousin ein liebenswerter Mensch ist, den ich sehr mag.

Aber ... da steht seit Jahrzehnten ein großes Aber zwischen uns. Als wir uns an diesen ersten Tagen des neuen Jahres wiedersehen, stellen wir bald fest, dass dieses Aber nicht gerade kleiner geworden ist. Nein, das Aber wächst und wächst.

Am Mittag ziehen wir uns zu einem Gespräch in eine Nische der Hotellobby zurück, der Kellner serviert Wasser und Limonade («with lots of ice, please»). Wir sprechen darüber, dass er, wie viele andere Amerikaner und auch ich in Deutschland, im Jahr 2016 vom Wahlsieg Donald Trumps überrascht war. Er sympathisierte mit Trump, als Wahlhelfer wurde er damals sogar ein kleiner Teil von dessen Kampagne, und doch hielt Martin einen Sieg bei der Präsidentschaftswahl vor acht Jahren für unwahrscheinlich. Am Wahlabend machte er sich von seinem Haus in Connecticut aus auf den Weg und besuchte Trumps Party im New Yorker Hilton Hotel. Als er Stunden später im Sonnenaufgang den West Side Highway von Manhattan entlang nach Hause fuhr, fühlte er sich ganz prächtig: Donald Trump, sein Kandidat, hatte gewonnen. Kein Zweifel, jetzt würde es mit Amerika wieder aufwärts gehen.

Mein Blick auf Martins Held war ganz anders, und ich sah meine Befürchtungen bald bestätigt: Vier Jahre lang verprellte Donald Trump als Präsident westliche Regierungen, auch Angela Merkel, er verhöhnte seine Gegner im eigenen Land, er verbreitete Tausende Lügen und aberwitzige Verschwörungserzählungen, er hetzte gegen ethnische Minderheiten.

Mein Cousin hielt weiter treu zu ihm. Für Amerikaner wie ihn brachte Trump ein Gefühl alter Größe zurück, sie waren stolz auf ihr Land, auf ihren Präsidenten. Vier Jahre lang.

Als im Herbst 2020 feststand, dass Trump die nächste Präsidentschaftswahl verloren hatte, telefonierte ich mit Martin. Er schien sich wie ein fairer Sportler mit der Niederlage abzufinden und bescheinigte Joe Biden, «ein aufrechter Amerikaner» zu sein, immerhin. Für einen kurzen Moment kam mein Vertrauen in die Selbstheilungskräfte der amerikanischen Demokratie zurück – und auch der Glaube an den politischen Anstand meines Cousins. Doch dann entpuppte sich Trump als hundsmiserabler Verlierer, der seinem Rivalen Betrug unterstellte und sich weigerte, dem rechtmäßigen Sieger Platz zu machen. Ging Martin jetzt auf Distanz zu Trump oder folgte er ihm auch in seinem Wahn? Ich wusste es nicht, seit dem Winter 2020 hatte ich nur noch wenig Kontakt mit ihm, und wenn, dann sprachen wir über Privates.

Umso verblüffter bin ich, als mir Martin jetzt, Jahre später auf dem Petersberg, erzählt, wie die Geschichte weiterging ging mit ihm und Trump. Sofort kreist unser Gespräch um den 6. Januar 2021, der in die Geschichte Amerikas eingegangen ist als der Tag, an dem um die Zukunft der Demokratie gekämpft wurde, nicht mit Worten, sondern mit Fäusten und mit Feuerwaffen. Als einige Stunden lang offen war, ob die Angreifer der Demokratie gewinnen würden oder ihre Verteidiger. Jetzt entwickelt sich das Gespräch zwischen Martin und mir in eine Richtung, die ich nicht erwartet hatte. Je länger wir sprechen, desto unklarer ist, wen er für die Angreifer hält und wen für die Verteidiger. Bis mir bewusst wird, was mein Cousin wirklich denkt über diesen Tag, und auch, wo er diesen Tag verbracht hat.

An diesem 6. Januar, als Donald Trump seine Anhänger aufforderte, zu einem Massenprotest in die Hauptstadt zu reisen, machte sich auch Martin auf den Weg nach Washington. Er zog seine «Make-America-Great-Again»-Kappe auf, schulterte eine Stars-and-Stripes-Flagge und mischte sich unter die vielen tausend wütenden Demonstranten. Sie alle wollten den Machtwechsel von Trump zu Biden verhindern, irgendwie. Mit seinem Smartphone führte Martin Interviews mit anderen Trump-Gefolgsleuten und lud die Videos später in sozialen Medien hoch. Niemand wollte die Wahlniederlage, ihre Niederlage, eingestehen. So wurde mein Cousin Teil einer dumpfen, immer lauter und aggressiver werdenden Masse, die in Richtung des Kapitols zog. Eindrucksvoll schildert er mir, wie er vor dem Parlament Schüsse hörte, es habe sich wohl nur um Tränengasmunition gehandelt. Die Knallerei habe ihm dennoch einen mächtigen Schrecken eingejagt.

Im ruhigen Hotel Petersberg zieht Martin plötzlich sein Handy aus der Tasche, er hat immer noch die Videos gespeichert, die er damals aufgenommen hat, und spielt mir ein paar der O-Töne von Demonstranten vor. In einem kleinen Lokalsender seiner Heimatstadt in Connecticut hat er eine eigene TV-Show, einmal pro Woche breitet er seine Sicht auf die Welt aus; kurz nach dem 6. Januar hat er dort ebenfalls seine Videos gezeigt.

Wenn man sich die Interviews mit dem Abstand von ein paar Jahren anschaut, dann fällt vor allem auf, dass Martin und die anderen Demonstranten fest von einem riesigen Skandal überzeugt waren. Ihnen sei die Wahl gestohlen worden, behaupten sie alle. Selbstverständlich, das beteuern sie immer wieder, hätten sie nichts gegen Demokratie als Staatsform einzuwenden. Im Gegenteil, sie reden davon, nicht nur die Wahl sei ihnen gestohlen worden, sondern sie hätten Sorge, dass ihnen gleich die ganze Demokratie weggenommen werden würde. Sie sprechen von ihrer Angst vor einer «Versklavung». Das Wort fällt tatsächlich. Als ob man in Amerika nicht genau wüsste, was «Sklave» bedeutet.

Martin vergleicht die Massenkundgebung von damals sogar mit dem Gefühl einer kollektiven Befreiung und kommt immer mehr ins Schwärmen; so hätten sich wohl auch die Besucher von Woodstock ein halbes Jahrhundert zuvor gefühlt. Jimi Hendrix mit Donald Trump zu vergleichen, friedensbewegte Hippies mit gewaltbereiten Putschisten – ich staune.

Seine Vergleiche mögen abwegig sein, aber sie helfen mir, etwas zu verstehen. Allmählich dämmert mir, dass sich an diesem 6. Januar 2021 zwar ein Sturm auf das Herz der amerikanischen Demokratie erhob, aber nicht von Anti-Demokraten, sondern von Menschen, die allen Ernstes glaubten, die Demokratie gegen eine drohende Diktatur verteidigen zu müssen. Was für eine seltsame Verdrehung: Angreifer als Verteidiger. Und Verteidiger als Angreifer. Was für eine Leugnung des tatsächlichen Wahlausgangs, was für eine Leugnung des konstitutionell festgelegten Machtwechsels. Wie kann Martin, mein Martin, bloß einer solchen Erzählung folgen?

Eine ganze Weile sitzen wir zusammen, schauen uns Videos dieses Tages an und tauschen unsere Erinnerungen und Wahrnehmungen aus. Sie könnten nicht unterschiedlicher sein. Und sie werden uns in den nächsten Monaten noch weiter beschäftigen. Im gerade neu aufziehenden Wahlkampf wird auch die Aufarbeitung des Aufruhrs eine Rolle spielen.

Für Martin ist der Versuch einiger Bundesstaaten wie Colorado oder Maine, Donald Trump wegen seiner Rolle beim Putschversuch nicht zur Wahl zuzulassen, ein neuer Skandal. Wieder geht es um die Demokratie. «Die Gerichte wollen die Demokratie verteidigen, indem sie den Namen des aussichtsreichsten Kandidaten vom Wahlzettel streichen?», spottet er. «So etwas verstehen die Liberalen also unter Demokratie!» Er lacht höhnisch auf. Dann verweist er darauf, dass Trump zwar vorgeworfen wird, die Menge zum Sturm aufs Kapitol angestachelt zu haben, er sei deswegen aber bislang nicht verurteilt worden. Dass der Strafprozess gegen ihn in dieser Angelegenheit noch gar nicht begonnen hat, sagt er nicht.

Immer mehr redet er sich in Schwung und teilt gegen «die Medien» aus: «Niemand ist heutzutage weniger glaubwürdig als Journalisten.» Alle Versuche, Trump anzuhängen, er habe gegen Gesetze verstoßen oder sich undemokratisch verhalten, seien im Sande verlaufen. «All diese großen Journalisten haben gelogen, allesamt gelogen.» Martin argumentiert jetzt nicht mehr humorvoll; aus seiner Stimme ist jegliche Ironie entwichen. Er wird zornig. Für einen Moment scheint er zu vergessen, dass ich selber Journalist bin. Vielleicht bin ich als Deutscher, als Verwandter zumal, kein lohnendes Ziel für seine Erregung. Und außerdem, es stimme zwar, dass beim Sturm aufs Kapitol der Protest ein wenig außer Kontrolle geraten sei. Doch man könne deswegen noch lange nicht von einem Aufstand sprechen. Auch in diesem Punkt unterscheiden sich unsere Wahrnehmungen. Aber okay, Martin stand an diesem Tag vor dem Kapitol, ich saß nur in Hamburg vor dem Fernseher.

Nachdem wir uns eine Weile lang im Kreis gedreht haben, wollen wir nach vorne schauen, auf die kommenden Monate. Martin schwärmt von einer Wiederwahl Trumps im November. Und er hat ein geradezu umwerfendes Argument: «Die Schönheit dieser Kandidatur ...», er spricht tatsächlich von Schönheit, also «die Schönheit dieser Kandidatur besteht darin, dass wir diesmal genau wissen, was er tun wird. Er hat es ja vier Jahre lang vorgemacht.» Man kann das als Drohung verstehen, Martin versteht es als Verheißung.

Unstrittig ist, das sieht auch Martin so, dass sich seit Donald Trumps letzter Präsidentschaft Entscheidendes getan hat. Der Überfall Russlands auf die Ukraine hat das geopolitische Gleichgewicht in der Welt dramatisch verändert.

Was würde ein wiedergewählter Präsident Trump tun? Martin reibt sich förmlich die Hände und erinnert an die herausragenden Fähigkeiten des Geschäftsmanns Donald Trump, der sei schließlich ein begnadeter Dealmaker. Als solcher habe er versprochen, den Krieg in der Ukraine innerhalb von 24 Stunden zu beenden. Aber die Wahl ist an diesem Tag mehr als elf Monate weit weg, elf Monate sind in der Politik, und erst recht im Krieg, eine Ewigkeit.

Wir sprechen dann eine Weile über Wladimir Putin, der ja unabkömmlich für einen solchen Blitz-Deal wäre. Martin hat nicht nur von Trump eine klare Vorstellung, sondern auch von Putin. Er macht sich keine Illusionen, der russische Präsident würde als ehemaliger KGB-Mann von der Wiederherstellung des Sowjetimperiums aus den Zeiten von Leonid Breschnew träumen. Er würde sich von der Osterweiterung der Nato bedrängt fühlen, wolle den Spieß jetzt umdrehen und den Einflussbereich seines Landes wieder nach Westen ausdehnen. In Wahrheit würde es Putin, werfe ich in unsere Diskussion ein, nicht allein um die Eroberung von ein paar Städten und Dörfern in der Ostukraine gehen. Seine Expansionsgelüste würden sich weit darüber hinaus erstrecken. Eine 24-Stunden-Abmachung mit diesem Wladimir Putin anzustreben, könne ja nur darauf hinauslaufen, ihm mindestens ein Fünftel des ukrainischen Staatsgebietes zu überlassen. Das sei nicht nur naiv, das sei auch gefährlich für den Rest Europas. Putin könne das als Belohnung für seinen Krieg empfinden und als Ermunterung, weitere Nachbarstaaten zu überfallen.

Das sei eine nicht von der Hand zu weisende Gefahr, gibt Martin zu. Dann sagt er zu meiner Überraschung, dass er sich umfassend mit der Vorgeschichte des Zweiten Weltkriegs beschäftigt habe, da gäbe es eine Parallele, als die englische Regierung versucht habe, mäßigend auf Hitler einzuwirken. Er spielt auf das Münchner Abkommen an. Was Martin nicht weiß, ist, dass die Verhandlungen zu diesem Abkommen ihren Anfang an dem Ort hatten, an dem wir gerade zusammensitzen und Limonade trinken, am Petersberg. Da ich gegenüber auf der anderen Rheinseite aufgewachsen bin, ist mir das Treffen von Neville Chamberlain und Adolf Hitler geläufig. Für Martin ist die Geschichte neu.

Im September 1938 residierte der britische Premierminister hier oben im Hotel und ließ sich ein paar Tage lang immer wieder auf der Fähre zum Rheinhotel Dreesen am anderen Ufer übersetzen, um dort Hitler zu treffen. Nazideutschland hatte massiv aufgerüstet, ein großer Krieg lag in der Luft. In seiner Not bot Chamberlain dem Deutschen das Sudetenland in der Tschechoslowakei an. Er glaubte, ihn so besänftigen und den großen Krieg verhindern zu können. Ein paar Tage später reisten die beiden nach München und setzten, gemeinsam mit dem französischen Premier Daladier und dem italienischen Diktator Mussolini, ihre Unterschrift unter einen Vertrag, der fortan als Münchner Abkommen bekannt war. Überall kann man heute lesen, dass Chamberlains Appeasement-Strategie gescheitert ist, weil sie Hitlers Angriff auf andere europäische Staaten erleichtert hat. Die Eckpunkte des Abkommens wurden also hier am Rhein vorbesprochen.

Es liegt nahe, nach Russlands Einmarsch in der Ukraine Neville Chamberlain mit Donald Trump zu vergleichen, auch wenn beide sonst wenige charakterliche und politische Übereinstimmungen aufweisen. Aber Trumps wiederholte Bemerkung, als neuer Präsident würde er den Krieg innerhalb von 24 Stunden beenden, kann man nur so verstehen, dass er dem Land jegliche Unterstützung entziehen und Putin die bereits besetzten Ostgebiete überlassen würde. Die größte Gefahr für den Weltfrieden geht daher aktuell nicht von Wladimir Putin aus, argumentiere ich, sondern von einer Kombination aus Wladimir Putin und Donald Trump.

Jetzt widerspricht Martin. Er würde doch sehr hoffen, dass Donald Trump, der gerade das Gegenteil eines Berufspolitikers sei, einen wirkungsvolleren Ansatz verfolgen würde, um diesen Krieg zu beenden. Das ist mir zu blauäugig, antworte ich, wenn ein möglicher Präsident Trump seinem Dealpartner Putin ein Fünftel des von ihm überfallenen Staates überließe, würden die Spielregeln der Vereinten Nationen, die die Mitgliedsstaaten zum friedlichen Miteinander verpflichten, auf absehbare Zeit außer Kraft gesetzt werden. Andere Kriegsherren in anderen Nationen könnten es Putin gleichtun.

Ja, diese Gefahr würde er ebenfalls sehen, sagt Martin. Aber der augenblickliche Zustand der Ukraine sei unerträglich. Und dem amtierenden Präsidenten Joe Biden würde er einfach nicht zutrauen, diesen Konflikt zu beenden. Biden sei so altersschwach und senil, dass man sich vielmehr die Frage stellen müsse, wer in der aktuellen amerikanischen Regierung die notwendigen Entscheidungen treffe. Biden sei das wohl nicht. Das kann man glauben oder nicht, sage ich, wer will das von außen beurteilen. Aber energisch widersprechen kann ich ihm in diesem Punkt nicht.

Die anderen Verwandten drängeln schon, unsere Familienfeier soll bald beginnen. Eine letzte Frage habe ich noch an Martin: Wie beurteilt er die Spaltung der amerikanischen Gesellschaft heute, nach drei Jahren Regierungszeit von Joe Biden? Vordergründig will mein Cousin etwas Zuversicht verbreiten: «Eigentlich sind wir gar nicht so gespalten, wie man gemeinhin denkt.» Die wahre Spannungslinie verlaufe nicht zwischen Republikanern und Demokraten, sondern zwischen den Insidern der Macht und denen, die sich ausgeschlossen fühlen. Am Ende aber würden die Amerikaner zusammenstehen. Auch das kann man glauben oder nicht.

Die Aussichten für sein Land, für den globalen Westen überhaupt, sind zu Beginn dieses Jahres düster. Da ist die Wahl im November, die zur Abstimmung über die Zukunft der Demokratie werden kann. Da ist der Krieg in der Ukraine, der die USA und ihre Verbündeten unter massiven Druck setzt. Da ist der Krieg zwischen Israel und der Hamas, der sich, was zu diesem Zeitpunkt noch nicht klar ist, weiter ausweiten wird. Ich denke auch an die Wahlen in Ostdeutschland im September.

Aber da ist auch unser deutsch-amerikanisches Familientreffen. Martin und ich stehen auf, reichen uns die Hand, wir lachen kurz und gehen dann zu den übrigen Verwandten. Heute Abend werden wir im großen Kreis unsere Sorgen wegtrinken und wegsingen.

Was wir nicht wegtrinken und wegsingen können, sind die erheblichen Unterschiede zwischen unseren Standpunkten. Und auch mein Erstaunen über den geliebten Cousin bleibt bestehen. Es wird sogar größer. Wieso hat sich Martin so verändert, wieso hat sich Amerika so verändert? In den nächsten Tagen reift ein Entschluss. Ich werde reisen.

Bauernopfer und Planspiele

An diesem Januarmorgen werde ich durch Motorenlärm und lautes Gehupe geweckt. Ich kann das Getöse nicht gleich einordnen, dann fällt mir ein, dass Deutschlands Landwirte heute protestieren wollen. Auf der Ausfallstraße, die von Schleswig-Holstein aus ins Hamburger Stadtzentrum führt, stauen sich Treckerfahrer und Pendler. Aus unterschiedlichen Gründen sind alle genervt.

Der Ärger hat seinen Ursprung in der Hauptstadt. Olaf Scholz, Robert Habeck, Christian Lindner und ihre Fachleute haben sich verspekuliert, wenn man es böse mit ihnen meint, könnte man auch sagen: Sie haben sich verzockt. Das Bundesverfassungsgericht hält weite Teile ihrer Haushaltsplanung für verfassungswidrig, jetzt müssen schnell hohe Milliardenbeträge eingespart werden. Kurz vor Weihnachten hat die Regierung angekündigt, die Subventionen für Landwirte zu kürzen. Das Timing war schlecht und die Kommunikation mit den Betroffenen nicht besser. Die Bauern sehen sich als Opfer einer verfehlten Politik, die die Lasten des Sparens einseitig auf ihren Schultern ablädt. Vor wenigen Tagen haben Scholz, Habeck und Lindner den Unmut vom Lande kommen sehen und einige ihrer Kürzungspläne zurückgenommen, andere über ein paar Jahre gestreckt. Doch das kommt zu spät. Bei den Bauern hat sich so viel Wut aufgestaut, dass sie sich nicht mehr besänftigen lassen. Sie fahren in Richtung der Städte und blockieren Zufahrtstraßen.

Der Protest zeigt, dass die Regierung in Berlin die Nöte der Bauern völlig falsch eingeschätzt, sogar übersehen hat. Plötzlich wird ein Groll erkennbar, den der Kanzler und seine Leute auf die Schnelle nicht richtig einordnen können. Geht es nur um Sparmaßnahmen oder geht es um mehr? Auf Deutschlands Straßen wird ein Konflikt zwischen Metropole und Provinz ausgetragen, auch zwischen denen, die Macht haben, und denen, die sich ohnmächtig fühlen. War dieses Machtgefälle, das Gefühl, von der Regierung und auch von Journalisten nicht ausreichend beachtet zu werden, nicht eine wesentliche Ursache für den überraschenden Wahlerfolg von Donald Trump, damals im Herbst 2016? Empfindet die Landbevölkerung von Sachsen, Baden-

Württemberg oder Schleswig-Holstein genauso wie die Landbevölkerung von Iowa, Kansas oder Wyoming?

Sahra Wagenknecht kommt an diesem Vormittag besser durch den Berliner Straßenverkehr, als sie dachte. Der Fahrer ihres Dienstwagens wurde nirgends aufgehalten, vielleicht kannte er auch die richtigen Schleichwege. Jedenfalls erreicht Wagenknecht mit ihrer Entourage die Bundespressekonferenz zwanzig Minuten zu früh. Dort will sie ihre neue Partei vorstellen, live im Fernsehen, monatelang war über die Trennung von der Linkspartei öffentlich spekuliert worden. Die heute gewonnene Zeit nutzt sie, um sich ausgiebig vor den Fotografen in Position zu stellen. Mal lächelt sie, mal blickt sie nachdenklich, dann entschlossen. Einen Moment lang ist nicht klar, ob sie eine neue Partei oder einen neuen Film vorstellen will. Sie drückt ihren Rücken gerade und genießt den Auftritt. Als alle ihre Fotos gemacht haben und sich hinsetzen, beginnt Wagenknecht, ihre politischen Absichten zu umreißen. Sie will Deutschland wirksamer vor Migranten abschotten, zügig in Verhandlungen mit Wladimir Putin eintreten und Autos mit Verbrennermotoren länger fahren lassen. Das dürfte all denen gefallen, die sich nach einer heilen-Welt-Vergangenheit sehnen. Ihr grob umrissenes Konzept kommt einem auch bekannt vor, die AfD klingt ganz ähnlich.

Gegen die amtierende Bundesregierung holt die Parteigründerin mächtig aus. Eine Politik, von der sich immer mehr Menschen im Stich gelassen fühlen, gefährde «die Demokratie in unserem Land». Sie wolle «die Unfähigkeit und Arroganz im Regierungsviertel» überwinden. Aha, ihr geht es ums große Ganze, darum, den Graben zwischen Politik und Bevölkerung zu überwinden. Ist dieser Graben in Deutschland wirklich so groß oder tut Sahra Wagenknecht nur so und vergrößert ihn damit?

Einige Zeitungen loten an diesem Tag Wagenknechts Chancen bei den anstehenden Wahlen in Europa und Ostdeutschland aus. Mit der neuen Partei ist zu rechnen, vielleicht irgendwann auch als Juniorpartner in einer Regierung. Aber schon in diesem Jahr?

An diesem Tag gehen die Fantasien einiger Redaktionen noch weiter, sie spekulieren über einen vorzeitigen Wechsel im Kanzleramt. Der beliebte Verteidigungsminister Boris Pistorius könne den unbeliebten Olaf Scholz ablösen. Die Hauptstadtpresse kommt schnell auf

Betriebstemperatur. Im Minutentakt senden Online-Medien Schlagzeilen zu wütenden Bauern, dem nahen Streik der Lokführer, Szenarien für einen Wagenknecht-Boom und einen Kanzler-Sturz.

Nürnberg

Meine erste Reise in diesem Jahr geht im Schnellzug von Hamburg nach Nürnberg, wo ich über die Erkenntnisse aus meinem letzten Buch über die Ampel-Koalition diskutieren soll. Deutschland liegt friedlich unter einer dicken Schneedecke, mit 250 km/h donnern wir erst durch Brandenburg, dann durch Thüringen. «Über allen Gipfeln ist Ruh', in allen Wipfeln spürest Du kaum einen Hauch», notierte Johann Wolfgang Goethe, als er durch diese Landschaft wanderte. Wie sich das Reisen doch verändert hat, und damit auch unser Blick.

Bei der rasenden Durchquerung von Thüringen kommt mir die AfD in den Sinn, und dass sie von vielen Bürgern als ernste Gefahr für das Gemeinwesen betrachtet wird, von anderen, ebenfalls zahlreichen Bürgern hingegen als einzig wahre Vertretung ihrer Interessen. Kaum ein Zeitungsartikel, kaum eine Fernsehsendung kommt inzwischen ohne den Hinweis aus, dass die Partei in Thüringen vom Verfassungsschutz als rechtsextremistisch angesehen wird. Was läuft schief in einem Bundesland, in dem die AfD dennoch Chancen hat, die stärkste Fraktion im Landtag zu stellen, vielleicht sogar den Ministerpräsidenten? Ist es ungerecht, unstimmig, bei der Fahrt durch Thüringen nicht nur an den Wanderer Johann Wolfgang Goethe zu denken, sondern wie in einem lästigen, unbeherrschbaren Reflex gleich auch an die Rechtsaußen-Partei? Natürlich ist es das. Aber die düsteren Gedanken drängen sich auf. In diesem Jahr werden mehrere wichtige Wahlen stattfinden und immer mehr Stimmen werden laut, die AfD zu verbieten. Auch gibt es Überlegungen, Björn Höcke, dem thüringischen Fraktionschef, bestimmte Grundrechte zu entziehen und ihn so von der Landtagswahl auszuschließen. Sollen Gerichte die Demokratie retten? Die Diskussionen in den USA und in Deutschland ähneln sich.

Etwas Ungewöhnliches passiert, der Zug kommt pünktlich in Nürnberg an; ich habe noch ein paar Stunden Zeit bis zum Beginn der

Veranstaltung. Was mache ich bis dahin? Wie weit ist es von der Stadtmitte zum ehemaligen Reichsparteitagsgelände? Der Portier meines Hotels antwortet im breiten Fränkisch, ich möge einfach die Tram Nummer 8 nehmen, in gut fünfzehn Minuten sei ich am Ziel.

In der Straßenbahn fällt mir der Name einer Haltestelle auf, «Platz der Opfer des Faschismus» steht da in digitalen Buchstaben auf der Anzeigentafel. Das gefällt mir, wer zum ehemaligen Treffpunkt der Nazis will, muss erst am Platz der Erinnerung an ihre Opfer vorbei. Ein paar Stopps weiter stehe ich am Eingang des Geländes, auf dem Hitler Untergebene aus dem ganzen Reich aufmarschieren ließ. Das Areal ist riesig, die Tribüne, die Albert Speer für die Reden des Diktators errichten ließ, ist etwa einen Kilometer entfernt. Dazwischen liegt ein breiter See, um den man üblicherweise herumlaufen muss. In diesen Winterwochen ist er jedoch zugefroren, daher nehme ich die Abkürzung über die Eisfläche, vorbei an schlittschuhlaufenden Kindern. Was für schöne, friedliche Bilder. Wie sehr unterscheiden sie sich von den Bildern, die sich in meiner Erinnerung an diesen Ort eingebrannt haben; Bilder, die Leni Riefenstahl in ihrer hymnischen Verehrung für Hitler auf Celluloid gestaltet hat.

Als ich vor der monumentalen Tribüne stehe, von wo aus Hitler die zahllosen Abgesandten der deutschen Gaus aufmarschieren ließ, staune ich erneut über die Dimension des Geländes und die Menge der hier verbauten Steine. Hitler ging von der Ewigkeit seines «tausendjährigen Reiches» aus, und auch davon, dass ihm die Massen der deutschen Bevölkerung Zeit seines Lebens folgen würden. Deshalb wollte er seine Macht pyramidengleich für immer in unzähligen Quadern festhalten.

Zum Höhepunkt des Nazi-Kults zwischen 1934 und 1938 strömten einmal jährlich über eine Million Menschen nach Nürnberg, Menschen aus allen Gegenden des Reiches. Besonders eindrucksvoll war für die Parteiführer der Aufmarsch der militärischen und paramilitärischen Organisationen von Wehrmacht, der Sturmabteilung SA, der Schutzstaffel SS, der Hitler-Jugend, des Bundes Deutscher Mädels und des Reichsarbeitsdienstes. Bis zu 150 000 Menschen standen zeitgleich auf dem Platz, viele von ihnen versammelten sich auch in der Luitpoldhalle. Wenn man im Internet ein wenig stöbert, stößt man auf eine fotografische Aufnahme der vollbesetzten Halle. Hinter der

Bühne ist in riesigen Lettern der Spruch «Alles für Deutschland» zu lesen, er wird mich später noch beschäftigen.

Was haben all diese Menschen gedacht, was haben sie empfunden, als sie Hitler zujubelten? Fühlten sie sich in der Menschenmasse als kleiner, aber wichtiger Teil von etwas, das größer war als sie, viel größer? Fühlten sie sich als Teil einer von der Geschichte legitimierten Bewegung? Haben sie in dem Mann mit strengem Scheitel und kurzem Schnauzbart den ersehnten Retter gesehen, der mit allen Problemen aufräumt, der all seine und all ihre Feinde rigoros beseitigt? Sie müssen zu einem Heilsbringer emporgeblickt haben, zu einem Gottgesandten.

Da ich im kalten Winter des Jahres 2024 hier stehe und die aktuellen Nachrichten im Kopf habe, muss ich an den großen Verführer in den USA denken. Wen hatte Donald Trump wohl im Sinn, als er neulich davon sprach, im Falle seiner erneuten Wahl würde er gerne Diktator sein, für einen Tag, aber immerhin. Den Satz sagte er nur halb im Scherz. Etwas später versprach er, im Fall seines Wahlsiegs «Kommunisten, Marxisten, Faschisten und die radikalen linken Verbrecher, die wie Ungeziefer in unserem Land leben, auszurotten». Das klingt gar nicht nach einem schlechten Scherz.

Während ich auf dem historischen Parteitagsgelände stehe, drängen sich noch weitere Assoziationen auf. Es ist schwer, sich gegen sie zu wehren. Der Für-einen-Tag-Möchtegern-Diktator Trump hetzte gegen illegale Einwanderer: «Sie vergiften das Blut unseres Landes. [...] Sie kommen von überall her, aus Afrika, aus Asien, von überall, und dringen in unser Land ein.» Ist Donald Trump ein zweiter Hitler? Nein, das ist er nicht. Ist Donald Trump ein Rassist? Natürlich ist er das.

Zwischen die vielen Gedankensplitter schieben sich glücklicherweise zwei weitere Bilder, die in meiner Erinnerung vergraben schienen. Zunächst ist da das Bild der von amerikanischen Soldaten durchgeführten Sprengung des riesigen Hakenkreuz-Emblems über der Rednertribüne. In den letzten Apriltagen des Jahres 1945, noch vor dem endgültigen Zusammenbruch der Nazi-Herrschaft, flog dieses steinerne und ebenfalls für die Ewigkeit errichtete Hakenkreuz in tausenden Einzelteilen durch die Luft, eine dunkle Rauchwolke stieg auf. Und da ist noch ein Bild, es ist frischer, nicht in schwarz-weiß, sondern in Farbe. 33 Jahre später, im Sommer 1978, trat Bob Dylan genau hier auf dem Zeppelinfeld auf. Er sang sein Lied «Masters of War» und leitete es mit den Worten ein: «Was für ein Vergnügen, auf diesem Platz zu spielen.» Wie dankbar bin ich der Geschichte für Menschen wie Bob Dylan.

Etwas später treffe ich den Moderator des Presseclubs, mit dem ich am Abend über die in Verruf geratene Bundesregierung und die aktuelle Bedrohung der Demokratie sprechen werde. Er war früher einmal Journalist der *Nürnberger Nachrichten* und ist ausgesprochen sachkundig, er hat ein Buch über die nationalsozialistischen Parteitage geschrieben. In einem fränkischen Restaurant, natürlich bei Rostbratwürstchen, erzählt er mir, warum Hitler ausgerechnet diese Stadt für die Parteitage auserwählte. Die Erklärung klingt profan, Nürnberg lag im deutschen Reich einigermaßen zentral. Aber es gab einen weiteren Grund. Hier in Franken gab Julius Streicher den Ton an. Er war Herausgeber des Hetzblatts *Der Stürmer* und örtlicher Gauleiter. Hitler konnte sich darauf verlassen, dass Streicher die Begeisterung der Massen für ihn organisiert. Jahrzehnte vor der Verführungskraft des Fernsehens und noch mehr Jahrzehnte vor der Wirkmacht von sozialen Medien verstanden es Hitler und seine Helfer meisterhaft, die Gefühle der Bevölkerung zu lenken.

Mein Gesprächspartner erinnert mich daran, wie demokratische Regierungen in der kurzen Zeit der Weimarer Republik versuchten, sich gegen die Feinde der Demokratie zur Wehr zu setzen, und am Ende scheiterten. Schon 1922 griffen sie in ihrer Verzweiflung zur härtesten Maßnahme, die ihnen zur Verfügung stand, vorübergehend ließen sie die NSDAP verbieten. Der offizielle Grund lautete «Republikfeindlichkeit», das Verbot galt zunächst in Baden und Thüringen, später auch in Preußen u.a. Ländern. Ein reichsweites Verbot folgte 1923. Hitler kümmerte das wenig, er bereitete einen Putsch vor. Nach dem Vorbild von Benito Mussolini in Italien und mit der erhofften Unterstützung der bayerischen Landesregierung wollte er die Reichsregierung in Berlin stürzen und schon damals eine nationalsozialistische Diktatur anstelle der parlamentarischen Demokratie errichten. Die Regierung in der Hauptstadt war über seine Absichten im Bilde. Der Aufstand misslang, Hitler wurde inhaftiert und kam wegen Hochverrats vor Gericht. Den Augenzeugenberichten von damals ist zu entnehmen, dass es ihm im Strafprozess gelang, die Rollen zu tauschen, sich als Ankläger aufzuspielen und die Niederlage Deutschlands im Ersten Weltkrieg als den eigentlichen Hochverrat darzustellen. Es half ihm zunächst nicht, er wurde zu fünf Jahren Haft verurteilt. Aber schon nach wenigen Monaten kam er wieder auf freien Fuß. Das Verbot der Partei und seine Verurteilung nutzte er dazu, sich kultartig als Opfer zu inszenieren und rund um seine Person eine Massenbewegung aufzubauen.

Nicht nur der Versuch, seine Partei durch ein Verbot auszuschalten, blieb erfolglos. Auch das Ansinnen einiger demokratischer Politiker, den Anführer der nationalsozialistischen Bewegung durch Umarmung unter ihre Kontrolle zu bringen, lief ins Leere. Als Hitler eine gefährliche Größe in der deutschen Politik geworden war, kam in einigen Parteien die Hoffnung auf, «dieser Herr Hitler» würde rasch scheitern, sobald er nach freien, demokratischen Wahlen zum Reichskanzler ernannt werden würde. Das «Scheitern» folgte dann tatsächlich, es dauerte zwölf Jahre und kostete über 60 Millionen Menschen das Leben.

Von meinem Besuch auf dem ehemaligen Parteitagsgelände und der abendlichen Diskussion tief bewegt, verlasse ich Nürnberg am nächsten Morgen und fahre mit dem Zug in den Westen der Republik. Auf meinen Reisen in den nächsten Tagen und Wochen besuche ich zahlreiche Städte, in denen ich sonst nur selten bin, ich komme nach Dortmund, Wuppertal, Remscheid, Krefeld und Essen. Es sind allesamt klangvolle Namen, die einmal für den Aufstieg der Bundesrepublik zu einer bedeutenden Wirtschaftsnation standen. Jetzt wirken ihre Innenstädte oft verlassen. Nein, sie sind nicht menschenleer, immer noch leben hier zusammengezählt viele Millionen Einwohner. Aber die Stadtkerne sehen lieblos aus, ohne dass sich die Verwaltungen sonderlich viel Mühe geben würden, den Bewohnern eine gesunde und anregende Umgebung zu bieten. Es mag nicht nur am Mangel an Gefühl und Ideen liegen, sondern auch am mangelnden Geld. Der Strukturwandel hinterlässt hässliche Narben. Mehrere Konzerne vor allem der Stahlindustrie sind weggezogen oder haben ihren Betrieb ganz eingestellt, und mit ihnen die Zulieferunternehmen. Die Orientierungslosigkeit vieler Menschen, die Arbeit haben oder Arbeit suchen, spiegelt sich auch in ihrem Wahlverhalten wider, die alte Herzkammer der

Sozialdemokratie ist erschöpft, bei den letzten Wahlen haben sich immer mehr Wähler von der Arbeiterpartei SPD abgewandt. In Gelsenkirchen lag sie bei der Europawahl 2024 nur noch auf Platz drei, hinter der CDU und hinter der AfD.

Auf meiner Reise komme ich in Saarbrücken an. Das Saarland ist ebenfalls vom Strukturwandel gebeutelt, die Hauptstadt lebt von ihrer Substanz, also von besseren Zeiten. Die Lesung findet in der Villa Lessing statt, einem prächtigen Altbau, und ist gut besucht. Anschließend komme ich mit Gästen ins Gespräch und kann ein wenig über die Seelenlage dieses sehr westlichen Bundeslandes in Erfahrung bringen. Die Wählerinnen und Wähler hier haben sich ganz anders entschieden als die in Nordrhein-Westfalen, die Sozialdemokraten regieren mit absoluter Mehrheit. Vielleicht ist das das Problem, denn seit der letzten Landtagswahl wird die Bundespartei für sämtliche Probleme in Deutschland verantwortlich gemacht. Auch hier in Saarbrücken entbrennt eine lebhafte Diskussion über Olaf Scholz und die Bundesregierung. Die Unterstützung der angegriffenen Ukraine mit Waffen spaltet das Publikum. Auf die einen wirkt der Kanzler zu unentschlossen, andere beschimpfen ihn als Kriegstreiber. Zwischendurch geht es ums Geld und um Ausländer, vor denen man sich schützen müsse. Alle sind «mit denen in Berlin» unzufrieden.

Nach dem Ende der Veranstaltung spricht mich ein älteres Ehepaar an. Er trägt Krawatte, sie hat eine Perlenkette um den Hals hängen, beide legen Wert darauf, wohlhabend zu wirken, mindestens elegant. Sie sehen nicht aus, als müssten sie sich vor irgendetwas oder irgendwem fürchten. Aber die beiden sind aufgebracht: «Die Stimmung bei uns ist explosiv.» Ich verstehe nicht gleich, was sie meinen. Dann erklären sie: «Die Bundesregierung ist uns fremd geworden.» Viel genauer werden sie nicht. Vielleicht wollen sie nicht genauer werden, vielleicht können sie es nicht.

Nie wieder ist jetzt

Ende Januar 2024 kann sich im Deutschen Bundestag niemand der Macht der Gefühle entziehen. 79 Jahre nach der Befreiung von Auschwitz erzählt die Überlebende Eva Szepesi von ihren Erlebnissen im

Konzentrationslager. Und der Sportjournalist Marcel Reif berichtet vom jahrzehntelangen Schweigen seines Vaters, der ebenfalls den Holocaust überlebt hat.

Das Plenum ist prall gefüllt, auch die Bank, auf der die Regierungschefs und -chefinnen der Bundesländer Platz haben. Sie alle hören, was Eva Szepesi sagt: «Die Shoah begann nicht mit Auschwitz, sie begann mit Worten. Sie begann mit dem Schweigen und dem Wegschauen der Gesellschaft.» Dann wird sie sehr eindringlich: «Jetzt stehe ich hier im Bundestag, um Zeugnis abzulegen. Es war nie wichtiger als jetzt. Denn ‹Nie wieder ist jetzt!›»

Alle Zuhörer im Saal spenden Applaus, sie stehen auf, um sich vor Eva Szepesi und Marcel Reif zu verneigen und ihnen so den gebührenden Respekt zu erweisen. Ausnahmslos. Die Geste wirkt weit über den Moment hinaus, sie ist eine Verneigung vor Millionen Opfern. Ein seltener Moment kollektiven Schamgefühls.

In diesem Augenblick schaue ich auf die Bank des Bundesrats. Nicht auszudenken, dass dort einmal Björn Höcke sitzen könnte. Der Thüringer AfD-Fraktionschef hat in den letzten Jahren mit vielen provozierend zweideutigen Sprüchen für Aufsehen gesorgt, einigen will ich später noch auf den Grund gehen. Vor allem muss ich heute, während der Gedenkstunde für die Opfer des Nationalsozialismus, an die Rede denken, die er vor sieben Jahren vor der Jugendorganisation der AfD in Dresden hielt. Da bezeichnete er das Berliner Holocaustdenkmal als «Denkmal der Schande». Er sei missverstanden worden, versuchte er sich später zu rechtfertigen. Aber der Wortlaut der Rede und somit der Zusammenhang stehen im Internet. Die entsprechenden Passagen lesen sich klar und unmissverständlich: «Bis jetzt ist unsere Geistesverfassung, unser Gemütszustand immer noch der eines total besiegten Volkes,» sagte er. Und: «Wir Deutschen – und ich rede jetzt nicht von euch Patrioten, die sich hier heute versammelt haben – wir Deutschen, also unser Volk, sind das einzige Volk der Welt, das sich ein Denkmal der Schande in das Herz seiner Hauptstadt gepflanzt hat.» Dann zitierte Höcke Franz Josef Strauß und forderte einen völlig anderen Umgang mit der deutschen Geschichte: «Die Vergangenheitsbewältigung als gesamtgesellschaftliche Daueraufgabe, die lähmt ein Volk. Liebe Freunde, recht hatte er, der Franz Josef Strauß! Und diese dämliche Bewältigungspolitik, die lähmt uns heute noch viel mehr als zu Franz Josef Strauß' Zeiten. Wir brauchen nichts anderes als eine erinnerungspolitische Wende um 180 Grad!» Ein Missverständnis? Wohl kaum. Wohin soll die 180-Grad-Wende denn führen, wenn nicht weit in die Vergangenheit? Der ehemalige Richter Jens Maier, der einst wie Björn Höcke zum rechtsextremen und inzwischen aufgelösten «Flügel» der AfD zählte, hat bei derselben Veranstaltung das Ziel der erinnerungspolitischen Wende so angegeben: «Ich erkläre hiermit diesen Schuldkult für endgültig beendet.»

Nach der Gedenkstunde im Bundestag folgt eine längere Pause, die Musikinstrumente und die Blumenbestecke vor der Regierungsbank werden weggeräumt. Die Abgeordneten gehen kurz vor die Tür, um eine Tasse Kaffee zu trinken, zu telefonieren oder letzte Absprachen für die anschließende Debatte zu treffen.

Dann kommen alle in den Plenarsaal zurück, auf der Tagesordnung steht die Generalaussprache über den Bundeshaushalt. Üblicherweise liefern sich dort der Oppositionsführer und der Regierungschef ein Rededuell. Aber Friedrich Merz und Olaf Scholz greifen sich heute nur verhalten an. Wie beim Schattenboxen. Nach den Mahnungen der Gedenkstunde zuvor erscheinen allzu schrille Töne unangemessen. Vielmehr richten sich die beiden an die Politiker, die weit rechts vom Rednerpult sitzen, an die Fraktion der AfD.

Deutlich ist zu spüren, wie beiden, Merz und Scholz, die Angst vor einer Erosion des demokratischen Gemeinwesens im Nacken sitzt. Die Umfragewerte der AfD haben sich seit der letzten Bundestagswahl verdoppelt. Die Partei ist jetzt ein Machtfaktor, das lässt sich nicht mehr leugnen.

Nach den Reden von Merz und Scholz richten sich alle Augen auf Alice Weidel. Fest entschlossen schreitet die AfD-Chefin die paar Meter ans Rednerpult, sie ist nicht im Geringsten an einem Schulterschluss der Demokraten interessiert. Im Gegenteil. Weidel vergrößert den Graben, der sich zwischen den politischen Lagern im Parlament auftut. Sie zeichnet ein Bild des Landes, das unter der Führung der aktuellen Regierung dem Untergang geweiht ist. In Richtung der Regierungsbank ruft sie: «Es brennt in Deutschland. Und diese Regierung aus überforderten Fehlbesetzungen und starrsinnigen Ideologen ist der Brandstifter.»

Erwartungsgemäß regt sich der überwiegende Teil des Plenums

mächtig auf. Als sich die meisten wieder beruhigt haben, legt Weidel nach, ihre Stimme wird jetzt noch schneidiger: «Diese Regierung hasst Deutschland. [...] Machen Sie den Weg frei für Neuwahlen!» Ich habe richtig gehört, Weidel spricht tatsächlich davon, dass die Regierung Deutschland hasst. Eine Reporterin, die auf der Pressetribüne neben mir sitzt, krümmt sich vor Schmerzen.

Ein paar Minuten später erhält Weidels Parteifreund Tino Chrupalla das Wort. Er greift den während der Holocaust-Gedenkstunde häufig zitierten Satz «Nie wieder ist jetzt» auf und schmettert ihn Richtung der Regierungsfraktionen. Erregt ruft er: «‹Nie wieder ist jetzt› – da gebe ich Ihnen recht. ‹Nie wieder ist jetzt›, wenn man staatskonforme Medienhäuser quasi als zweite Stasi aufbaut und gegen die Opposition einsetzt. Auch das ist ‹Nie wieder jetzt!›». Weil Chrupalla vor lauter Zorn die Worte seiner Rede in allzu schneller Folge herauspresst und dabei unsauber artikuliert, wird nicht gleich deutlich, wovon er spricht. Erst nach ein paar Sekunden erschließt sich mir der Sinn seiner Attacke, er spielt auf die Recherchegruppe *Correctiv* und ihren Bericht zum Potsdamer «Remigrations»-Treffen an, an dem auch AfD-Mitglieder teilnahmen. Die Meldung, dort seien Pläne diskutiert worden, Millionen von Menschen aus Deutschland zu vertreiben, wühlt viele Bürger noch immer auf.

Chrupalla versucht in seiner Rede gar nicht, den Bericht zu entkräften. Er verfolgt offenbar ein anderes Ziel, er will die Glaubwürdigkeit von *Correctiv* zertrümmern. Die Warnung vor einem Wiederaufleben des Faschismus wird vom AfD-Chef in eine Warnung vor den Warnenden umgedeutet. Er dreht den Spruch «Nie wieder!» um und wendet ihn gegen die Regierung.

Sollten die Auschwitz-Überlebende Szepesi und Marcel Reif, der Sohn eines Holocaust-Überlebenden, diese Umdeutung noch hören, werden sie ihren Ohren kaum trauen. Die Debatte dieses Tages zeigt auf höchst peinliche Weise, wie zerrissen das deutsche Parlament 79 Jahre nach dem Untergang Nazi-Deutschlands ist. Die Debatte zeigt auch, wie schamlos führende AfD-Politiker den zentralen Leitgedanken der Aufarbeitung des Nationalsozialismus übernehmen, um ihn der Lächerlichkeit preiszugeben. Dieser Tag sollte ein Höhepunkt in der Geschichte des Bundestages werden, er wird zu einem Tiefpunkt.

Das Wissen der Alten

Im März 2016 riefen Maggie Haberman und David Sanger, zwei Redakteure der *New York Times*, bei Donald Trump an, um ein Telefoninterview mit ihm zu führen. Er hatte gerade die wichtigsten Vorwahlen gewonnen und würde mit großer Wahrscheinlichkeit bei der Präsidentschaftswahl erstmals als Kandidat der Republikaner ins Rennen gehen. Die beiden Journalisten wollten seine politischen Überzeugungen abklopfen. Es ging um Außenpolitik und um Wirtschaftspolitik, Trump ließ sich auf das Gespräch ein. Schon damals sprach er davon, die USA wieder groß machen zu wollen. Was er denn mit «wieder groß» meine, wollten Haberman und Sanger wissen, welche Epoche schwebe ihm denn vor? Trump antwortete überraschend konkret: «In den späten 1940er und den 1950er Jahren wurden wir nicht herumgeschubst, wir wurden von jedem respektiert, wir hatten gerade einen Krieg gewonnen. In dieser Periode haben wir ziemlich genau das getan, was wir tun mussten.»

Es lohnt sich, die alten Interviewsätze in der *New York Times* heute noch einmal zu lesen. Dann versteht man, wohin Trump sein Land immer noch führen will, zurück in die Zeit zwischen den großen Kriegen, in die Epoche zwischen dem gewonnenen Zweiten Weltkrieg und dem verlorenen Vietnamkrieg. Als Amerika seiner Auffassung nach von niemandem herumgeschubst wurde. Vielleicht schwebt ihm auch der Mai 1954 vor, als die Regierung von Präsident Eisenhower in der Operation Wetback über eine Million illegaler Einwanderer und amerikanischer Staatsbürger ohne Ausweispapiere kurzerhand nach Mexiko abschob. Wetbacks nannte man Immigranten, die über den Grenzfluss Rio Grande «mit nassen Rücken» den Weg in die USA geschafft hatten. Bei den Deportationen starben viele Menschen. Donald Trump hat in späteren Jahren von der gewaltigen Abschiebeoperation geschwärmt.

Ist es diese Gnadenlosigkeit, mit der die weiße Mehrheit damals gegen ethnische Minderheiten vorging, die Trump als Modell für die Zukunft der USA anpreist? Ist es die Sorglosigkeit im Wirtschaftsleben, die er verklärt, also ungestümes Produzieren und Reisen, ohne auf lästige Nebeneffekte wie Umweltverschmutzung und Klimawandel achten zu müssen? Ist es die Skrupellosigkeit, mit der die USA ihre Interessen gegenüber anderen Nationen militärisch durchsetzten?

Was genau meint Trump, wenn er davon spricht, Amerika wieder groß machen zu wollen? Will er ein Amerika, das wieder andere herumschubst? Was waren die USA in den von ihm verklärten Jahren, und wie lässt sich der alte Geist wiederbeleben? Vor allem, wie denken seine Landsleute heute über dieses Zurück-in-die-Zukunft-Vorhaben?

Die USA werden mein erstes Reiseziel.

Man kann nicht behaupten, dass Asheville in North Carolina ein aufregender Ort wäre. Die Stadt hat 90 000 Einwohner, liegt in den Blue Ridge Mountains, einem Appalachen-Ausläufer, und weist keinerlei klimatische Besonderheit auf; es wird hier nie fürchterlich kalt und nie bullig heiß. Bis Asheville 1880 ans Eisenbahnnetz angeschlossen wurde, hat kaum jemand von außerhalb überhaupt zur Kenntnis genommen, dass die Stadt existiert. Auch ist sie nicht für irgendwelche Skandale bekannt, oder für Berühmtheiten. Ein wenig stechen Robert Moog, der Erfinder von Musiksynthesizern, heraus, sowie der Wrestler Karl Anderson; das war es dann auch. Weil das Klima milder ist als in den südlichen Bundesstaaten Georgia und Florida, und gerade weil Asheville ein Ort der gepflegten Langeweile ist, zieht es viele Rentner in die Kleinstadt, die hier ihren Lebensabend verbringen.

Am Rande von Asheville befindet sich die Gated Community Dearfield, eine Anlage mit vielen kleinen Häusern und mehreren fünf- bis achtstöckigen Wohnblocks in einem sorgsam gepflegten Park. Nur wer sich als einer der 700 Residenten oder als eingeladener Besucher ausweisen kann, darf das Wächterhaus passieren und die Straße den Berg hinauf zu den Senioren fahren. In einem dieser Wohnblocks lebt meine Tante Loretta, sie ist 88 Jahre alt und die Mutter meines Cousins Martin, von dem ich am Anfang bereits erzählt habe. Schon seit sechzehn Jahren wohnt sie mit ihrem zweiten Mann Bill hier, die beiden sind fest verankert in der Gemeinschaft. Er ist sehbehindert, sie kümmert sich um die Pflanzen und Blumen im Gebäude, und weil sie sich ihr sonniges Gemüt bewahrt hat, sind beide in dem Heim beliebt.

Als wir uns wiedersehen, stellt sich schnell die alte Vertrautheit ein, aber auch die Unsicherheit, in welcher Sprache wir uns verständigen sollen: «How are you, wie war der Flug?» Es wird ein Mischmasch aus Englisch mit deutschem Akzent und rheinischem Deutsch mit amerikanischen Ausdrücken.

Wenn man mit Loretta durch ihren Wohnblock geht, muss man viel Geduld mitbringen, permanent wird sie von anderen Bewohnern angesprochen. Dann stellt sie mich als ihren «nephew from Germany» vor. Es gibt viele Gelegenheiten für Treffen und Smalltalk. Im Gebäude befinden sich kleine Geschäfte, eine Cafeteria, ein Fitnesscenter, und eben viele Menschen, die ihr Leben lang gespart haben, um hier wohnen zu können. Die Flure sind mit tiefem Teppichboden ausgelegt, der alle lauten Geräusche aufsaugt. Überall säuselt die Klimaanlage. Auf einigen Tischen liegen unvollendete Puzzlespiele, die irgendwann die Gebirgszüge der Rocky Mountains oder die Skyline von Manhattan zeigen sollen, ein Heile-Welt-Amerika.

Beim Mittag- oder Abendessen in der Kantine kann man viel über die Hoffnungen und Ängste der älteren Generation Amerikas erfahren. In Dearfield sind viele bedeutsame Erinnerungen konserviert. Die Menschen, die hier leben, sind mehrheitlich in den 1930er und 1940er Jahren geboren, sie haben die Zeit erlebt, die Donald Trump als die goldene Ära seines Landes preist. Die Zeit, als der beliebteste Jungenname James und der beliebteste Mädchenname Mary war, als es noch kein alkoholfreies Bier und kein zuckerfreies Kaugummi gab. Die Zeit, als John Wayne bedenkenlos vier Packungen Zigaretten am Tag rauchte und die USA die unangefochtene Weltmacht Nummer eins waren. Die Bewohner von Dearfield haben die Boom-Jahre der amerikanischen Wirtschaft erlebt und die maximale geostrategische Ausweitung der Pax Americana, des amerikanischen Imperiums, bevor Vietnam und Watergate den Glauben an die eigene Größe und moralische Überlegenheit ankratzten. Die Menschen hier kennen die Zeit, in die Donald Trump seine Amerikaner zurückführen möchte, aus eigenem Erleben. Deshalb ist meine Tante auch die erste Person, von der ich mir Auskunft über den emotionalen Zustand ihres Landes erhoffe, über die Zeit damals und die Zeit heute.

Wir nehmen auf dem flauschigen Sofa in ihrem Wohnzimmer Platz, vor uns liegen Fotoalben, die sie zu runden Geburtstagen in unserer Familie angefertigt hat, im Nebenraum hört ihr Mann Radio. Dann fragt sie auf Deutsch: «Was willst du denn wissen?» «Tja, fang einfach mal vorne an, mit deiner Kindheit in Bonn.»

Loretta fällt ein wenig aus dem Rahmen ihres Senioren-Kosmos, sie ist anders geprägt als die meisten hier, sie ist in Deutschland aufgewachsen, im Krieg. Sie kam 1935 zur Welt, als die Nazis bereits an der Macht waren. Bei einem früheren Besuch hatte ich gemerkt, dass sie nicht gerne über ihre Kindheit spricht, über das Trauma der Fliegerangriffe, die Tage und Nächte voller Angst. Aber jetzt kommt sie doch in Schwung und erzählt von der alten Heimat, von angenehmen Erinnerungen. Sie beginnt fröhlich, fast wehmütig: «Die ersten Jahre waren einfach nur schön, deine Mutter und ich lebten zusammen in einem Zimmer. Jede hatte eine Puppe und einen Puppenwagen. Es gab einen Garten, in dem wir spielen konnten.»

Loretta erzählt von ihrem Vater, meinem Großvater, in jenen Jahren baute er einen kleinen Getränkehandel auf, er verkaufte örtliches Mineralwasser. Die Familie, so erinnert sie das, führte ein sorgenfreies Leben. War das wirklich so? Als Kind bekommt man von den Nöten der Erwachsenen selten etwas mit, oder man erlebt sie anders, entfernter. Es gibt da dieses uralte Foto, das meinen Großvater Peter auf einem Fahrrad zeigt, auf dem Kopf eine Schiebermütze, auf dem Gepäckträger vor ihm eine Holzkiste mit Coca-Cola-Flaschen. Er deutet ein Lächeln an, ein wenig stolz. Nach Sorgen sieht er nicht aus, die sollten erst später kommen.

Das Foto stammt aus dem Jahr 1933, dem Jahr, in dem Adolf Hitler an die Macht kam. Mein Großvater begann damals, dieses neue süßliche Getränk aus Übersee in seiner Heimatstadt zu verkaufen. Er war ein guter Verkäufer, die Amerikaner mochten ihn. Doch dann wollten sie einen Vertrag schließen und stellten eine Bedingung: Mein Großvater müsse ihre Ware mit einem eigenen Auto vertreiben. Er besaß nur dieses Fahrrad. Also lieh er sich von einem Freund ein Kraftfahrzeug und gab es als sein eigenes aus. Die Amerikaner fragten nicht weiter nach und unterschrieben den Vertrag. Sein Getränkehandel wuchs. Und die Nazis ließen es zu.

In unserem Gespräch kommen meine Tante und ich schließlich auf etwas zu sprechen, das nicht zur Bonner Idylle jener Jahre passt. Loretta erzählt, dass sich ihr Vater mit den Nazis arrangierte. Mir war das nicht völlig neu. Als mein Großvater 1982 starb, sortierte ich mit meiner Mutter seinen Nachlass. In einem Schuhkarton fand ich einen Mitgliedsausweis der NSDAP. Warum war Opa Parteimitglied geworden? Warum hatte er den Ausweis all die Jahre aufbewahrt? Es war eine verstörende Entdeckung, und zufriedenstellende Antworten konnte es nicht mehr geben. Was ich damals von meiner Mutter erfuhr, und was mir jetzt auch meine Tante erzählt, ist, dass mein Großvater niemals ein aktives, überzeugtes Mitglied gewesen sei. Er glaubte wohl, mitmachen zu müssen, weil es für sein Geschäft wichtig war, er sei halt ein Mitläufer gewesen, so wie es Hunderttausende gab. So war das eben damals, hieß es. Und es war eben auch so, dass ich als Enkel ihn nie nach seinem Verhältnis zu den Nazis gefragt habe. Ich kam gar nicht auf die Idee, ihn danach zu fragen. Er war der Opa, ein friedfertiger, liebenswerter Mann.

Auch heute, Jahrzehnte später, sprechen wir nicht lange über dieses Kapitel unserer Familie. Nur über eine andere Geschichte tauschen wir uns noch aus. Meine Großmutter hatte eine Schwester, die gemeinsam mit ihrem Mann ebenfalls Interesse hatte, das neue amerikanische Getränk zu verkaufen. Doch die Eigentümer im fernen Atlanta achteten darauf, dass sich die einzelnen Händler in Deutschland nicht in die Quere kamen. Die Amerikaner boten der Schwester meiner Großmutter und ihrem Mann an, ihre Flaschen in Halle an der Saale zu verkaufen, dort gab es noch keinen Coca-Cola-Verkäufer. Daraufhin zogen die beiden weg aus dem Rheinland und suchten 500 Kilometer weiter östlich im Deutschen Reich ihr Glück. Eine folgenschwere Entscheidung war das. Wie sehr dieser Umzug unsere Familie Jahre später traumatisieren würde, wie sehr sie dadurch zerrissen wurde, konnten die beiden damals nicht ahnen.

Dann drängen andere Bilder und Töne in Lorettas Bewusstsein. Wie ihre Mutter ruft: «Kinder, macht die Lichter aus!» Wie sie und ihre Schwester während eines Fliegerangriffs schnell in den Keller fliehen; wie die Kastanien, die sie gesammelt hat, vom Küchentisch purzeln; wie sie weint, weil ihrer Porzellanpuppe der Kopf weggerissen wurde; wie sie sich mit ihrer Mutter gegen die schwere Kellertür stemmt, um sich vor den Bombenexplosionen zu schützen. «Ich spüre das immer noch, ich werde die Angst nie los.»

Wir sitzen eine Weile still nebeneinander, ihre letzten Worte hallen noch ein wenig nach. Dann kommt sie auf ihr anderes Leben zu sprechen, auf ihr amerikanisches Leben. Mitte der 1950er Jahre, nach ihrer Schulzeit, ergriff sie die Gelegenheit, um für eine Weile in die USA zu ziehen und in einem College bei Chicago zu studieren. Ihre Augen leuchten, als sie erzählt, wie sie in Le Havre an Bord eines prächtigen Ozeandampfers ging und über den Atlantik fuhr, in eine ungewisse, aufregende Zukunft. Sie erzählt, wie sie mit jungen Männern unter Deck tanzte und zum ersten Mal Kaugummi kaute, wie sie auf der anderen Seite des Meeres über die hohen Häuser staunte, auch über die freundliche, offene Art der Menschen. Einwanderer, auf diese Feststellung legt sie Wert, waren damals willkommen. Alle brachten ihre eigene Geschichte mit, und nicht alle dieser Geschichten waren schön. Aber Amerika hatte ein großes Herz.

Es gibt noch eine Erinnerung, die Loretta loswerden will. In einer Wäscherei bei Chicago lernte sie eine Angestellte kennen, die zu allen Kunden stets freundlich war, nur nicht zu ihr. Das Einzige, was Loretta von den anderen Kunden unterschied, war ihr deutscher Akzent. Nach einigen Wochen fiel ihr auf, dass auf dem Arm der Frau Zahlen eintätowiert waren; sie war eine Nummer in Auschwitz gewesen. Loretta verstand.

In den USA fühlte sie sich schnell zuhause, die Neugier der Amerikaner, die Weite, nicht nur die Weite der Landschaft, auch die Weite der Gedanken und Gefühle, begeisterten sie. Hier wollte sie für immer bleiben.

Ihre eigene kleine Welt brach nach wenigen Jahren zusammen. Sie hatte Ken, einen Architekten, geheiratet und mit ihm eine Familie gegründet. Martin, mein Cousin, kam als zweites Kind auf die Welt. Eines Tages klingelte das Telefon, und ein Polizist teilte ihr mit, dass ihr Mann Ken soeben bei einem Verkehrsunfall ums Leben gekommen war. Wieder entsteht in unserem Gespräch eine längere Pause. Dann: «Wenn ich zurückblicke, hatte mein Leben zwei Hälften. Die erste Hälfte endete mit diesem Anruf.»

Mit drei kleinen Kindern und ohne eigenes Einkommen wusste sie erst nicht weiter. Zumal sich bald herausstellte, dass ihr jüngstes Kind schwerbehindert war. Sie wollte nicht aufgeben und entschied, sich in Amerika durchzubeißen. Im Vergleich zu ihrer alten Heimat Deutschland erschienen ihr die Vereinigten Staaten offener, lebensbejahender. Hier gab es mehr Zukunft, auch für sie. Sie blieb, heiratete wieder und wurde erneut heimisch, die zweite Hälfte ihres Lebens begann. Erst arbeitete sie als Maklerin, dann als Reiseagentin, sie war erfolgreich und baute sich einen großen Freundeskreis auf.

Dann gab es neue Schicksalsschläge: Ihr behinderter Sohn starb. Das Haus, das sie mit Bill, ihrem neuen Mann, gekauft hatte, fing Feuer und brannte zum Teil ab. Inzwischen war Loretta über 50 Jahre alt, die Frage nach einer Rückkehr nach Bonn stellte sich nicht mehr. In Deutschland haben wir die vielen Dramen in Lorettas amerikanischem Leben mitbekommen, Briefe trafen ein, ab und zu unterhielten sich meine Mutter und ihre Schwester am Telefon. Meine Mutter sprach dann ungewohnt laut, als ob sie über den Atlantik rufen musste, nach den Gesprächen war sie oft aufgewühlt. Aus der Ferne haben wir Loretta bewundert, dass sie in Chicago blieb, wegen ihrer Stärke, auch wegen der Lebensfreude, die ihr nichts und niemand nehmen konnte.

Wir, die nicht ausgewandert waren, waren immer fasziniert von unserer Tante in Übersee. Vielleicht weil sie so weit weg war und wir ihre alltäglichen Sorgen nicht hautnah mitbekamen. Sie erschien uns mutiger und kräftiger, als wir es selbst waren. Sie strahlte weit über den Atlantik, bis zu uns ins gemütliche Rheinland.

Es gibt noch eine Sicht auf Loretta, die nicht nur sie, sondern auch den großen Rahmen um sie herum in den Blick nimmt. Wenn man mit dem Abstand einer Generation auf ihre Geschichte schaut, kann man in ihr auch eine Geschichte Amerikas entdecken. Parallelen zeichnen sich ab. Das Land wuchs an seinen Krisen, der Glaube an das große, leuchtende Morgen war immer stärker als die Schicksalsschläge, nichts konnte Amerika seine tiefsitzende Zuversicht austreiben. Die Selbstsicherheit des Landes war einfach nicht kleinzukriegen.

Loretta war voll und ganz damit beschäftigt, ihr eigenes Leben zu organisieren, für Politik war da kein Platz. Die großen Debatten ihrer frühen Jahre hat sie nur aus den Augenwinkeln beobachtet, aber wenn sie zurückdenkt und es mit dem erbitterten Streit von heute vergleicht, dann hat sie die Diskussionen der 1950er und 1960er Jahre als respektvolles Ringen zwischen Demokraten und Republikanern in Erinnerung. Trotz aller Meinungsunterschiede habe es ein gemeinsames Verständnis von den Grundwerten des Zusammenlebens gegeben.

Sie erzählt, wie sie 1960 zum ersten Mal in Amerika zur Wahl ging. Zunächst schwankte sie zwischen Richard Nixon, dem Kandidaten der Republikaner, und dem Demokraten John F. Kennedy. Doch Ken, ihr erster Mann, meinte, es sei doch klar, dass sie beide Kennedy wählen sollten. Er versuchte, sie mit einem kräftigen Argument zu überzeugen: «Ken sagte, wenn du den Kennedy wählst, lade ich dich zu einem Steakdinner ein.» Es gab noch weitere Gründe: «Ich mochte Kennedy. Und ich mochte seine Frau, sie war wunderschön. Alles war wunderschön damals.» Die Kennedys versprachen Loretta und Ken einen ewigen Sonnenaufgang. Tatsächlich ging die Wahl in diesem Jahr kaum fassbar knapp aus. Bei der Popular Vote, der Addition aller in den USA abgegebenen Stimmen, lag Kennedy die Winzigkeit von 0,1 Prozent vor seinem Rivalen, was damals 112 000 Stimmen entsprach. Die Abstimmung der Wahlleute, also der Vertreter der Bundesstaaten, fiel deutlicher aus. Noch am Wahlabend richtete sich der unterlegene Nixon in einer Fernsehansprache an Kennedy, gratulierte ihm anstandslos und wünschte ihm eine sichere Hand als Präsident. Amerika würde künftig geschlossen hinter ihm stehen.

Das Versprechen des ewigen Sonnenaufgangs und die Zusage, auch in schwierigen Zeiten zusammenzustehen, davon ist Loretta überzeugt, wurde die meiste Zeit seitdem eingelöst. Über die Attentate gegen die Kennedys, über den Vietnamkrieg, die Anschläge vom 11. September, über die Kriege in Afghanistan und Irak und andere dunkle Kapitel der jüngeren Geschichte spricht sie nicht. All das passt nicht so richtig ins Bild.

Oder vielleicht doch. Es mag einen tiefen Grund geben, warum meine Tante über die amerikanischen Kriege und Katastrophen der letzten Jahrzehnte hinweggeht. In ihrer Wahrnehmung überlebte das große Gemeinschaftsgefühl der Amerikaner trotz der dunklen Jahre, vielleicht auch wegen ihnen. Die Narben der Vereinigten Staaten entsprachen den Narben in ihrem eigenen Leben. Amerika schaute immer nach vorne, Loretta schaute immer nach vorne.

Aber dann ändert sich in unserem Gespräch der Tonfall ihrer Erzählung wieder, sie wirkt plötzlich gar nicht mehr fröhlich, sondern tief besorgt. Die in vielen Lebenskrisen gewachsene Grundsicherheit ihrer Nation, die Überzeugung, stärker zu sein als das übelste Schicksal, sei seit einigen Jahren brüchig geworden und schließlich zerbrochen. Meine Tante, die den Faschismus im Deutschland ihrer Jugend mehr gespürt als verstanden hat, wird jetzt ganz ernst. Ein Gefühl steigt in ihr auf, das sie mit Deutschland verband, aber doch nicht mit den USA. «Zum ersten Mal habe ich Angst, dass wir angegriffen werden.» Sie spricht von diesem Putin in Moskau. Aber vor allem spricht sie von diesem Trump und dem unerträglich wachsenden Hass und der selbstzerstörerischen Energie im eigenen Land. Die Überlebenskräfte der Demokratie erlahmen.

Donald Trump sei ja nur ein Symptom, meint sie, aber er sei eben auch jemand, der selbst viel Zwietracht säht. Noch nie in ihren sieben amerikanischen Jahrzehnten habe sie ihr Land so zerrissen, so innerlich verletzt erlebt wie gerade. Sie will das an einem Beispiel deutlich machen. Ein paar Zimmer neben ihrer Wohnung lebt ein Ehepaar, stets haben sie und ihr Mann Bill sich mit den Nachbarn gut verstanden. Aber die beiden seien glühende Verehrer von Donald Trump. Immer wenn die Sprache auf Politik käme, würde die freundschaftliche Stimmung umschlagen. Loretta und Bill können es nicht ertragen, wie andere diesen Trump bejubeln. Also meiden sie politische Themen und inzwischen auch ihre Nachbarn. Es mache doch keinen Sinn, sich im hohen Alter noch zu streiten.

Und dann ist da ihr Sohn Martin, mein Cousin. Sie wundern sich sehr über ihn, seine politischen Ansichten werden ihnen immer fremder. Donald Trump spaltet nicht nur das Land, er spaltet Familien, ein wenig auch das Seniorenheim in Asheville. Die Familie von Loretta, Bill, Martin und meinen anderen Cousins und Cousinen hat Trump glücklicherweise nicht zerstören können. Eltern und Geschwister blicken schon mal genervt zur Decke und wechseln schnell das Thema, wenn Martin anfängt, über Politik zu sprechen. Wahrscheinlich geht es ihm umgekehrt genauso. Immerhin tauschen sie in dieser liebevollen Familie nur genervte Blicke aus, mehr nicht, es gibt immer häufiger Situationen im Land, bei denen Amerikaner mit Fäusten aufeinander losgehen.

Ich habe die USA seit meiner Jugend oft besucht, manchmal für ein paar Wochen oder sogar Monate, manchmal nur für ein paar Tage. In den späten 1980er Jahren habe ich eine Weile dort gelebt. Noch nie habe ich die allgemeine Stimmung im Land als so gereizt erlebt wie in den letzten zehn Jahren. Es geht um weit mehr als um ein Stimmungstief, ich beobachte einen schleichenden, sich verfestigenden Prozess: Die Seele des Landes verändert sich. Die Amerikaner verlieren den unerschütterlichen Glauben an ihre eigene Zukunft, der meine Tante so lange faszinierte. In schneller Folge zählt sie ein paar Beispiele auf: «Junge Leute wollen einfach keine Babys mehr haben. Sie haben Angst vor dem Klimawandel. Wir haben viel mehr Stürme als früher, an der Westküste gibt es mehr Überschwemmungen, auch in Florida.» In ihrem hohen Alter muss Loretta erleben, wie ihrer zweiten Heimat der alte Glaube an den ewigen Sonnenaufgang abhandenkommt. Immer wieder beginnt sie, über Trump zu sprechen. Dessen Gehetze gegen Immigranten findet sie unerträglich. Er stelle es so dar, als schmuggelten alle Einwanderer Rauschgift ins Land. Das sei doch schlicht Unfug. Jetzt wird sie richtig wütend. Außerdem, wie solle denn Amerika ohne Einwanderer funktionieren? Sie erzählt dann von den vielen Latinas aus Ecuador und Kolumbien, Servicekräfte allesamt, die in Dearfield arbeiten.

Beim Abendessen an einem großen Tisch fragen mich einige Bewohner des Seniorenheims, wie ernst die Lage in der Ukraine sei, und überhaupt: «Ist Europa in Gefahr? … Kann man den Fernsehnachrichten trauen? … Was hat Trump vor mit der Ukraine? … Wäre er gut für Europa? … Würde er nicht nur Amerika auseinandertreiben, sondern auch die Welt?» Die Menschen in Dearfield sind verunsichert.

Ich erfahre, dass es hier eine Gruppe «Senioren für Trump» gibt. Offene Streitereien mit ihr gibt es nicht, Demokraten und Republikaner gehen sich friedlich aus dem Weg. Es sind überwiegend altersmilde Menschen, die hier auf engem Raum irgendwie miteinander auskommen müssen. Es gibt viel Small Talk und wenig Debatten, die sie aus dem Gleichgewicht bringen könnten. Die freundliche Oberflächlichkeit hat für die Bewohner einen Vorteil, sie macht ihren Alltag erträglich.

Diese gepflegte, aber unverbindliche Art des Umgangs mag noch einen anderen Grund haben. Die Menschen hier sind in einer Zeit aufgewachsen und geprägt worden, als das Land noch stärker durch ein gemeinsames Wertesystem zusammengehalten wurde. In Dearfield, in dieser Welt der weichen Teppichböden, der surrenden Klimaanalgen und der Rollatoren, spürt man das späte Echo einer verlorenen Zeit. In den vielen Gesprächen beim Essen oder auf den Fluren kann man erahnen, dass dieses friedlich-freundliche Miteinander endet. Es schwindet mit der Generation Dearfield, die viel Vergangenheit hat und nur noch wenig Zukunft. Mit beängstigender Gewissheit ist zu spüren, dass etwas völlig anderes, etwas Ungutes, an die Stelle des großen Miteinanders tritt. Aber was?

Am Nachmittag schickt mir mein Cousin Martin eine Textnachricht. Er hat gehört, dass ich bei seiner Mutter zu Besuch bin, und will wissen, ob ich am Abend als Gast in seiner lokalen TV-Show mitdiskutiere. Es wäre vollkommen ausreichend, wenn ich mich per Video zuschalten würde. Seit vielen Jahren produziert Martin neben seinem Hauptberuf als Handwerksunternehmer eine Sendung, in der er regelmäßig mit Gästen die kleinen und großen Themen der Woche bespricht. Schon bei früheren Gelegenheiten hat er mich in seine Show eingeladen.

Ein paar Stunden später sitze ich vor der Kamera meines Laptops. Martin hat drei weitere Personen zugeschaltet: eine Lokalpolitikerin namens Jayme, die für die Republikanerin Nikki Haley trommelt und sich selbst für einen Sitz im Repräsentantenhaus bewirbt, außerdem zwei Freunde von Martin, die sich als beinharte Trump-Verehrer zu erkennen geben – Joe sowie ein IT-Manager, der unter seinem Pseudonym James Bond an der Sendung teilnimmt. Alle drei wirken nicht wie arme, ungebildete Amerikaner, eher scheinen sie der gehobenen Mittelschicht anzugehören.

Die Runde schaukelt sich schnell hoch. Es geht nicht um die Frage, ob Trump eine Gefahr für die amerikanische Demokratie sei; diese Vermutung treibt hier niemanden um. Es geht vielmehr um die Frage, wer im Herbst die besseren Wahlchancen gegen Joe Biden habe. Allein die Lokalpolitikerin Jayme merkt an, dass Donald Trump wegen seiner aggressiven Rhetorik wohl kaum geeignet sei, die inneramerikanischen Spannungen zu befrieden.

Dann bin ich an der Reihe und werde gebeten, von der Sicht Europas auf Trump zu erzählen. Ich könne die europäische Perspektive nur ausschnittsweise wiedergeben, sage ich, aber ich will doch über den kollektiven Aufschrei berichten, den Donald Trumps Aufforderung an Wladimir Putin neulich ausgelöst habe, mit zahlungsschwachen Nato-Staaten zu tun, «was immer zur Hölle» er tun wolle. Für Trump und überhaupt für Amerika sei Europas Krieg weit weg. Für uns in

Deutschland und für unsere östlichen Nachbarstaaten sei Krieg eine völlig andere, greifbare Realität.

Da grätscht mein Cousin in die Diskussion und meint, man solle nicht alles, was Trump von sich gibt, auf die Goldwaage legen. Statt seine Reden wörtlich zu nehmen, solle man ihn besser ernst nehmen. Er kommt jetzt auch auf das Beispiel Hillary Clinton zu sprechen. In seinem ersten Wahlkampf 2016 habe Trump gefordert, sie ins Gefängnis zu werfen, als Präsident habe er es dann doch unterlassen.

Das sei aber eine eigenartige Argumentation, entgegne ich. Schließlich könne Wladimir Putin anders reagieren und Trumps Ermunterung, schwache Nato-Partner zu überfallen, sehr wohl auch im Wortsinn ernst nehmen. Solche Sprüche seien unverantwortlich und hochgefährlich. Im Übrigen wäre es doch nicht gerade ein Zeichen demokratischer Toleranz, wenn man seinen politischen Rivalen Gefängnisstrafen an den Hals wünscht.

Solche Einwände will die Runde nicht gelten lassen. Die wahre Bedrohung der Demokratie, da sind sich alle einig, seien die Demokraten und der Deep State, das korrupte System in der Hauptstadt. Die Prozesse gegen Donald Trump, von denen einige zum Ziel hätten, ihn von der anstehenden Präsidentschaftswahl auszuschließen, seien doch wohl Beleg genug für die Behauptung, dass die Demokratie in den USA bedroht sei.

Die Diskussion verläuft zwischenzeitlich sehr erhitzt, ich spüre, wie ernst mein Cousin und seine republikanischen Gesprächspartner das Gerede vom Deep State nehmen und dass sich alle Drei in einem Kulturkampf um die Zukunft ihres Landes wähnen.

Zum Schluss kommen wir auf den Sturm aufs Kapitol im Januar 2021 zu sprechen. Ich will von Jayme, die bislang am bedächtigsten argumentiert, wissen, wie sie über diesen Aufstand denkt. Die Lokalpolitikerin überrascht mich mit einer kühnen und am Ende gleichfalls radikalen Einschätzung. Zunächst beginnt sie vorsichtig: «Ich war damals Bürgermeisterin meiner Stadt und habe eine Ahnung davon, was es heißt, ein guter politischer Führer zu sein. Donald Trump war an diesem Tag die einzige Person, die die Unruhen hätte beenden können. Ich finde es unverzeihlich, dass er es nicht versucht hat.»

Dann aber dreht sie auf und argumentiert voller Zorn: «Das amerikanische Volk, einfache Leute wie ich, wissen nicht, wer wirklich hinter diesen Vorkommnissen steckt. Ich mache mir Sorgen, wer das gewesen sein könnte. Der Deep State greift um sich und ich bete, dass, wer immer als republikanischer Kandidat im November gewählt werden wird, sich diesen Deep State richtig vorknüpfen wird.» Die anderen in der Video-Runde nicken zustimmend.

Während wir diskutieren, sitzt Loretta, Martins Mutter, vor ihrem Computer und schaut sich unsere Diskussion an. Ich hatte ihr vorab von der Sendung ihres Sohnes und von meinem Gastauftritt darin erzählt. Am nächsten Morgen schüttelt sie den Kopf und seufzt, sie hätte unser Gerede nicht lange ertragen können. Sie liebe ihren Sohn ja, sagt sie, aber sie verstehe ihn nicht mehr; jedenfalls dann nicht, wenn er über Politik spricht.

Im Bermuda-Dreieck

Ich verabschiede mich von Loretta und ihrem Mann Bill in Asheville, miete ein Auto und fahre schnurstracks Richtung Westen. Auf der Suche danach, was dieses Land einst so stark gemacht hat und was es jetzt auseinandertreibt. Am Ende werden es sechs südliche Bundesstaaten sein, die ich durchquere. Ein größeres Ziel habe ich nicht, eher viele kleine Punkte auf der Landkarte, die mich interessieren, Tagesrouten. Zwischendurch reserviere ich online ein Hotelzimmer für die Nacht, dann geht es weiter. Zunächst fahre ich durch Tennessee. Unterwegs habe ich ein unerwartetes Erlebnis, als mitten auf dem Weg die Digitaluhr meines Mietwagens eine Stunde nach vorne springt. Na klar, ich habe soeben eine Zeitzone gewechselt.

Die einzige Musik, die hier in Tennessee die meiste Zeit über auf den AM- und FM-Wellen des Autoradios zu hören ist, ist Country. Kein Rock, kein Jazz, erst recht keine Klassik. Ich fahre durch die Geburtsregion der Countrymusik. Es ist eine freundliche, entspannte Musik mit Texten, die die Zuhörer nicht gerade überfordern: Boy meets girl, boy loses girl, boy meets girl again. Meistens geht es um Heimat, die die hart arbeitenden Menschen vor feindlichen Einflüssen schützt. Um Menschen, die im Kleinen ihr großes Glück finden.

Der Songwriter Harlan Howard fasste die Texte der Countrymusik einmal so zusammen: «three chords and the truth», drei Akkorde und die Wahrheit. In den Liedern ginge es vor allem um Geschichten «aus dem Bermuda-Dreieck von Bar, Bett und Baseballplatz – der Blues der einfachen weißen Leute». Diese geometrische Figur hat in Tennessee viele berühmte Musiker und Musikerinnen hervorgebracht, weit über Country hinaus, Dolly Parton und Tina Turner, um nur zwei zu nennen. Ein dritter, noch berühmterer Sänger wird mich in den nächsten Tagen intensiv beschäftigen.

Wenn man den ganzen Tag über Countrymusik im Auto hört, kann man den Eindruck gewinnen, dass sich die Menschen mit der Gitarre um die Schulter und einem Lied auf den Lippen leichtfüßig durch ihren Bundesstaat bewegen. Das ist ein billiges Klischee, schon der Blick aus dem Fenster zeigt eine andere Realität. Tennessee muss ein harter, unfriedlicher Staat sein. An den Rändern der Highways stehen riesige Billboards, neben Hamburgern und Urlaubsflügen preisen sie Gewehre an, Jagdgewehre, Sturmgewehre. Ein Geschäft macht darauf aufmerksam, dass es gebrauchte Waffen kauft und verkauft. Dann wieder starren ernst aussehende Männer und Frauen von den Werbetafeln die Autofahrer an, sie bewerben sich für das Amt des regionalen Staatsanwalts, andere machen Reklame für sich als Rechtsanwälte. Eine Gesellschaft, die so viele Waffen und Anwälte braucht, scheint im permanenten Streit mit sich zu leben.

Es gibt auch Reklame für Jesus. Er sei die einzige Lösung aller Probleme, steht da in sehr großen Buchstaben. Aha. Auf einem anderen Plakat zeigt Donald Trump böse mit dem Zeigefinger nach vorne, wie einst Uncle Sam, und ruft in einer Sprechblase: «Get out, Joe! You're fired.» Ich fahre durch einen roten Staat, der fest im Griff der Republikaner ist. Bei der Wahl 2020 bekamen sie hier über 60 Prozent der Stimmen. Fast alle Südstaaten, durch die ich reise, waren damals Trump-Staaten. Warum sind hier so viele Menschen anfällig für einen Mann, der das große amerikanische Miteinander anpreist, es in Wahrheit aber zertrümmert?

Wenn man vom Highway auf die Landstraßen abbiegt, sieht man, wie viele Kirchen am Wegesrand stehen. Die Menschen hier müssen in einer innigen Beziehung zu ihrem Gott stehen. Vor allem die Gemeinden der evangelikalen Christen haben viele Mitglieder. Donald Trump hat es längst verstanden, ihre religiösen Gefühle für seine machtpolitischen Zwecke einzuspannen, er lässt sich von ihnen wie ein Gottgesandter feiern. Auf Videos von gemeinsamen Gottesdiensten sieht man, wie ihn Priester als einen irdischen Erlöser anbeten. Wer genau hinschaut, kann erkennen, dass Trump dabei schelmisch lächelt.

Auf der langen Fahrt fällt mir ein, dass auch Taylor Swift hier aufgewachsen ist, in der Nähe von Nashville. Viele Menschen rund um den Globus blicken ebenfalls zu ihr wie zu einem göttlichen Wesen auf. Ihre Anhänger orientieren sich an ihren Kleidern, an ihren Bewegungen, an ihren Interviews und Social-Media-Posts. In dieser durch und durch konservativen Region ist Taylor Swift ein Hoffnungsschimmer. Ihr liegen nicht nur Menschen in den urbanen Zentren an der Ost- und Westküste zu Füßen, sondern auch Fans im Mittleren Westen und eben hier in den Südstaaten. Sie hat eine ungewöhnlich breite Wirkung.

Als Taylor Swift schon eine berühmte Sängerin war, brach sie mit ihrem Vorsatz, sich aus großen Streitthemen herauszuhalten, und outete sich schließlich doch politisch. Im Jahr 2018 war das, sie positionierte sich vor ihrer riesigen Fangemeinde gegen die Politikerin Marsha Blackburn. Die Republikanerin war bereits sechzehn Jahre lang Mitglied im Repräsentantenhaus in Washington gewesen, fiel landesweit mit ihren radikal-konservativen Positionen auf und kandidierte jetzt für den Senat. Blackburn wütete gegen Obamas Gesundheitsreform, gegen liberale Abtreibungsgesetze, sie leugnete den vom Menschen verursachten Klimawandel und ist, natürlich, eine treue Unterstützerin von Donald Trump. Sie nennt sich «eine Hardcore-Konservative aus Tennessee». Über diese Frau also schrieb Taylor Swift auf Instagram: «So sehr ich in der Vergangenheit für Frauen in politischen Ämtern gestimmt habe und das gerne weiter tun würde, ich kann Marsha Blackburn nicht unterstützen. Ihr Abstimmungsverhalten entsetzt und verschreckt mich.»

Swifts Sätze waren mutig, natürlich erntete sie einen Shitstorm und musste damit rechnen, dass sich viele Fans von ihr abwandten. Ohnehin hatte sie sich ihr politisches Coming-out anders vorgestellt, mit mehr Durchschlagskraft. Ihre Stellungnahme verpuffte, Marsha Blackburn gewann die Wahl und vertritt seitdem Tennessee im US-Senat. Doch die öffentliche Stellungnahme veränderte Taylor Swift. Die Sängerin wurde zu einem politischen Menschen, zu einer Frau, die sich einmischt, auch wenn es ihr selbst schadet. Seitdem schlägt jede ihrer Andeutungen zu politischen Themen hohe Wellen. Nicht nur Taylor Swift hat durch diese Erfahrung an Selbstbewusstsein gewonnen, vermutlich sind auch viele ihrer Fans mit ihr gewachsen.

Meine Fahrt unterbreche ich für die Nacht und suche eine Herberge am Tennessee-River auf, weit weg von irgendeiner Siedlung. Auf Fotos im Internet sieht das Hotel einladend aus, in malerischer Umgebung. Aber als ich aussteige, fällt mir auf, dass das zweigeschossige Gebäude stark heruntergekommen ist. Auf dem Parkplatz stehen keine Autos, kein Mensch ist weit und breit zu sehen. Eine Rezeption gibt es nicht. Nach einer Weile tritt eine Frau aus dem Haus, ich stelle mich vor und erkläre, dass ich online ein Zimmer gebucht habe. Daraufhin teilt sie mir einen Zahlencode mit, zeigt auf die rostige Außentreppe zum ersten Stock und verabschiedet sich. Da ich der einzige Gast bin und es kein Personal gibt, keinen Portier und keine Reinigungskraft, bin ich ganz allein, beinahe wie Janet Leigh in Hitchcocks *Psycho*. Ich verzichte auf eine heiße Dusche, laufe eine Weile am Flussufer entlang und schaue den Wildgänsen zu. Der Geruch der Natur und die Stille tun gut. Man sieht und hört kein Auto, kein Flugzeug, nur rauschende Bäume und das leise fließende Wasser. Die Natur ist jedoch nicht der Grund für meine Reise. Um mehr über die Befindlichkeit der amerikanischen Gesellschaft in Erfahrung zu bringen, brauche ich Kontakt zu Menschen. Ich muss wieder unter Leute.

Also fahre ich nach kurzem Aufenthalt eine halbe Stunde lang in die nächste Provinzstadt. Chattanooga ist von überschaubarer Größe, hier leben etwa so viele Menschen wie im norddeutschen Oldenburg. Weil sich in der Gegend zwei Eisenbahnstrecken kreuzen, siedelten sich viele Fabriken an, was der Bevölkerung Arbeit einbrachte, aber auch Probleme. In den 1960er Jahren galt Chattanooga als schmutzigste Stadt der USA. Inzwischen sind die Industrieansiedlungen modernisiert; ein Volkswagen-Werk gehört zu den größten Arbeitgebern, auch der deutsche Technikkonzern Voith betreibt eine Zweigstelle.

Chattanooga ist keine Geisterstadt wie viele ehemalige Industriestädte oben im Norden, in Michigan oder New Jersey. Im Zentrum sind dennoch viele Restaurants geschlossen, fest mit Brettern verriegelt; sie wirken nicht, als wenn sie am nächsten Tag wieder öffnen würden.

Vielleicht gehen die Bewohner nicht gerne aus, oder sie haben nicht genügend Geld für häufige Restaurantbesuche. Vielleicht handelt es sich auch nur um eine Spätfolge der Covid-Pandemie, die die USA kräftig durchgeschüttelt hat.

Schließlich finde ich ein mexikanisches Restaurant, in dem Licht brennt. Eine junge Kellnerin heißt mich willkommen, sie stellt sich, wie das in den USA üblich ist, mit ihrem Vornamen vor und fragt mich, nachdem sie meinen Akzent vernommen hat, woher ich denn komme und was mich in ihre Stadt führe. Ich erzähle es ihr. Da nur wenige Tische im Restaurant besetzt sind und sie viel freie Zeit hat, erzählt sie auch einiges von sich. Caren ist 21 Jahre alt, irgendwelche Vorfahren von ihr seien mal aus Deutschland hierhin ausgewandert, sie kann auf Deutsch «Guten Tag» und «Gute Nacht» sagen, sie studiert Chemie und Landwirtschaftslehre und jobbt nebenbei als Kellnerin, um genug Geld für ihr Studium zu verdienen. Sie wirkt sehr aufgeweckt und neugierig. Während sie spricht, überlege ich, was sie wohl über den aufziehenden Präsidentschaftswahlkampf denkt.

Zwischen uns entwickelt sich ein längeres Gespräch über Politik, jetzt antworte ich etwas ausführlicher auf ihre Frage nach dem Grund meiner Reise; dass ich nämlich herausfinden will, warum so viele Amerikaner und Amerikanerinnen immer noch Donald Trump schätzen, vielleicht sogar bewundern, trotz seiner zahlreichen Skandale. Das könne sie mir, was sie betrifft, gerne erklären, sagt Caren. Und je länger sie spricht, desto enttäuschter bin ich. Sie holt etwas aus und berichtet, dass sie aus einem sehr katholischen Elternhaus kommt, das habe sie geprägt. Daher fände sie es gut, dass Trump sich so energisch und eindeutig gegen Abtreibung einsetze. Immerhin fordere er ein landesweites Verbot ab einer bestimmten Schwangerschaftswoche. Und Joe Biden? Ja, der sei doch nur eine Marionette, die an den Fäden anderer mächtiger Menschen hinge. Na klar, auch sie würde Trump wählen, und zwar aus vollem Herzen.

Ein paar Wochen später wird sich Donald Trump gar nicht mehr so energisch und eindeutig für eine Verschärfung der Abtreibungsgesetze aussprechen. Er ist dann auf Stimmenfang. Die Gesetzgebung zu Abtreibungsfragen will er weiter den einzelnen Bundesstaaten überlassen, offenbar befürchtet er, dass ihm das Thema im Wahlkampf schaden wird. Aber das kann Caren heute noch nicht wissen, noch hält sie eisern zu Trump. Und ich vermute, dass sie ihre Meinung zu ihm so schnell nicht ändern wird.

Ob es sie denn nicht gestört habe, dass er im Januar 2021 unzählige Demonstranten aufgepeitscht habe, das Kapitol zu stürmen? Ja, das sei ein übler Tag gewesen, eine Schande, sagt sie, aber der Putschversuch sei doch von Demokraten inszeniert worden. Ich kann es kaum fassen, wie kommt sie bloß dazu, so etwas zu behaupten?

Die Geschichte des von den Demokraten beherrschten Deep State kenne ich inzwischen, die Erzählung von den dunklen Mächten, die vor drei Jahren verhindern wollten, dass Donald Trump eine zweite Amtszeit als Präsident antritt. Ich staune nur, dass sich diese wahnsinnige Geschichte aus Donald Trumps Hirn so weit in den USA verbreitet, dass sie selbst von einer aufgeweckten Studentin in einem mexikanischen Restaurant weit weg in einer Provinzstadt in Tennessee geglaubt wird.

Die Begegnung mit Caren ist dennoch herzlich, ihre unbekümmerte Fröhlichkeit ist ansteckend. Wir unterhalten uns noch eine Weile über ihr Studium und ihre Berufsaussichten, dann verabschieden wir uns herzlich, sagen auf Deutsch «Gute Nacht» und wünschen uns auf unseren jeweiligen Lebenswegen alles Gute.

Memphis

Wann und wie hat Amerika seine Selbstsicherheit verloren? Zu welcher alten Größe sehnen sich viele Bürger zurück? Eine einfache, allumfassende Antwort gibt es nicht, es kann sie nicht geben. Aber ein paar Hinweise zu den Fragen, die mich beschäftigen, hoffe ich heute an einer langen, mehrspurigen Ausfallstraße in Memphis zu finden. Bis zum Jahr 1971 hatte sie den spröden Namen Highway 51 South, dann entschied der Stadtrat von Memphis, ihr einen hübscheren, schillernden Namen zu geben und benannte sie nach dem bekanntesten, damals noch lebenden Anwohner. Seitdem heißt die Straße Elvis Presley Boulevard. An der Hausnummer 3764 halte ich an. Auf der gegenüberliegenden Straßenseite gibt es Parkplätze für viele hundert, vielleicht tausend Autos. Alle Besucher haben dasselbe Ziel: Graceland.

Elvis Presley kaufte das prächtige Gebäude und das angrenzende Anwesen nicht weit vom Mississippi-Fluss entfernt im Jahr 1957. Also in der Zeit, die Donald Trump bis heute vergöttert, weil sein Land da angeblich noch nicht herumgeschubst wurde. Tatsächlich lässt sich hier etwas von dem Geist erahnen, den Trump und seine Anhänger wiederbeleben möchten.

Die Anlage wurde lange, bevor Elvis Presley sie bezog, von einem örtlichen Unternehmer gebaut, er taufte sie auf den Namen seiner Tochter Grace. Was für eine nette Geste. Elvis, der ein paar Jahre in ärmlichen Verhältnissen in einem anderen Stadtteil aufgewachsen war, war durch Konzerte, Fernsehauftritte und in die Höhe schießende Plattenverkäufe sehr früh zu Reichtum gekommen. Er wollte das viele Geld genießen, er wollte klotzen und nicht kleckern. Und er wollte es seinen Eltern, Memphis und der ganzen Welt zeigen, dass er ein erfolgreicher Mann geworden war. Mit gerade mal 22 Jahren!

Zwei Jahrzehnte lang hat er hier seinen Hauptwohnsitz gehabt, er hat Graceland immer weiter ausgebaut, mit Sportanlagen, einem Reitplatz, Garagen für seine unzähligen Straßenkreuzer und all die Motorräder, die er sammelte. Schon zu Lebzeiten hat Elvis Presley sich in eine Legende verwandelt, und auch seinen Wohnsitz.

Seit seinem Tod 1977 wuchs Graceland noch weiter, es stieg zu einem amerikanischen Mythos auf, zu einer Pilgerstätte, um die herum ein ganzer Stadtteil wucherte, mit Museen, Konzertsälen, Hotels, Restaurants und unzähligen Souvenirshops. Die bis heute anhaltende Elvis-Hysterie lässt sich ohne viel Mühe in Geld verwandeln.

Aus ganz Amerika reisen Menschen an. Höhepunkt ist eine Tour durch die Mansion, die Elvis nach seinem Geschmack einrichten ließ. Hier kann man in eine Welt eintauchen, die es nur noch an wenigen anderen Orten gibt. Einer der vergleichbaren Orte ist wohl Mar-a-Lago, die Residenz von Donald Trump im Süden Floridas. Nur, dass Trump sein Anwesen natürlich noch viel größer und prachtvoller gestalten ließ, als es Elvis tat. Gelegentlich hat Trump erzählt, dass er ein Fan von Elvis sei, er habe sogar mal eines seiner Konzerte besucht. Sein Haupthaar föhnt er so weit nach vorne, als wolle er an Elvis-Presley-Lookalike-Wettbewerben teilnehmen. Einige Wochen vor meiner Reise postete er auf Instagram eine Montage, die sein Gesicht und das von Elvis nebeneinander zeigte. Darunter schrieb er, seit langer Zeit würden ihn Menschen immer wieder auf seine große Ähnlichkeit mit Elvis hinweisen. Narzissten waren sie wohl beide.

Tatsächlich sind die Ähnlichkeiten und der Versuch, seinem Idol nachzueifern, nicht nur von oberflächlicher Natur. Elvis schaffte sich ein eigenes Flugzeug an, eine vierstrahlige Convair 880, mit bequemen Sitzecken, einer Bar, goldenen Wasserhähnen, und taufte es auf den Namen seiner Tochter Lisa Marie. Also kaufte Donald Trump, nachdem er als Immobilienmogul zu Geld gekommen war, die Boeing 757 von Microsoft-Co-Chef Paul Allen. Anders als Elvis ließ er jedoch nicht den Vornamen seiner Lieblingstochter Ivanka auf die Außenhaut des Jets sprühen, sondern seinen eigenen Namen. Natürlich in Großbuchstaben.

Wie einst Elvis genießt auch Trump die Entzückung seiner Fans, die ekstatische Überhöhung der eigenen Person zur Bigger-than-life-Gestalt. Ein Rock'n'Roll-Star kann zu einem solchen Wesen aufsteigen, sich hoch über die Niederungen seiner Fans erheben. Aber ein Politiker? Wie behält so jemand den Bezug zur banalen Realität seiner Wähler, der einfachen Bevölkerung? Schon vor Jahren glaubte Donald Trump, nicht nur über dem Gesetz zu stehen, sondern auch über jeglichem Anstand. Sein Frauen-verachtender Satz «When you're a star, they let you do it. You can do anything [...] grab them by the pussy. You can do anything.» hat ihm erstaunlicherweise nicht geschadet. Also verhielt er sich fortan so, als ob er sich jegliche Verletzung von gesetzlichen und moralischen Regeln erlauben könne.

Wenn man in Memphis tief in den Keller der Mansion steigt, drängt sich ein weiterer Vergleich mit Trump auf. Neben vielen anderen Räumen mit Billardtisch und Flipperautomat hatte sich der Sänger einen Fernsehraum einrichten lassen. Gleich drei Apparate, Marke RCA 25-inch, stehen dort noch immer nebeneinander; Elvis genoss die Reizüberflutung, er soll gerne mehrere verschiedene Programme parallel geschaut haben.

Auch Donald Trump verbringt einen großen Teil seiner Zeit vor dem Fernseher. Als er im Weißen Haus wohnte, verbrachte er zum Verdruss seiner Mitarbeiter wenig Zeit im Oval Office, viel Zeit hingegen in seinem Schlafzimmer im Haupthaus. Gegen 18:30 Uhr zog er sich gewöhnlich dorthin zurück, um auf seinem Bett Hamburger essend und Cola trinkend fernzusehen. Das Gerät, das er von seinem

Vorgänger Barack Obama übernommen hatte, ließ er durch zwei weitere Apparate ergänzen, natürlich viel größere als die von Elvis. Was der konnte, konnte auch Trump. Ein Unterschied bleibt dennoch: Trump war Präsident, Elvis war King.

Beiden ist das nicht gut bekommen. Von Elvis, dem amerikanischen König, ist eine Begebenheit überliefert, die an seiner seelischen Gesundheit zweifeln lässt. Eines Tages saß er mit einem Kumpel vor seinen drei Fernsehern und sah sich die Show des mit ihm befreundeten Sängers Robert Goulet an. Sie schien ihm nicht zu gefallen, denn plötzlich zog Elvis eine Pistole hervor und schoss in den Fernsehapparat. Später wurde Robert Goulet nach dem Vorfall befragt, er antwortete, dass dies kein Einzelfall gewesen sei, Elvis habe häufiger in die Fernsehapparate geschossen, er habe damals halt viele Pillen geschluckt, Drogen, die er nicht gut vertragen habe. «Er hat auch auf andere Sänger geschossen, zum Beispiel auf Mel Tormé und Frank Sinatra», gab er zu Protokoll. Von Donald Trump sind zwar ebenfalls allerhand Absonderlichkeiten überliefert, doch der Gebrauch eines Schießeisens gegen ein Fernsehgerät gehört nicht dazu.

Die Museumsdirektoren von Graceland legen keinen großen Wert auf die Geschichte des drogenumnebelten, schießwütigen Sängers. Den zerschossenen Fernsehapparat sucht man vergebens. Wer sich für die Story interessiert, muss sich die entsprechenden Informationen in Elvis-Presley-Büchern zusammensuchen. In Graceland selbst soll ein weitgehend makelloses Bild vermittelt werden. Aber das, was ich hier zu sehen bekomme, übersteigt bereits meine Fantasie.

Gemeinsam mit zehn Amerikanerinnen und Amerikanern schleiche ich durch die Privaträume von EP, wie ihn seine Freunde nannten. Es ist ein kühler, regnerischer Freitag. Im Sommer mögen sich viele tausend Menschen jeden Tag durch Graceland schlängeln. Doch dieser späte Wintertag lädt nur wenige Besucher zum Sightseeing ein. So bleibt viel Zeit und Muße, um sich ein wenig in Elvis Presleys Gefühlswelt zu versetzen.

Nein, ein bescheidener Mensch ist er ganz und gar nicht gewesen. Er hat seiner Frau Priscilla einen Mercedes 600 geschenkt, und weil der ihm so gut gefiel, kaufte er gleich noch zwei weitere Exemplare desselben Typs hinzu, in anderen Farben allerdings. Zudem besaß er zahlreiche Cadillacs und Chevrolets sowie schwere Harley-Davidson-

Motorräder, mit denen er zum Zeitvertreib durch Memphis brauste, ein heimatverbundener Mann soll er ja auch gewesen sein.

In einem Nebengebäude gibt es eine weitere Entdeckung. Dort ist ein Pappkamerad mit Zielscheibe aufgebaut, davor liegt ein Haufen loser Patronenhülsen, als habe gestern Abend jemand Schießübungen abgehalten. Elvis war ein Waffennarr. Als Andy Warhol ihn 1963 auf Leinwand ikonisierte, zeigte er ihn nicht etwa mit einem Mikrophon in der Hand, sondern als Cowboy mit einer Knarre. Es muss eine unbeschwerte Zeit gewesen sein, ohne Gedanken an Amokläufe, ohne Gewissensbisse wegen zu hohen Energieverbrauchs, klimaschädlichen Wirtschaftens oder wegen politisch inkorrekter Umgangssprache. Damals war Amerikas Größe nur durch den Himmel begrenzt. Und wenn sich Elvis über die Wolken erheben wollte, dann hatte er ja seine vierstrahlige Lisa Marie.

Vor dem Haupteingang mit seinen prächtigen Säulen treffe ich ein Paar, beide etwa sechzig Jahre alt. Die beiden bitten mich, vor der Mansion mit ihrem Smartphone ein Foto von ihnen zu machen, ich bitte sie umgekehrt um denselben Gefallen. So kommen wir ins Gespräch. Tags zuvor sind sie über 500 Meilen sieben Stunden lang von Illinois hierhin gefahren, um Graceland zu besuchen. Sie stellen sich als Pat und Joe vor. Auch sie wollen wissen, woher ich komme. Germany? Ah, interesting.

Wir sprechen ein wenig über Amerikas gute alte Zeit. Sie haben auch gerade die drei Fernsehapparate im Keller gesehen, dann Elvis' Pistolen, sie wissen um seine goldenen Schallplatten, um die goldenen Wasserhähne, die Straßenkreuzer und das Flugzeug. Sie sind tief bewegt und genießen den Blick in eine untergegangene Epoche.

Dann kommt unser Gespräch auf Elvis, den Sänger, wir drei finden, dass er durch seine Musik unsterblich geworden ist. Für alle, die für seine Melodien, seine Intonation und seinen Hüftschwung empfänglich sind, lebt ein Stück des alten Amerika weiter.

Da fällt mir auf, dass Pats Lippen anfangen zu vibrieren. Ich verstehe nicht gleich, wieso. Die Frau wird immer emotionaler, sagt noch, Elvis sei halt der «King» gewesen und leider, leider so jung gestorben. Dann bricht es aus ihr heraus, sie fängt an zu weinen, erst ein bisschen, dann ganz ungehemmt. Schließlich wendet sie sich von uns ab. Joe, ihr Mann, schaut verlegen auf seine Frau und zieht mich zur Seite.

Elvis hätte halt stets die Frauen schwach gemacht, schmunzelt er, ob ich denn wisse, dass weibliche Fans ihre Schlüpfer auf die Bühne geworfen hätten. Er selbst sei nicht so leicht aus dem Gleichgewicht zu bringen, aber bei seiner Pat sei das halt anders. Joe lächelt, als er das sagt. Und als sich Pat beruhigt und sich uns wieder zuwendet, nimmt er sie in den Arm. Jetzt lächelt auch sie und wischt sich die Tränen aus den Augen. Das ist es wohl, was die Leute meinen, wenn sie sagen: Elvis lebt!

Ich weiß nicht, ob Pat und Joe Anhänger der Republikaner oder der Demokraten oder gänzlich unpolitisch sind. Aber sollten sie sich Amerika wieder so unbeschwert wie zu Elvis' Zeiten wünschen und sollten die vielen Millionen Anhänger der Make-America-Great-Again-Idee ausschließlich von Sentimentalität getrieben sein, dann wäre das eine harmlose, sogar sympathische Bewegung.

Aber es geht bei MAGA um mehr als ein Schwelgen in der Vergangenheit, die Bewegung nutzt die Graceland-Nostalgie und hat sich doch von ihr entkoppelt. Der Make-America-Great-Again-Slogan wurde schon von Ronald Reagan benutzt und auch von Bill Clinton, aber Donald Trump und seine Leute haben ihn zum Herzstück einer gewaltigen Kampagne gemacht, sie haben den Grundgedanken für ihre Zwecke gekapert und auf ihm eine zum Teil rassistische, gewaltbereite Bewegung aufgebaut. MAGA wurde zum Herrschaftsinstrument. Noch steht es Donald Trump zur Verfügung, irgendwann werden andere Politiker die Bewegung für ihre Zwecke einspannen.

Wenn man es genau nimmt, dann hat Donald Trump seinen Landsleuten immer etwas vorgegaukelt. Das Amerika, das ihm vorschwebt, hat es nie gegeben, das Land war niemals für alle Teile der Bevölkerung großartig. Auch in den von ihm glorifizierten 40er und 50er Jahren des letzten Jahrhunderts gab es große Armut und Aggressivität gegenüber ethnischen Minderheiten. Trump verspricht seinen Landsleuten ein Luftschloss. Die harten, brutalen Teile der amerikanischen Geschichte blendet er aus, absichtsvoll, sie passen nicht in seine Erzählung von Amerikas Großartigkeit. In diesen Teilen geht es um die Unterdrückung von Schwarzen durch weiße Machthaber, und auch um den ganz anderen Waffenirrsinn.

An diese dunklen Kapitel der Geschichte erinnert eindrucksvoll ein Lied, das Elvis Presley von einer großen Leinwand im Graceland-

Museum herab singt und das einem ganz anderen amerikanischen König gewidmet ist. Wer aufmerksam durch die Hallen geht, kann sich diesem Teil Amerikas nicht entziehen. Das Lied heißt «If I can dream».

Um das Amerika der Nachkriegsjahre, auf das sich Donald Trump bezieht, zu verstehen, muss man die Lebensläufe von Elvis, dem King der Popmusik, und von Martin Luther, dem King der Bürgerrechtsbewegung, nachvollziehen. Die beiden Männer waren prägende Figuren der amerikanischen Gesellschaft jener Jahre. Beide riefen Sehnsüchte hervor, sehr unterschiedliche Träume. Während Elvis von der Beziehung zwischen Männern und Frauen sang und wegen seines glamourösen Lebens angehimmelt wurde, predigte Martin Luther King von der Gleichheit von Schwarzen und Weißen, von Brüdern und Schwestern einer großen Familie. Er stellte ihnen kein Leben in Reichtum in Aussicht, sondern ein Leben in Würde, eines Tages, irgendwann. Der gewaltsame Tod des schwarzen Hoffnungsträgers zeigte ein Amerika, das keinen Platz hat in den Verheißungen der überwiegend weißen MAGA-Bewegung, ein Amerika der Verzweiflung, des Verfalls, der Gewalt und der Boshaftigkeit. Wer diese beiden sehr unterschiedlichen Amerikas kennenlernen möchte, sollte nach Memphis reisen, hier sind sie sich auf schmerzhafte Art nahegekommen.

Fangen wir kurz mit der Jugend von Elvis an. Sollte er tatsächlich noch leben, wäre er genauso alt wie meine Tante Loretta, beide sind im Jahr 1935 geboren. Möglicherweise würde er ebenfalls von einer behüteten Kindheit berichten, und wer weiß, vielleicht hat er sie ähnlich sorgenfrei empfunden wie meine Mutter und ihre Schwester im nationalsozialistischen Deutschland. Aber die äußeren Umstände seiner Kindheit waren elendig. Sein Vater jobbte auf Baumwollfeldern und in Fabriken, und weil er einen Gehaltsscheck gefälscht hatte, landete er eine Weile im Gefängnis. Immer wieder mussten die Presleys umziehen, aus Geldnot kamen sie zunächst in der Stadt Tupelo in Bezirken unter, die der ärmeren schwarzen Bevölkerung vorbehalten waren, die wohlhabenderen Weißen lebten woanders. Als sie Ende der 1940er Jahre nach Memphis zogen, erlebten sie auch dort die Auswirkungen der Rassentrennung; es gab Radiosender, die ausschließlich Musik von Weißen spielten, und Radiosender mit Musik nur von Schwarzen. Gute alte Zeit? Mitnichten.

Elvis wunderte sich über die Ungleichbehandlung, er wuchs in beiden Welten auf, er hatte gleichermaßen schwarze wie weiße Freunde und Mitmusiker und war von Blues und Gospel ebenso fasziniert wie von Country. Die Diskriminierung von Schwarzen empfand er als unerträglich, als etwas, gegen das er sich stemmte, das er aber nicht ändern konnte. Parallel zu seinem kometengleichen Aufstieg als Liebling des weißen Amerika nahmen die Proteste gegen die Rassentrennung zu, Elvis sprachen sie aus dem Herzen. Aber er sah sich nicht als aktiver Teil von ihnen, er wollte sich aus den politischen Auseinandersetzungen heraushalten, ähnlich wie lange Zeit Taylor Swift einige Generationen nach ihm.

1968 änderte vieles, das Jahr war ein tiefer Einschnitt in der Geschichte der USA, und Memphis war ein zentraler Schauplatz der Ereignisse. Anfang April hielt sich Elvis gerade zuhause in Graceland auf, als nur wenige Meilen von ihm entfernt Martin Luther King in einem Motel eincheckte. King war nach Tennessee gekommen, um überwiegend schwarze Müllarbeiter bei einem Streik zu unterstützen. Im Motel Lorraine richteten er und seine Mitstreiter für ein paar Tage eine Art Hauptquartier der Bürgerrechtsbewegung ein. Eigentlich waren es demokratische Selbstverständlichkeiten, für die er kämpfte: Gleichberechtigung aller Amerikaner unterschiedlicher Hautfarbe, Streikrecht, faire Bezahlung. Doch besonders in den Südstaaten schlug ihm und seinen Leuten massive Ablehnung entgegen.

Um besser zu verstehen, was sich am 4. April des Jahres 1968 ereignete und warum dieser Tag einer der schrecklichen Schlüsseltage der amerikanischen Geschichte ist, fahre ich von Graceland aus die paar Meilen Richtung Stadtmitte. Es ist nicht so schwer, zum Ziel zu kommen, die Stadt hat auch nach der anderen berühmten Persönlichkeit eine Straße benannt. Man kann vom Elvis Presley Boulevard abbiegen, unter die Stadtautobahn hindurchfahren und ist bereits auf der Dr. Martin Luther King Jr. Avenue. Der Stadtplan verbindet beide Männer bis heute.

Das Motel Lorraine sieht so aus wie damals. Auf dem Parkplatz vor dem Haus stehen zwei langgestreckte Limousinen aus den sechziger Jahren, ein weißer Dodge mit grünen Heckflossen und ein schneeweißer Buick Cabriolet. Wohlstandsschlitten waren sie beide. Dorthin, auf den Parkplatz, kam an diesem Apriltag gegen 18 Uhr der Saxophonist Ben Branch. Er war ein Bekannter von Martin Luther King und mit dem Breadbasket Orchester aus Chicago angereist, um die streikenden Arbeiter musikalisch zu unterstützen. Als Martin Luther King erfuhr, dass der Musiker unten bei den Fahrzeugen stand, trat er auf den Gang vor seinem Zimmer, um ihn zu begrüßen.

Die ganze Zeit über wurde er dabei von Geheimdienstagenten überwacht. Und auch ein gewisser James Earl Ray, ein Gelegenheitsarbeiter und Kleinkrimineller, ließ King an diesem Tag nicht aus den Augen. Ray war ein fanatischer Rassist, er begeisterte sich für Politiker, die sich weiter für die strikte Trennung von Schwarzen und Weißen einsetzten. Ein Bürgerrechtler wie Martin Luther King war ihm zuwider, schon Wochen vorher wollte er ihn aus dem Weg räumen. Ray erfuhr, dass sich der Prediger in Memphis einquartierte, und so bezog er ein Zimmer im Gästehaus gegenüber vom Lorraine, legte sich am Fenster des Badezimmers auf die Lauer und richtete sein Gewehr auf das Motel. Als Martin Luther King an die nur wenige Schritte entfernte Balustrade seines Zimmers trat, brauchte Ray nur ein einziges Mal abdrücken. Er traf ihn am Nacken.

Als Elvis vom Mord in der Nachbarschaft erfuhr, war er fassungslos. Spontan dachte er darüber nach, wie er seine Gefühle musikalisch ausdrücken könnte, doch ihm fiel nichts Passendes ein. Tage später meldete sich ein befreundeter Komponist und schickte ihm ein Tonband zu, darauf war die Demoversion des Liedes, das er anlässlich des Mordes geschrieben hatte: «If I can dream.» Elvis war sofort entschlossen, er ging in ein Studio, nahm eine eigene Version des Liedes auf und spielte es künftig bei seinen Konzerten im Gedenken an Martin Luther King. Außerdem fasste er einen Entschluss: «Ich werde nie wieder ein Lied singen, an das ich nicht glaube.» Ich bin mir nicht sicher, ob er diesen Vorsatz bis an sein Lebensende befolgt hat, aber das ist eine andere Geschichte.

Die schwungvolle amerikanische Lebensfreude, die Elvis Presley so lange verkörpert hatte, war an diesem 4. April 1968 für viele zerbrochen. Selbst in den ruhmreichsten Epochen ihrer Geschichte, in Zeiten bedeutender Innovationen und des wirtschaftlichen Aufstiegs, schafften es die Vereinigten Staaten nie, ihre großen Konflikte ohne Gewalt auszutragen. Unruhen, politische Morde, Amokläufe gehören seit Generationen zur Kultur Amerikas. Donald Trumps MAGA-Bewegung fügt der amerikanischen Katastrophe längst weitere Kapitel hinzu.

Im November 2016 schlägt ein Weißer den lateinamerikanischen Bediensteten einer Tankstelle in Gainesville, Florida, nieder. Auf dem Video der Überwachungskamera ist zu hören, wie der Angreifer ruft: «Das ist für Trump!»

Im August 2019 erschießt ein 21-jähriger Rechtextremist in einem Einkaufszentrum in El Paso 22 Menschen, viele mit Migrationshintergrund. Kurz vor dem Amoklauf stellt er ein Manifest ins Internet, in dem er sich auf Trump beruft, auch er warnt vor einer lateinamerikanischen Invasion in Texas: «Ich verteidige mein Land nur gegen die kulturelle und ethnische Umvolkung [im amerikanischen Original: ‹replacement›], die eine Folge dieser Invasion ist.»

Der Sender ABC News hat 2020 54 kleine und große Fälle gezählt, in denen sich Gewalttäter bei ihren Überfällen oder Drohungen auf Donald Trump beziehen.

Und da ist der Sturm aufs Kapitol am 6. Januar 2021. Er kostete vier Demonstranten und einem Polizisten das Leben, mehr als 140 Sicherheitsleute wurden verletzt, die Anzahl der verletzten Demonstranten ist nicht bekannt.

Die MAGA-Bewegung behauptet, Amerika wieder groß zu machen. In Wirklichkeit macht sie das Land rassistischer und gewaltsamer.

Aber auch auf Donald Trump selbst wird in diesem Jahr geschossen werden.

Zwei Straßenblocks vom Motel Lorraine in Memphis entfernt gibt es eine Rock-Bar, sie heißt Blue Monkey. Sie hat leicht vergilbte Fenster und einen sehr abgetretenen Holzfußboden. Nach einem aufwühlenden Tag lasse ich mich dort nieder, um etwas zu trinken und auf andere Gedanken zu kommen. Ein paar junge Männer spielen Billard, die Kellnerin schenkt viele verschiedene Biersorten aus. Auf den Fernsehschirmen an der Decke sind Basketballspiele zu sehen, aus den Lautsprechern dröhnt laut Jimi Hendrix: «Purple Haze.» Für einen sehr kurzen Moment bin ich einigermaßen versöhnt mit diesem Land.

Am Abend bleibt etwas Zeit, um einen Film anzusehen. In einem Vorstadtkino läuft *Zone of Interest* über die Familie des Auschwitz-Kommandanten Rudolf Höß, die es sich in unmittelbarer Nachbarschaft des Konzentrationslagers in einer bürgerlichen Idylle gemütlich eingerichtet hatte. In dem großen Malco-Ridgeway-Kino von Memphis bleiben nahezu alle Plätze leer, nur einige Reihen vor mir sitzt einzig ein älteres Paar. Der Film ist bedrückend, nicht wegen seiner Bilder, sondern wegen seines Tons, in der Ferne läuft mahlend die Vernichtungsmaschine auf Hochtouren. Der eigentliche Film entsteht im Kopf. Einmal sieht man Rudolf Höß in seinem Pferdestall, er schleicht um eine Stute herum, gibt ihr schließlich zärtlich einen Kuss. Kann ein solcher Mann ein Massenmörder sein?

In einer der Schlussszenen muss sich der SS-Mann übergeben. Tut er es, weil er sich vor seiner Aufgabe ekelt? Oder weil er auf einer Feier zu viel getrunken hat? Ganz offenbar übergibt er sich, weil er gerade erfahren hat, dass eine hohe Zahl Juden aus Ungarn in sein Lager gebracht werden soll. Die geplante Vernichtung von über 700 000 weiteren Menschen stellt für Höß ein technisches Problem dar. Er gerät unter Leistungsdruck.

Dann endet der Film, das Licht geht an, kein Geräusch ist zu vernehmen, das Paar einige Reihen vor mir schleicht wortlos aus dem Saal. Mir fällt ein, wie ich vor vielen Jahren einmal das ehemalige Konzentrationslager Auschwitz besucht habe. Ich übernachtete in einer nahegelegenen Jugendherberge. Nach einem Tag voller verstörender Eindrücke saß ich am späten Abend auf einer Treppe vor dem Haus und rauchte eine Zigarette. Neben mir nahm eine etwas ältere Frau Platz und steckte sich ebenfalls eine Zigarette an. Genau wie ich war die Frau tief bewegt, aber sie hatte noch einen weiteren Grund. Sie erzählte, dass sie auf dem großformatigen Foto einer Schautafel ihren Vater erkannt hatte – nicht als Gefangenen, sondern in Uniform als Mitglied der SS, neben dem Chef der Schutzstaffel Heinrich Himmler. Die rauchende Frau, mit der ich mich unterhielt, hatte keine Ahnung, warum ihr Vater in den 1940er Jahren Auschwitz besucht hatte. In dieser Nacht nahm sie sich vor, alles über ihren Vater herauszufinden. Wir blieben in Kontakt.

Monate später begleitete ich sie bei ihrer Suche für einen Fernsehbeitrag. Es stellte sich heraus, dass der inzwischen verstorbene Vater meiner neuen Bekannten als Justiziar im Reichssicherheitshauptamt tätig gewesen war, einer SS-Behörde, in deren Zuständigkeitsbereich die Deportation und Vernichtung von Juden fiel. Auch Adolf Eichmann war dort an zentraler Stelle tätig gewesen. Allmählich setzte die schockierte Frau aus weiteren Dokumenten und Erinnerungsstücken ein Bild zusammen. Sie berichtete mir, dass sie in Oranienburg bei Berlin aufgewachsen war, an der Außenmauer des Konzentrationslagers Sachsenhausen. Damals wusste sie nicht, was auf der anderen Seite der Mauer vor sich ging. Erst jetzt, bei ihrer Recherche, erfuhr sie, warum sie an diesem Ort aufgewachsen war: Ihr Vater hatte beruflich in dem Lager zu tun. Zu Lebzeiten hatte sie niemals einen Hinweis auf dessen aktive Rolle im Holocaust erhalten. Als Mädchen hatte sie nur gesehen, wie ihr Vater morgens das Haus verließ, um zur Arbeit zu gehen. Abends kam er müde zurück und kümmerte sich liebevoll um die Familie. Kann dieser Mann ein Schreibtischmörder gewesen sein?

Huey Long

Nach einer langen Fahrt durch Mississippi komme ich tief im Süden in der Stadt Baton Rouge an. Sie steht im Schatten der größeren und viel lebendigeren Nachbarstadt New Orleans, dabei ist Baton Rouge als Hauptstadt von Louisiana politisch bedeutsamer. Der Grund, warum ich hierhin reise, ist ein in Europa wenig bekannter Politiker. Er ist schon seit 90 Jahren tot, beschäftigt amerikanische Politikwissenschaftler aber immer noch. Dieser Huey Long mischte in den 1920er und 1930er Jahren erst die Politik in seiner Südstaatenheimat auf, dann auch im fernen Washington. Wegen seiner Umgangsformen im politischen Geschäft wird er oft als Vorläufer von Donald Trump beschrieben, als sein Vorbild. An Longs Geschichte lässt sich einiges über die Verführbarkeit der amerikanischen Gesellschaft durch autokratische Politiker lernen, auch lohnt es, deren wirkungsvolle Methoden zu untersuchen.

Zunächst galt Huey Long als Prototyp eines Selfmademans, er hatte acht Geschwister und wuchs in Winnfield auf, einer armen Region von Louisiana. Nach der Schule versuchte er sich als Handelsreisender, er verkaufte allerhand Lebensmittelkonserven und Arzneimittel. Dann gab er seinem Leben eine völlig neue Richtung. Er studierte Jura, gründete eine Rechtsanwaltskanzlei, wurde Mitglied der demokratischen Partei und strebte Spitzenämter in seinem Heimatstaat an. Doch sein Ehrgeizig ging weiter, er brannte darauf, die ganz große politische Bühne zu erklimmen. Tatsächlich gelang es ihm, erst Gouverneur von Louisiana zu werden, später wurde er für seinen Bundesstaat in den Senat in Washington gewählt.

Long war in Louisiana so populär, weil er sich überzeugend für den armen, oft übersehenen Teil der Bevölkerung starkmachte; und auch, weil einige seiner Ideen ihrer Zeit voraus waren. Er forderte eine Umverteilung des Reichtums durch höhere Steuersätze für Reiche und wollte sogar ein Grundeinkommen einführen. Doch die Methoden, derer sich Huey Long bediente, um seine Ziele zu erreichen, waren höchst befremdlich. Immer wieder hievte er Freunde an staatlichen Regeln vorbei in wichtige Ämter. Seine Gegner machte er mit beißendem Spott lächerlich, wenn das nicht ausreichte, versuchte er, sie zu erpressen oder zu bestechen und so entweder aus dem Weg zu räumen oder gefügig zu machen. Wegen seiner linken Programmatik wurde er von Teilen der Bevölkerung verehrt, von politischen Konkurrenten jedoch gefürchtet, sogar verachtet. Seine Partei nutzte er, wie viele Politiker das tun, um eine regionale und später eine nationale Machtbasis zu errichten. Doch um seine Position auszubauen, setzte er demokratische Mechanismen außer Kraft; Regeln, die die Macht von Politikern kontrollieren und beschränken sollen.

Der Historiker Arthur Schlesinger nannte Long «den größten Demagogen seiner Zeit», als Gouverneur habe er einen totalitären Staat aufbauen wollen. Ein kritischer Verleger nannte ihn damals «den ersten echten Diktator auf amerikanischem Boden». Und als ein Journalist von Long Anfang der 1930er Jahre wissen wollte, ob er sich selbst als Faschisten bezeichnet, antwortete er, mit dieser Beschreibung habe er kein Problem, er war sogar stolz darauf, sich mit Mussolini und Hitler zu vergleichen; vor Beginn des Kriegs in Europa war das. Wie Mussolini und Hitler wollte auch Long ganz hoch hinaus, er hatte vor, für das Amt des amerikanischen Präsidenten zu kandidieren. Wer weiß, wie es mit ihm und den Vereinigten Staaten weitergegangen wäre, wenn er im Jahr 1935 nicht abrupt gestoppt worden wäre.

Im Januar dieses Jahres formierte sich immer mehr Widerstand gegen Huey Long. Eine paramilitärische Gruppe plante, ihn mit Waffengewalt aus dem Amt zu drängen. Der Konzern Standard Oil drohte, Louisiana zu verlassen, wenn Long seine radikale Wirtschaftspolitik nicht mäßigte. Der Senator nutzte die aufziehende Gefahr, um ein Versammlungsverbot und eine rigide Pressezensur durchzusetzen. Journalisten verabscheute er ohnehin, unentwegt beschimpfte er «die lügenden Zeitungen». Na klar, das kennen wir von Donald Trump. Und auch, wenn man weiß, was am 8. September 1935 passierte, muss man knapp 90 Jahre später an Trump denken.

Huey Long wusste, dass er mächtige Feinde hatte, dass er gefährlich lebte, und daher ließ er sich von Bodyguards begleiten. So auch an diesem Septembertag, als er ins Kapitol von Baton Rouge reiste. Er hatte eine seiner üblichen Gemeinheiten gegen einen Rivalen vor, per Verordnung wollte er dessen Wahlkreis beschneiden und mit diesem Kniff dessen Wiederwahlmöglichkeiten verringern. Long setzte sich durch, seine Gegner waren entsetzt. Im Plenarsaal hielt sich nicht nur sein gerade gedemütigter Rivale auf, sondern auch dessen Schwiegersohn. Der Mann trat an Long heran, zückte eine Pistole, drückte aus naher Distanz ab und traf ihn in die Brust. Schwer verwundet schaffte es Long noch, aus dem Gebäude zu laufen, auf der Straße einen Wagen anzuhalten und sich zu einem Krankenhaus fahren zu lassen. Dort aber verstarb er. Seine Leibwächter erschossen den Attentäter an Ort und Stelle des Attentats. Die Karriere von Huey Long endete also, kurz bevor er ins Rennen um die amerikanische Präsidentschaft einstieg. Seine Wirkung blieb auf Louisiana beschränkt, ein Trump-artiger Herrscher im Weißen Haus blieb den USA in den 1930er Jahren erspart.

Seit einigen Jahren arbeiten amerikanische Publizisten die Unterschiede und die offensichtlichen Parallelen zwischen Huey Long und Donald Trump heraus: ein linker und ein rechter Demagoge, die auf ihrem Weg an die Macht das Fundament des demokratischen Systems zerstören. Ihr abgrundtiefer Hass auf die Eliten, auf die Presse, ihre Verachtung und Schmähung von Konkurrenten, die Vergiftung der politischen Kultur – Long und Trump sind sich in Vielem erschreckend ähnlich.

Huey Longs Heimatstadt Baton Rouge ist die Erinnerung an den frühen Autokraten alles andere als unangenehm. Die Stadt ist immer noch stolz auf ihn, sie tut einiges, um das Gedenken an ihn wachzuhalten. Das hat Folgen, auf viele Landsleute übt Huey Long bis heute eine faszinierende Wirkung aus.

Auf dem zentralen Platz der Hauptstadt von Louisiana, gut 100 Meter vor dem Kapitol, hat die örtliche Verwaltung eine acht Meter hohe Statue von Huey Long errichten lassen. Es ist der Ort, an dem der blutüberströmte Huey Long einst aus dem Gebäude taumelte und ein vorbeifahrendes Auto anhielt. Vor der überlebensgroßen Figur wurde ein Blumenbeet mit Stiefmütterchen angelegt und sorgsam gepflegt. Um die Hand des eisernen Long hat jemand eine Kette gehängt, sie sieht aus wie ein Rosenkranz. Der Mann wird verehrt, immer noch, oder schon wieder. Trotz seines diktatorischen Gehabes oder gerade deswegen.

Hier, tief im Süden der USA, ist es heute angenehm warm. Es ist Samstagabend, Einheimische spazieren durch die Parkanlage, einige bleiben vor der beeindruckenden Statue stehen, andere ziehen weiter. Auch ein junges Paar schaut zu Long hinauf. Ob sie mir erzählen können, wer dieser Mann gewesen ist, frage ich die beiden. Nein, das können sie leider nicht, antworten sie, aber dieser Long sei ja wohl ein guter Mann gewesen, schließlich sei in der Stadt eine Brücke nach ihm benannt und auch ein Krankenhaus.

Ein paar Meter von uns entfernt sitzt ein etwa sechzehn Jahre altes Mädchen mit ihren Eltern auf einer Parkbank. Sie schnappt unser Gespräch auf, greift zu ihrem Handy, surft darauf ein paar Sekunden und ruft dann aufgeregt aus, was sie gerade im Internet gefunden hat: Dieser Huey Long sei erschossen worden. Das interessiert auch das junge Paar. Das Mädchen liest laut einige Details vor, die sie auf die Schnelle findet. Alle fragen sich jetzt, was genau dieser Mann getan hat und warum er einem Attentat zum Opfer fiel. Und sie diskutieren, was sie von ihm halten sollen. Sollen sie ihn verehren? Sollen sie ihn verachten? Es sind wohl dieselben Fragen, damals vor 90 Jahren wie heute. Vermutlich wird es eines fernen Tages irgendwo in den USA auch ein Trump-Denkmal geben. Vielleicht wird auch jemand einen Rosenkranz über dessen steinernen Arm hängen. Und wieder werden sich junge Leute fragen, ob sie diesen Trump verehren oder verachten sollen.

Etwas später sitze ich in einem kreolischen Restaurant. Dort entwickelt sich eine ähnliche Situation wie einige Tage zuvor in Chattanooga. Die Kellnerin stellt sich mit ihrem Namen vor, sie fragt mich, woher ich komme und was mich in die Stadt verschlägt.

Nach einem kurzen Smalltalk nimmt sie meine Bestellung auf, verabschiedet sich, um ihre Aufmerksamkeit anderen Tischen zu widmen. Kurz darauf tritt ein Mann an meinen Tisch, stellt sich als Manager des Restaurants vor und sagt, er habe gehört, ich wolle über Donald Trump reden. Einen kurzen Moment lang spüre ich, dass Ärger in der Luft liegt. Will er mir mitteilen, dass Politik in seinem Laden nichts zu suchen hat? Es kommt anders. Wenn ich wissen wolle, in welchem Zustand die Demokratie in seinem Land sei und warum so viele Amerikaner Trump wählen würden, könne ich gerne ihn fragen. Er sei schließlich einer dieser Wähler.

Ich biete ihm einen Platz an meinem Tisch an, und für die gesamte Dauer meines Abendessens unterhalte ich mich angeregt mit Stick. Sein kompletter Name steht auf der Visitenkarte, die er mir hinüberschiebt.

Eigentlich sei er kein großer Trump-Fan, sagt er, aber er würde jeden Politiker wählen, der nicht Joe Biden oder Hillary Clinton sei. Die beiden seien korrupt. Was genau er damit meine, frage ich ihn. Schnell zählt er einige Skandale auf, in die Hillary Clinton verwickelt war, etwa den Whitewater-Skandal. Als ihr Mann Bill noch Gouverneur in Arkansas war, verspekulierten sich die Clintons mit Grundstücken. Ein befreundeter Bankier ging pleite, so dass die amerikanischen Steuerzahler den Verlust in Höhe von 60 Millionen Dollar tragen mussten.

Und Joe Biden? Dem geht es doch gar nicht um das Wohlergehen des amerikanischen Volkes, behauptet Stick, sondern nur darum, auf seine alten Tage seinen persönlichen Ehrgeiz zu befriedigen. Er habe sein ganzes Berufsleben davon geträumt, Präsident zu sein, dieses Amt wolle er sich von niemandem wegnehmen lassen.

Stören ihn nicht all die Lügen von Donald Trump, das absurde Gerede von der gestohlenen Wahl, frage ich. Nein, das seien ja keine Lügen, entgegnet er, bei der Wahl 2020 sei Trump tatsächlich um den Wahlsieg betrogen worden.

Stick ist sehr besorgt um den Zustand seines Landes. Die Amerikaner wüssten gar nicht mehr, wem sie noch vertrauen können. Die Massenmedien, Fernsehsender wie Zeitungen, seien in zwei Lager gespalten. Sie wären auch nicht der Wahrheit verpflichtet, sondern ausschließlich dem Profit der Eigentümer. Viele seiner Landsleute seien von den großen Medien enttäuscht, sie würden sich nur noch über soziale Medien informieren.

Im Übrigen sei den meisten Amerikanern herzlich egal, wer im Weißen Haus in Washington residiert, für ihr alltägliches Leben mache das eh keinen Unterschied. Ob pro oder contra Trump – die allermeisten Amerikaner hätten längst ihre Wahlentscheidung getroffen, sie würden Trump inzwischen ja gut kennen. Die beiden gegnerischen Lager seien zementiert, daran würde sich bis zum Wahltag auch nichts mehr ändern.

Das klinge deprimierend, kommentiere ich seinen Vortrag. Ich möge ihn bitte nicht missverstehen, sagt Stick, gerade stecke sein Land tatsächlich im Tief, die meisten Amerikaner seien aufgewühlt und hätten Angst vor der Zukunft. Aber so etwas sei in der Geschichte der USA immer wieder vorgekommen. Er erwähnt den Bürgerkrieg und die Ermordung von John F. Kennedy. Amerika habe halt die Fähigkeit, aus schweren Krisen gestärkt hervorzugehen.

Ich will Stick, dem Restaurantmanager, seine Resthoffnung nicht nehmen; warum auch, vielleicht hat er ja recht. Aber seine Worte klingen nach frommen Wünschen. Wie Stick hatte auch meine Tante Loretta im Seniorenheim von Asheville gesprochen – als sie von der Zeit vor Donald Trump und der Radikalisierung der Bevölkerung erzählte.

Oh, Jesus!

Mein Hotel liegt in einem Vorort von Baton Rouge, direkt an der sechsspurigen Schnellstraße, die nach New Orleans führt. Während der Nacht brummt mein Kopf, als wenn 10 000 Autos mit Vollgas hindurch rasen würden.

Am nächsten Vormittag, es ist Sonntag, fahre ich nach einem miserablen Frühstück mit pappigen Bagels auf Plastiktellern mit Plastikbesteck ein paar Blocks weiter zum Family Worship Center. Das Gebäude hat eine enorme Größe, einige tausend Menschen passen hier hinein, der Parkplatz ist so groß wie vor einem mittleren Footballstadion. Aber hier finden keine Sportwettkämpfe statt, sondern Gottesdienste. Vor vielen Jahren wurde das Family Worship Center von Jimmy Swaggart gegründet, einem Fernsehprediger. Inzwischen ist der Mann 88 Jahre alt und hat die Führung der Kirche seinem Sohn Donnie übergeben. Sie zählt zu den bedeutendsten und größten Gemeinden der Evangelikalen in den USA und hat längst überregionale Bedeutung erlangt. Außerdem haftet Swaggart Senior seit vielen Jahren ein sehr unvorteilhafter Ruf an, aber dazu gleich mehr.

Mich interessiert, nach welchen Riten die Gottesdienste der Evangelikalen gestaltet sind, warum so viele Menschen zu ihren Kirchen pilgern. Die gesellschaftliche und politische Wirkung der Religionsgemeinschaft ist nicht zu unterschätzen, sie steht weitgehend geschlossen hinter den Republikanern und ist Donald Trumps kulturelle Heimatbasis.

Ich komme zwanzig Minuten zu früh an – und bin unsicher. Als Fremder, als jemand, der kein Mitglied des Worship Centers ist, werde ich vermutlich sofort auffallen. Bin ich willkommen? Eine ältere Dame nimmt mir die Sorge, sie stellt sich als Gale vor und fragt, ob ich das erste Mal hier sei, dann erklärt sie mir den Ablauf der nächsten zwei Stunden. Mitten in ihrer freundlichen Einführung entdeckt sie in der Lobby einen etwa 60-jährigen Mann und ruft ihn zu uns. Er trägt ein viel zu eng sitzendes kariertes Sakko, außerdem eine Krawatte und ist mit reichlich Puder im Gesicht geschminkt. Irgendwie kommt er mir bekannt vor. Ja klar, das ist Donnie Swaggart, der Sohn der Fernsehlegende, er ist der aktuelle Kirchenchef. Ich habe ihn einmal in einem YouTube-Video gesehen, das er im November 2020 während eines Gottesdienstes aufgenommen hat, kurz nach Trumps Wahlniederlage, als eine Art Predigt. Donnie Swaggart erzählte da, er habe keine Zweifel, dass den Republikanern der Sieg gestohlen worden sei. Und er bekannte, dass er Donald Trump liebt. Ja tatsächlich, so drückte er sich aus, als er den scheidenden Präsidenten direkt in die Kamera blickend ansprach: «I love you.» Er bedankte sich dafür, dass sich Donald Trump so klar gegen Abtreibung ausgesprochen habe. Er pries Trumps Wirtschafts- und Steuerpolitik. Je länger er sprach, desto euphorischer applaudierten die Menschen in seiner Kirche. Dann dankte er Trump, dass er alles dafür getan habe, Amerika wieder groß zu machen, er dankte Trump, dass er das Militär wieder aufgebaut habe, Amerika habe jetzt endlich wieder «die größte Kampfmaschine der Welt». Das waren, wohlgemerkt, Sätze eines Kirchenmannes. Zum Schluss rief er, Jesus Christus dürfe nicht aus dem Weißen Haus vertrieben werden. Wie sollte man das verstehen? Das Weiße Haus als Tempel, Trump als Jesus? Als Aufforderung, sich der Vertreibung durch die bösen Demokraten entgegenzustellen? Ein Aufruf zum Widerstand? Das war wenige Wochen vor dem Sturm aufs Kapitol. Seine Worte im November 2020 hatten Gewicht und wurden auch von vielen seiner hunderttausenden Zuschauer auf YouTube gehört.

Donnie Swaggart steht jetzt vor mir, er reicht mir die Hand, begrüßt mich mit einladender Geste und sagt, selbstverständlich sei ich willkommen, er wünscht mir einen guten Sonntag und natürlich Gottes Segen.

Um Punkt zehn Uhr ist die Kirche zu zwei Dritteln gefüllt, Weiße und Schwarze sitzen nebeneinander, Latinos sehe ich kaum. Eine Sängerin betritt schwungvoll die Bühne, hinter ihr steht ein zwanzigköpfiger Gospelchor auf, sie alle beginnen zu singen, Halleluja, Halleluja, und in diesem Augenblick, ohne jegliche Aufwärmphase, springt ein großer Funke der Euphorie auf die Gemeindemitglieder über. Niemand sitzt mehr, alle stehen, die meisten strecken ihre Arme in die Höhe. Zu wem? Na, zu Jesus. Die Menge beginnt zu tanzen.

Lieder, Tanzeinlagen und kurze Predigen wechseln sich auf der Bühne ab. Nach einer halben Stunde spricht ein Prediger davon, man wolle sich «das Land zurückholen». Solche Sprüche kenne ich auch von AfD-Politikern in Deutschland. Es ist nicht ganz klar, welches Land der Prediger meint, das Land, das aktuell von Joe Biden regiert wird oder das Land, das in der Bibel als das gelobte Land gepriesen wird. Dann setzt auch schon der Chor ein und singt irgendetwas von einem Sieg, den alle zusammen erkämpfen würden.

Es ist ein mitreißendes Spektakel, das mir, der im rheinischen Katholizismus aufgewachsen ist, sehr fremd anmutet. Bei uns in Deutschland werden gottesfürchtige Lieder aus Gesangsbüchern gesungen und flehende Gebete vorgetragen. Niemand käme auf die Idee, in der Kirche vor Freude zu schreien und zu tanzen. Hier, in Baton Rouge, gibt es keine Gebetsbücher, die Texte werden, wie bei einer Karaoke-

Show, auf riesige Bildschirme an den Wänden projiziert. In meiner alten Pfarrkirche St. Martin in Muffendorf ist das Kirchengestühl so hart und unbequem, dass man sich schon beim Hinsetzen unwohl fühlt. Im Family Worship Center sind die Plätze so weich gepolstert wie in einem Vorstadtkino. Die Menschen, die in die Kirche der Familie Swaggart gehen, sollen sich wohl fühlen, wie gute Kunden.

Der Service hat nicht nur religiöse Gründe, dahinter steckt auch wirtschaftliches Kalkül. Jimmy Swaggart hat im Laufe der Jahrzehnte rund um seine Gemeinde ein kleines Imperium aufgebaut, mit Buchverlag, Radio- und Fernsehsendern. Sein Vermögen wird auf etwa 150 Millionen Dollar geschätzt.

Es ist in mehrfacher Hinsicht erstaunlich, dass so viele Amerikaner diesem Prediger in seiner Kirche und in Massenmedien folgen. Nicht nur der persönliche Reichtum, den Swaggart angehäuft hat, könnte die Leute misstrauisch machen. Auch seine Lebensführung, seine zum Himmel schreiende Doppelmoral, müsste eigentlich jeden wachen Geist stutzig machen. Das Leben von Jimmy Swaggart ist in den USA seit Jahrzehnten Gegenstand landesweiter Berichterstattung. Jeder und jede sollte etwas von seinen Eskapaden mitbekommen haben. Sogar ich habe schon von diesem Skandalprediger gehört, weit weg in Deutschland.

Sein wenig bibeltreuer Ruf geht auf einen Streit von diabolischer Boshaftigkeit zurück. Mitte der 1980er Jahre erreichte Swaggart über seine Radio- und Fernsehsender bereits zwei Millionen Haushalte. Eine gewaltige Reichweite und ein Bombengeschäft. Aber Swaggart wollte mehr, er hatte Konkurrenten und wollte auch deren Publikum. Er begann einen Verdrängungskampf, der sehr tief unter der Gürtellinie ausgetragen wurde.

1987 begannen mehrere Fernsehprediger eine öffentliche Fehde und warfen sich außereheliche Affären vor. Jimmy Swaggart wurde angeschwärzt, ein sexuelles Verhältnis mit einer Frau aus seiner Gemeinde zu haben. So etwas wäre eigentlich seine Privatangelegenheit, aber viele ultrafromme Christen in den USA sahen das anders. In seinem Zorn über die geschäftsschädigende Enthüllung schlug Swaggart wild um sich, Auge um Auge, Zahn um Zahn. Einen Auftritt in der CNN-Show von Larry King nutzte er dazu, einen Rivalen als «Krebsgeschwür im Leib Christi» zu beschimpfen. Daraufhin wurde ihm nachgesagt, nach dem Geschäft des Konkurrenten greifen zu wollen. Der düpierte Prediger wehrte sich auf seine Art. Aus Rache beauftragte er einen Privatdetektiv, in Swaggarts Leben herumzuspionieren. Der Auftragsschnüffler wurde fündig: Er beschaffte ein Foto, das Swaggart mit einer Prostituierten zeigte, als sie händchenhaltend ein Motelzimmer in New Orleans verließen. Das Foto gelangte, oh Wunder, an die Öffentlichkeit. Später gab die Prostituierte zu Protokoll, Swaggart habe nicht nur mit ihr Sex haben wollen, sondern auch mit ihrer neunjährigen Tochter; dies habe sie aber verweigert. Ob dieser Teil der Geschichte der Wahrheit entsprach, konnte nicht zweifelsfrei bewiesen werden.

Der gesamte Vorgang schadete Swaggart so sehr, dass er auf Anordnung der obersten Sektenleitung hin ein paar Monate lang keine Rundfunksendung mehr moderieren durfte. Schließlich ergriff er die Flucht nach vorn. Unter sturzflutartigen Tränen bekannte er, gesündigt zu haben, und bat seine Gemeinde und natürlich den Herrgott um Vergebung: «Oh Lord, ich habe gesündigt, und ich bitte Dich, dass Dein kostbares Blut [...] jeden sündigen Fleck wegwaschen und reinigen möge, bis er in Vergessenheit geraten ist.» Mit dem Vergessen ist das im Zeitalter der Massenmedien nicht so einfach. Bis heute geistert der Auftritt als Video durchs Internet.

Außerdem trug Jimmy Swaggart seinen Teil dazu bei, dass die Erinnerung an den Skandal frisch blieb und bis heute mit seinem Namen in Verbindung gebracht wird. Wenige Jahre nach dem Skandal wurde er von der Polizei festgehalten, als er mit seinem Auto auf der falschen Straßenseite fuhr. Außer ihm saß erneut eine Prostituierte im Wagen, außerdem ein Transsexueller.

Die vielen Berichte in Zeitungen und im Fernsehen haben auch die Fantasie von Frank Zappa beflügelt. In mehreren Liedern machte er sich über das Doppelleben des Predigers lustig. All die Skandale, die Klagen und die Lieder von Frank Zappa haben das Ansehen von Jimmy Swaggart beeinträchtigt, aber nicht zerstört. Amerika hat dem Prediger nicht nur eine zweite Chance gegeben, sondern auch eine dritte. Längst ist das Family Worship Center wieder gut gefüllt. Heute, an diesem Märzsonntag im Jahr 2024, setzt sich Jimmy Swaggart ganz selbstverständlich neben seinen Sohn auf den prominentesten Platz der weiträumigen Bühne. Offenbar hat der Herrgott die Bitte des Seniors inzwischen erhört und hat den sündigen Fleck in seinem Leben ein wenig weggespült.

Nach einer halben Stunde ergreift der greise Swaggart das Mikrophon und erzählt der Gemeinde, dass sie heute leider keine Predigt von ihm erwarten könne. Er sei vor ein paar Tagen beim Zahnarzt gewesen, und der habe ihm einen Zahn gezogen. Das behindere ihn zwar beim Sprechen, nicht aber beim Singen. Also geht er auf die andere Seite der Bühne zu einem Flügel und spielt, unterstützt von der Band und dem Chor, eine Gospelnummer. Seine Gemeinde ist hin und weg. Praise the Lord, Halleluja, Halleluja, praise the Lord.

Birmingham

Meine Reise führt mich weiter durch die Südstaaten, zunächst nach New Orleans, dessen sündiges Nachtleben Jimmy Swaggart insgeheim überaus anziehend fand. Nach einer weiteren langen Fahrt durch die Sumpflandschaften von Louisiana und Mississippi erreiche ich Alabama, einen Bundesstaat, der mich besonders interessiert. Hier kann man gut die Veränderungen der politischen Kultur der USA aufspüren.

Seit 1828, also nur wenige Jahrzehnte nach der Staatsgründung der Vereinigten Staaten, wählten die Bewohner von Alabama beinahe ausnahmslos Präsidentschaftskandidaten der demokratischen Partei. In den 1950er Jahren setzte jedoch ein Wandel ein, der bis heute andauert. Die Themen änderten sich, die öffentlichen Debatten wurden schärfer, auch die beiden großen Parteien veränderten sich. Sichtbar wurde die gesellschaftliche Spannung bei einem kleinen Ereignis, das eine große Wirkung entfaltete. Am 1. Dezember 1955 betrat die afroamerikanische Sekretärin Rosa Parks in der Stadt Montgomery einen Bus und setzte sich auf einen freien Platz. Eigentlich waren die ersten vier Sitzreihen für Weiße reserviert («Whites only»), in den nachfolgenden Sitzreihen durften zwar auch Schwarze Platz nehmen, allerdings mussten sie ihren Sitz räumen, sobald weiße Fahrgäste dies verlangten. Auf einem dieser Plätze saß die 42-jährige Rosa Parks. Und sie blieb dort auch sitzen, als ein weißer Passagier sie aufforderte, für ihn Platz zu machen.

Rosa Parks wurde ein paar Stunden lang festgenommen und später zu einer Geldstrafe von zehn Dollar plus Gerichtskosten verurteilt. Als Martin Luther King davon erfuhr, organisierte er in Montgomery einen Bus-Boykott, der letztlich zur Aufhebung der Rassentrennung in Bussen und Zügen führte.

Die demokratische Partei unterstützte die Initiative der Bürgerrechtler, auch sie wollte die Rassentrennung nicht länger hinnehmen. Das wiederum störte einen Großteil der weißen Bevölkerung, bei den anschließenden Wahlen wandten sich viele Bürger von den Demokraten ab. Seit 1964 ist Alabama bei den Präsidentschaftswahlen fest in der Hand der Republikaner. Sowohl dort wie im benachbarten Mississippi leben die meisten republikanischen Stammwähler der USA. Seit 1964 hat die Mehrheit der Wähler in beiden Bundesstaaten nur ein einziges Mal für einen Präsidentschaftskandidaten der Demokraten gestimmt, im Jahr 1976 für Jimmy Carter. Ich werde später auf ihn und ein folgenschweres Ereignis während seiner Präsidentschaft zurückkommen. Seit dieser Zeit haben es auch regionale und lokale Politiker der Demokraten in Alabama und Mississippi traditionell schwer, sich durchzusetzen. Der Mainstream ist und bleibt konservativ.

Das zeigt sich auch an diesem Dienstag im März 2024, an dem ich in der Stadt Birmingham Station mache. Heute finden in gleich fünfzehn Bundesstaaten innerparteiliche Vorwahlen für die Präsidentschaftswahl im Herbst statt. Die Demokraten und die Republikaner können zwischen den letzten verbliebenen Kandidaten auswählen, in einigen Wahldistrikten stehen zudem Bewerber für das Repräsentantenhaus in Washington zur Wahl.

Nachdem ich auf meiner Reise bislang so viel über die Motive der republikanischen Wähler erfahren habe, bin ich neugierig auf die Lage der Gegenseite. Wie denken Wähler der Demokraten über den Zustand ihres Landes, machen sie sich auch Sorgen um die Demokratie? Die Rezeptionistin meines Hotels empfiehlt mir, zum Legion Field Stadium zu fahren, sie würde dort in der Nähe leben und habe heute Morgen auf ihrem Weg zur Arbeit eine Menschenschlange vor einem Wahllokal gesehen. Dort sollte ich Anhänger beider Parteien kennenlernen. Also fahre ich dorthin.

Seit knapp 100 Jahren ragt das Stadion aus dem Stadtteil Graymont empor. In der Gegend gibt es viele kleine, heruntergekommene Holzhäuser, Müll liegt in den Ecken, auf den Straßen sind ausschließlich

Menschen schwarzer Hautfarbe zu sehen, nur wenige Autos parken an den Straßenrändern. Genau hier erhebt sich die riesige Betonschüssel. Seine beste Zeit erlebte das Stadion kurz im Jahr 1996, als hier während der Olympischen Spiele Fußballspiele ausgetragen wurden.

Unten, im Eingangsbereich, haben sich etwa 30 Menschen versammelt, einige stehen vor einem kleinen Büro mit schmutziger Tür, dort kann man bei den beiden Wahlen seine Stimmen abgeben. Andere verteilen davor Handzettel und versuchen, die Besucher auf den letzten Metern noch von ihrem Kandidaten oder ihrer Kandidatin zu überzeugen. Sämtliche Personen, die sich hier eingefunden haben, sind Afroamerikaner.

An einer breiten Betontreppe, die auf die höheren Ebenen des Stadions führt, lerne ich Chris kennen; er ist Anfang 40 und arbeitet als Hypothekenmakler. Er spricht klar und furchtlos und freut sich, mir als Fremdem seine Sicht auf die amerikanische Gesellschaft und Politik darlegen zu können. Und tatsächlich hat er einiges zu sagen. Zunächst will er mir den Hintergrund der aktuell so gefährlich aufgeladenen politischen Stimmung erklären. Was er zu erzählen hat, unterscheidet sich stark von der Sicht der vielen weißen Trump-Anhänger, die ich in den letzten Tagen gesprochen habe.

Seit einiger Zeit würde sich die ethnische Struktur der amerikanischen Bevölkerung stark verändern, erklärt er. Während Amerika in den ersten beiden Jahrhunderten überwiegend aus Weißen bestand und Afroamerikaner die mit Abstand zweitgrößte Gruppe stellten, sei in den letzten 20, 30 Jahren der Anteil der Hispanoamerikaner schnell angewachsen und habe die Gruppe der Afroamerikaner überholt. Deren Anzahl stagniere. Der Zuwachs der Latinos wirke sich vor allem zum Nachteil der weißen Bevölkerung aus, ihre Dominanz schwinde. Chris drückt den Grund so einfach wie möglich aus: «Die Weißen zeugen halt nicht mehr genug Babys.» Darauf hatte mich auch meine Tante Loretta bereits hingewiesen. Dieser Umstand, so meint Chris, präge die politischen Debatten. Viele Republikaner würden ein Abtreibungsverbot fordern, weil sie um die Stellung der weißen Bevölkerungsmehrheit fürchteten. Deshalb würden vor allem die Republikaner eine strikte Einwanderungspolitik verfolgen.

Während Chris spricht, muss ich an die 70 Jahre alte Geschichte von Rosa Parks denken, die ein Auslöser dafür war, warum die Republikaner den Demokraten in Alabama die politische Macht entrissen. Damals wurde der Rassismus weißer Politiker offen ausgesprochen, heute verbirgt er sich in Debatten über Abtreibung und Immigration. Chris sieht es ähnlich, er sagt, beim Thema Abtreibung ginge es nur vordergründig um religiöse Überzeugungen. Im Kern ginge es um Macht. Um die Macht einer Bevölkerungsgruppe über andere Bevölkerungsgruppen.

Er schlägt jetzt einen noch größeren Bogen und beschreibt die globale Rivalität der USA mit China und Indien. Dort würden bald zusammengenommen drei Milliarden Menschen leben, in den USA nur noch ein Zehntel davon, das Verhältnis würde sich immer mehr zu Ungunsten der USA verschieben. Die scharfe Konkurrenz auf dem Weltmarkt und das Erstarken der Hispanics zuhause würden den weißen Amerikanern eine Menge Angst einjagen, Angst um den eigenen Wohlstand und Angst um die eigene Bedeutung.

Den Durchschnittsbürgern in seinem Land würden diese Zusammenhänge üblicherweise nicht erklärt werden, sagt Chris, stattdessen würden sie von Politikern und Massenmedien zu Themen wie Abtreibung und Einwanderung immer schrillere Slogans zu hören bekommen. Das würde die Menschen in die Irre führen. Der permanent öffentlich ausgetragene Streit würde die Meinungsbildung seiner Landsleute prägen, obwohl diese Themen in ihrem alltäglichen Leben gar keine Rolle spielten.

Vieles von dem, was Chris erzählt, klingt durchdacht und überzeugend. Und doch bleibt ein Rätsel, das mich schon länger beschäftigt und das ich auch während meiner Reise bislang nicht lösen konnte. Die allermeisten Amerikaner werden die Ereignisse vom 6. Januar 2021 vor ihren Fernsehern verfolgt haben. Sie haben mitbekommen, wie Donald Trump seine Wahlniederlage in die plumpe Lüge der gestohlenen Wahl umdeutete und seine Anhänger schließlich zum Sturm aufs Kapitol aufhetzte. Warum sind dennoch so viele Wählerinnen und Wähler wieder bereit, diesem Feind der Demokratie ihre Stimme zu geben?

Chris' Erklärung ist einfach. Trump habe es glaubhaft geschafft, sich als Beschützer dieser Leute aufzuspielen, letztlich zum Verteidiger der gesellschaftlichen Dominanz der weißen Amerikaner. Dies sei das eigentliche Versprechen, das hinter der MAGA-Formel stecke: Ich mache euch, die weißen Amerikaner, wieder zu dem, was ihr früher mal wart; ich mache euch wieder zu der uneingeschränkt herrschenden Klasse, die ihr wart, bevor aufmüpfige Menschen wie Martin Luther King, Rosa Parks und jetzt die Hispanics die Macht der Weißen in Frage gestellt haben. Für diesen Kreuzzug würden viele Amerikaner Donald Trump allerhand durchgehen lassen, seine rüde Sprache, seine Lügen, auch seine Aufrufe zur Gewalt.

Die Theorie klingt schlüssig, aber sie hat einen Schönheitsfehler. Bei der Präsidentschaftswahl 2016 haben acht Prozent der schwarzen Wähler Trump gewählt, vier Jahre später sogar zwölf Prozent. 2024 waren es schließlich 13 Prozent. 46 Prozent der Latinos haben bei den Präsidenschaftswahlen 2024 ihr Kreuz für Trump gemacht, trotz seiner rassistischen Attacken. Das alles ist zwar weit von einer Mehrheit entfernt, die Zahlen zeigen aber doch, dass sich seine Rhetorik auch in diesem nichtweißen Teil der Bevölkerung verfängt. Donald Trump streut die Legende, er sei genauso Opfer des Washingtoner Establishments wie arme, unterprivilegierte Bürger. Er hat sogar eine eigene, griffige Erklärung parat: «Mir stimmen viele Schwarze zu. Sie wissen, was mir passiert, passiert auch ihnen.» Das ist, nun ja, eine mutige Darstellung: Ein weißer Milliardär stilisiert sich zum Bürgerrechtler der schwarzen Bevölkerung.

Offenbar schlummert auch in diesem Teil der Amerikaner eine Sehnsucht nach früher, und nach Zugehörigkeit zu einer Gesellschaft, die sich vor Fremden schützt. Vermutlich wollen auch viele Afroamerikaner und heimisch gewordene Hispanics eine Epoche wiederbeleben, die Trump als goldenes Zeitalter beschreibt. Ähnliche Motive treiben wohl viele Frauen, die für Donald Trump gestimmt haben, trotz seines frauenverachtenden Verhaltens. Auch viele von ihnen sehnen sich nach der Vergangenheit, obwohl die gesellschaftliche Stellung der Amerikanerinnen in den von Trump gepriesenen 1940er und 1950er Jahren weitaus schlechter war als heute. Bei der Wahl 2020 haben immerhin 42 Prozent der wahlberechtigten Frauen ihre Stimme Donald Trump gegeben. Was für eine Geschichtsvergessenheit. Was für eine breite Verwirrung.

Da sich Chris so sehr mit den Hintergründen und auch mit den Abgründen amerikanischer Politik auskennt, will ich auch mit ihm über die Ära sprechen, in die Trumps MAGA-Bewegung Amerika zurückführen will. Er wirkt zerknirscht, als er erzählt: «Für uns als

Schwarze war die amerikanische Geschichte niemals besonders toll. Wir mussten immer für unsere Rechte, für unseren Platz in der Gesellschaft kämpfen. Die Zeit, an die Trump denkt, war für uns Schwarze nie großartig.» Er streift kurz die acht Jahre, als Barack Obama Präsident war, nach Jahrhunderten der weißen Herrschaft sei das leider nur ein Betriebsunfall gewesen.

Mir fällt ein, wie Donald Trump diese acht Jahre lang die Legitimität des gewählten Präsidenten Obama anzweifelte. Öffentlich behauptete er, Obama sei gar nicht in den USA geboren, sondern in Kenia, und würde deshalb die formale Grundvoraussetzung eines US-Präsidenten nicht erfüllen. Trump hatte sogar einen Privatdetektiv beauftragt, um die rassistische Birther-Bewegung mit immer neuen Geschichten zu füttern. Die Vorstellung, dass die USA von einem afroamerikanischen Präsidenten geführt werden, war für Trump, den Vorkämpfer der weißen Vorherrschaft, unerträglich.

Im Laufe meines Gespräches mit Chris gesellen sich ein weiterer Mann und eine Frau zu uns. Die Frau nennt sich Adrian und hilft in der demokratischen Wahlkampagne. Als ich sie auf Trump anspreche, ist sie kaum zu bremsen. Sie schäumt vor Wut, will nicht einmal dessen Namen in den Mund nehmen. Die Demokratie ihres Landes sei ernsthaft gefährdet, sagt sie. «Ich habe große Angst davor, dass dieser Mann wiedergewählt werden wird. Sie wissen ja, was damals in Deutschland passiert ist.»

Der Mann neben ihr stellt sich ebenfalls mit dem Namen Chris vor. Doch weil er, wie sich bald herausstellt, ein Lokalpolitiker und somit gewohnt ist, in der Öffentlichkeit zu stehen, nenne ich ihn hier, anders als meine anderen Gesprächspartner, mit seinem vollen Namen. Dieser Chris Davis ist 50 Jahre alt, Jurist, und kandidiert im siebten Wahlbezirk seines Heimatstaats gegen eine andere Demokratin, beide zielen auf das Amt des Kongressabgeordneten ab, heute ist ein großer Tag für Chris Davis. Er wirkt unruhig, zappelt hin und her, er weiß, was auf dem Spiel steht, große Hoffnungen lasten auf ihm, auch eigene Erwartungen. Der siebte Wahlbezirk gilt als Gegend mit besonders prekären Verhältnissen, die Kriminalitätsrate ist deprimierend hoch, die Bewohner klagen über dreckiges Wasser, die Gesundheitsversorgung ist mangelhaft. Das sind die Themen von Chris Davis. Auch er spricht sich in Rage, Trump würde sich nicht um die wahren Probleme der Menschen kümmern, er sei getrieben von rassistischen Motiven und würde daher von anderen Rassisten verehrt werden. Er vergleicht ihn mit Mussolini, im Laufe ihrer politischen Laufbahnen hätten sich beide zu üblen Demagogen entwickelt. «Wenn Trump wiedergewählt werden würde, würde er aus Amerika einen autoritären Staat machen.»

Dieser Dienstag im März 2024, der Super Tuesday, läuft nicht gut für Chris Davis, nicht gut für Adrian und auch nicht gut für meinen ersten Gesprächspartner. Die gesamte Lokalgruppe afroamerikanischer Aktivisten wird am Ende dieses Tages enttäuscht sein, für sie enden die Wahlen mit heftigen Niederlagen. Chris Davis, der Bewerber bei den demokratischen Vorwahlen für das Abgeordnetenhaus, verliert haushoch gegen seine Rivalin. Und Donald Trump fährt bei den Vorwahlen in vierzehn von fünfzehn Bundesstaaten Erdrutschsiege gegen die letzte noch verbleibende Gegenkandidatin Nikki Haley ein. Am nächsten Tag gibt Haley auf, der Weg für Trumps Kandidatur bei der Präsidentschaftswahl ist frei, er hat sämtliche Konkurrenten aus dem Feld geschlagen. Für alle, die sich vor Trump und einer weiteren Erosion der Demokratie in ihrem Land fürchten, ist dieser Super Tuesday superschlecht gelaufen.

IM SÜDEN

Das Kettensägen-Massaker

Es gibt eine Menge, was mich tief in den südlichsten Zipfel des amerikanischen Kontinents, 8000 Kilometer von Alabama entfernt, zieht. Das meiste ist privater Natur, das erzähle ich gerne etwas später. Aber seit einigen Monaten gibt es noch etwas, was meine Aufmerksamkeit anzieht, weswegen ich mir vorgenommen habe, nach Argentinien zu reisen, und noch weiß ich nicht, ob es mich fasziniert oder abschreckt oder beides zugleich. Im Dezember 2023 hat es in Buenos Aires einen ganz unwahrscheinlichen Machtwechsel gegeben; ein Mann, der nicht in das übliche Rechts-links-Raster westlicher Demokratien passt, wurde zum Präsidenten gewählt.

Wie alle seine Vorgänger des letzten halben Jahrhunderts hat dieser Javier Gerardo Milei in Aussicht gestellt, sein Land aus dem Schlamassel aus Korruption, Währungskrise und sozialer Ungleichheit zu führen. Die Argentinier haben seine Versprechen begierig aufgesogen, die allermeisten Regierungen vor ihm haben den Staat ausgeplündert, als wäre es ihr gutes Recht gewesen und die Staatskasse ihr Privatvermögen.

Das zentrale Anliegen des Neuen unterscheidet sich allerdings wesentlich von den zahllosen Politikergenerationen vor ihm, Milei hat nicht versprochen, den Staat neu und besser als jemals zuvor aufzubauen; er hat seinen Landsleuten versprochen, ihren Staat abzureißen. Er will die festgefügten Fundamente zerstören, schließlich hat er den Staat als den Hauptverantwortlichen für die ewige Misere seines Landes ausgemacht. Mehrere Ministerien will er komplett abschaffen, die Ressorts Erziehung, Gesundheit, öffentliche Arbeit und Entwicklung hält er für verzichtbar.

Mileis rasende Wut gegen den Staat erinnert an Steve Bannon und sogar ein wenig an Wladimir Iljitsch Lenin. Bannon, der sinistre Einflüsterer von Donald Trump, äußerte einmal in einem Interview: «Lenin wollte den Staat zerstören, und das ist auch mein Ziel. Ich will alles zum Einsturz bringen und das komplette heutige Establishment zerstören.» Was für eine groteske Referenz, ein amerikanischer Kapitalist eifert einem russischen Kommunisten nach. Aber ein lupenreiner Anarchist war Lenin nicht. In seiner 1917 verfassten Schrift «Staat und Revolution» forderte er zwar, den Staat der Bourgeoisie zu zerschlagen, aber er setzte darauf, dass die Arbeiterklasse den Staat anschließend neu errichtet.

Dieses Modell wäre nicht im Interesse von Javier Milei. Anders als Lenin will der Argentinier die Unternehmen nicht unter die Kontrolle der Arbeiterschaft stellen. Nein, er will die Eigentumsverhältnisse nicht anrühren und vertraut allein den Kräften eines entfesselten Marktes; Milei will den Staat zerstören, ohne ihn anschließend neu aufzubauen. Deshalb hat er sich im Wahlkampf auch nicht mit Hammer und Sichel fotografieren lassen, sondern mit einer Kettensäge.

In seinem Furor gegen das politische Establishment orientiert sich Milei ganz an Bannons Herr und Meister, er bewundert den Unternehmerpolitiker Donald Trump. Neulich geisterte ein Video durchs Internet, auf dem sich Javier Milei in Washington im Backstagebereich einer Veranstaltung an Donald Trump heranwanzte, um ein Selfie mit ihm zu ergattern. Später sagte er: «Sie waren ein großartiger Präsident. Ich hoffe, Sie werden es wieder sein.»

Man sollte jedoch nicht übersehen, dass die beiden Männer unterschiedliche wirtschaftspolitische Konzepte verfolgen. Trump will die amerikanische Wirtschaft so weit wie möglich abschotten, um sie vor der Konkurrenz aus Asien und Europa zu schützen, Milei hingegen will die heimische Wirtschaft für ausländische Unternehmen radikal öffnen.

Darüber hinaus verbindet die beiden Männer vieles. Beide leugnen den Klimawandel; Milei bezeichnet ihn sogar als «sozialistische Lüge» und behauptet, «Neo-Marxisten verbreiten diese Täuschungen». Trumps Wahlniederlage im Jahr 2020 hält er für manipuliert, genauso wie seine eigene Niederlage in der ersten Runde der argentinischen Präsidentschaftswahl. Im Wahlkampf trug Milei gelegentlich eine «Make Argentina Great Again»-Kappe. Wie Trump ist auch er Freund von verwegenen Frisuren, auch er ist, nebenbei bemerkt, ein Bewunderer von Elvis Presley.

Beide empfinden eine tiefe Aversion gegen das politische Establishment in ihren Ländern. Während Trump von seinen Anhängern begeisterten Applaus erhält, wenn er gegen den Deep State wettert und den Washingtoner Sumpf austrocknen will, kann sich Milei der Zustimmung seiner Fans sicher sein, wenn er die «politische Kaste» zu seinem Hauptfeind erklärt.

Während sich Trump den Staat untertan machen will, will Milei ihn niederreißen. Für viele klingt das verrückt: Der oberste Repräsentant des Staates greift den Staat an. Für andere klingt genau das verlockend, geradezu verheißungsvoll. Vor zwei Jahren sagte er einmal in einer Fernsehsendung: «Wenn ich die Wahl zwischen dem Staat und der Mafia hätte, dann würde ich mich für die Mafia entscheiden. Die Mafia hat Verhaltensregeln, sie lernt dazu, sie lügt nicht. Und das Wichtigste ist: Die Mafia stellt sich dem Wettbewerb.»

Es sind solche Sprüche, die ihn bei Fernsehredaktionen beliebt machten und weswegen sie ihn immer wieder in ihre Shows eingeladen haben. Wie Trump versteht auch Milei, die große Unterhaltungsmaschine Fernsehen mit schrillen Auftritten zu füttern. Bescheidenheit gehört nicht zu seinen herausragenden Eigenschaften, er nennt sich selbst gerne «König» und «Löwe», er prahlt mit seinen Sexpraktiken, seine Gegner überzieht er, wie Trump, mit geifernden Hassparolen. Auch er ist ein Einschaltquotengarant. Im Wahlkampf sprach er davon, die argentinische Zentralbank in die Luft sprengen und den US-Dollar als Landeswährung einführen zu wollen. Er versprach, dass jeder in Argentinien Waffen besitzen dürfe und das Recht erhalten solle, seine Organe zu verkaufen.

Was auch immer in Argentinien gerade passiert und in den nächsten Monaten noch passieren wird – es ist ein riskantes, historisch einmaliges Experiment, und das will ich mir in diesem Frühjahr 2024 aus der Nähe ansehen. Im Abflugterminal des Flughafens liegt eine aktuelle Ausgabe des deutschen *Handelsblatts*. Dort wird der selbsternannte «Anarchokapitalist» bereits gefeiert wie der libertäre Heiland aller Unternehmer: «Kann dieser Mann den Kapitalismus retten?» steht auf der Titelseite. Die Schlagzeile ist als Frage formuliert, doch sie liest sich wie eine Hoffnung.

Als ich nach einem Nachtflug zum Sonnenaufgang in Buenos Aires lande und mit einem Taxi die etwa 20 Kilometer in die Innenstadt fahre, schimpft der Fahrer, er müsse wegen der Staus Umwege suchen. Für heute Morgen seien in mehreren Stadtteilen Demonstrationen und Straßenblockaden, sogenannte Piquetes, vorhergesagt, insgesamt 500 Aktionen. Die Leute protestieren wegen der immer noch steigenden Preise. José, so stellt sich der Mann am Steuer vor, sieht die Sache mit den Protesten ganz anders als die Demonstranten. Er behauptet, es handele sich bei den Blockierern nur um Peronisten, die im Herbst gegen Milei verloren hätten und ihm jetzt das Leben schwer machen wollten, schlechte Verlierer seien sie. Er selbst habe Milei gewählt, natürlich, mit der alten Garde ginge es einfach nicht weiter.

Wir stehen sehr lange im Stau, was uns Gelegenheit gibt, mehr als nur die üblichen Taxisätze auszutauschen. José erzählt, dass er von Italienern abstamme, wie so viele in dieser Stadt. Seine Eltern seien wenige Jahre nach dem Zweiten Weltkrieg und dem Zusammenbruch von Mussolinis Regime hierhin ausgewandert, in Italien hätten sie keine Zukunft für sich und ihren Sohn gesehen. Argentinien, das sei damals ein blühendes Land gewesen, voller Reichtum, reich an fruchtbarem Boden, reich an Menschen und Ideen. Und jetzt?

Er trägt ein makellos weißes, frisch gebügeltes Hemd, und sogar Krawatte. Bei dieser Hitze! Sein Wagen ist blitzsauber, ich vermute, dass er zu den Fahrern gehört, die ihr Fahrzeug in Wartestunden mit einem Tuch spiegelglatt polieren. José liebt Ordnung. Dass er einen Mann gewählt hat, der sich so gar nicht an die bestehende Ordnung gebunden fühlt, diese sogar ansägen, wenn nicht gar absägen will, erschließt sich mir nicht gleich. Warum der Mann mit der Kettensäge den Taxifahrer José genauso begeistert wie die Redakteure des *Handelsblatts* im fernen Deutschland, und was die Demonstranten gegen Milei wirklich umtreibt, das gehört zu den Fragen, denen ich in der nächsten Zeit nachgehen will. Je länger wir im Stau stehen, desto genervter meckert José über die Peronisten und über die Piqueteros, die die Straßen verstopfen, seine Straßen.

Vor ein paar Jahren bin ich einmal in Buenos Aires gelandet, und auch damals gab es Massenproteste, das Bodenpersonal der Flughäfen streikte, genau wie jetzt gerade in Deutschland. Aber die argentinische Regierung nahm das nicht klaglos hin wie die deutsche, sondern entschied sich, die Flughafenangestellten zur Arbeit zu zwingen. Hinter jedem Check-in-Schalter am nationalen Flughafen Aeroparque stand ein Soldat mit Gewehr im Anschlag und achtete darauf, dass die Fluggäste ordentlich abgefertigt wurden. Auf eine solche Zwangsmaßnahme will Javier Milei noch verzichten.

Ich weiß noch nicht, wem meine Sympathien an diesem Tag gehören, dem Taxifahrer oder den Straßenblockierern. Seit 35 Jahren bereise ich dieses Land immer wieder, an die Piqueteros habe ich mich inzwischen gewöhnt, sie haben gegen Carlos Menem in den späten 1980er Jahren genauso protestiert wie später gegen das Präsidentenehepaar Kirchner. Meistens hatte ich Verständnis für sie. So bitter es ist, die Piqueteros gehören längst zur argentinischen Folklore wie Tango oder die blauweißen Hemden der Fußballspieler. Javier Milei lässt sie noch gewähren, doch er hat drastische Maßnahmen gegen alle angedroht, die sich ihm in den Weg stellen.

Zwei Stunden, nachdem mich José in der Innenstadt von Buenos Aires abgesetzt hat, fällt mir auf, welche Blüten die seit Jahren anhaltende Geldentwertung treibt. Auf der Florida, der wichtigsten Einkaufsstraße, wird man alle zehn Meter von Männern und Frauen angesprochen, die Dollar gegen Pesos tauschen wollen, natürlich zu einem günstigeren Kurs als in den Banken. Der Dollar ist eben eine harte, vergleichsweise stabile Währung. Da sich die Straße mit den vielen kleinen Geschäften über zehn Blocks erstreckt und 1000 Meter lang ist, wird man 20- oder 30-mal angesprochen. Am Anfang ist es lustig, am Ende nervig. Ist das ein Indikator für den Zustand des Landes?

Als ich endlich in einem Restaurant sitze, flimmern auf einem Fernseher über der Eingangstür die Mittagsnachrichten. Auch in Argentinien sorgt Donald Trump wieder für Schlagzeilen. Als ich in Deutschland losgeflogen war, sah ich, wie Trump bei einem Wahlkampfauftritt in Ohio – natürlich vor seiner Boeing mit dem Schriftzug TRUMP – damit gedroht hatte, im Falle seiner Wahlniederlage im Herbst würde es ein Blutbad geben. Er hatte offen gelassen, ob er damit die amerikanische Autoindustrie oder die amerikanische Demokratie meinte. Und wieder hatte er gegen Ausländer gehetzt, die über die mexikanische Grenze in die USA kommen, er nannte sie «Animals», Tiere.

Doch in den argentinischen Nachrichten geht es nicht um einen möglichen Bürgerkrieg, auch nicht um Trumps Beschimpfung von Immigranten als Tiere; seine rassistische Tirade wird mit keinem Wort erwähnt. Auf dem argentinischen Sender geht es darum, dass Trump in Ohio vor einem Dritten Weltkrieg gewarnt habe und dass er derjenige sei, der den Krieg in der Ukraine innerhalb eines Tages beenden könne. Wie unterschiedlich doch die Berichterstattungen über dieselbe Rede ausfallen.

Dann aber beschäftigt sich die Nachrichtensendung mit nationalen Themen, etwa mit dem lebensgefährlichen Denguefieber. Und noch eine Nachricht, noch ein Bild fällt auf. Ein Mann fährt mit einer Schubkarre voller Geldscheine zum Elektrizitätswerk, um seine Stromrechnung zu begleichen. Nach offiziellem Umtauschkurs handelt es sich nur um 910 Euro. Die Geldentwertung der letzten Monate ist schwindelerregend, vor einem Jahr betrug die Inflation 102 Prozent, zuletzt waren es 276 Prozent. Der Mann mit der Stromrechnung muss also 840 000 Pesos berappen; für die Barzahlung hat er sich eine Karre geschnappt, darauf viele Tausend 100-Peso-Scheine gestapelt und sich auf den Weg zum Elektrizitätsunternehmen gemacht. Noch Tage später fragen mich Argentinier, ob ich das Bild gesehen habe. Die Schubkarre wird zum Symbol für Inflation, für Misswirtschaft, für alles, was den Menschen hier stinkt. Schubkarre und Kettensäge – so einfach kann politische Kommunikation sein.

Ansonsten fällt die Berichterstattung auf diesem Sender nicht durch Regierungskritik auf. Das mag seinen Grund darin haben, dass der neue Präsident vor wenigen Tagen brutal gegen Journalisten und ihre kritische Berichterstattung vorgegangen ist und viele Kollegen eingeschüchtert sind. Vor zwei Wochen verkündete Milei, dass er die Schließung der staatlichen Nachrichtenagentur Télam angeordnet habe. Er hatte die Eingänge des Gebäudes verriegeln und Wachen aufstellen lassen. 755 Angestellte waren über Nacht ausgesperrt worden. Die Agentur verstummte. Die Nachrichtenjournalisten standen seit Jahren im Ruf, mit ihren Meldungen die Peronisten zu begünstigen. Jetzt heißt es, sie hätten zu kritisch über den neuen Präsidenten berichtet. Die Mäkelei wollte sich Milei vom Hals halten, er nutzte seine neu erworbene Macht, um die einflussreiche Redaktion zu zerschlagen. Der Redaktion blieb nichts anderes übrig, als auf der Straße und in den sozialen Medien zu protestieren: «Die Regierung führt einen der schlimmsten Angriffe auf die Meinungsfreiheit in den 40 Jahren der Demokratie durch», schrieben sie.

Mileis Angriff auf die Presse zielt aber nicht nur auf die Nachrichtenagentur. Im Februar hatte er neben Télam auch den großen staatlichen Sender Radio y Televisión Argentina (RTA) unter die Zwangsverwaltung seines Kabinettschefs gestellt. Der soll nun dafür sorgen, dass beide Medienunternehmen an private Konzerne verkauft werden. Für RTA arbeiten immerhin 2400 Menschen, weil die Kanäle über Antenne frei empfangen werden können, sind sie vor allem bei der armen Bevölkerung beliebt. Nach dem Plan von Mileis Regierung soll RTA künftig ganz auf die Bedürfnisse der Werbewirtschaft ausgerichtet werden, viele Mitarbeiter müssen sich jetzt eine neue Arbeitsstelle suchen. Seit dem Regierungswechsel in der Casa Rosada, dem Amtssitz des Präsidenten, wurden die Verträge von 600 Mitarbeitern von Radio Nacional nicht verlängert. Sie alle bekommen Mileis ratternde Kettensäge zu spüren. Die Mitarbeiter, die ihren Job noch behalten dürfen, werden sich vor ihr fürchten.

Wenn Pesos rasen

Im Herbst 1989 arbeitete ich für einen Hamburger Radiosender. Pausenlos berichteten wir über Großdemonstrationen in Leipzig und die Umwälzungen in Ostberlin. Für andere Meldungen war kaum noch Platz. Dabei ereigneten sich am anderen Ende der Erde Dinge, die ebenfalls berichtenswert waren. Auch in Argentinien gingen die Menschen in Massen auf die Straßen, die Inflation schoss in irrwitzige Höhen, im Jahresschnitt waren es über 3000 Prozent, es gab Hungerstreiks, Supermärkte wurden geplündert.

Weil ich mich nicht nur für den Aufstand in der nahen DDR interessierte, sondern auch für die Revolte in der Ferne, nahm ich Kontakt zu einer in Hamburg lebenden argentinischen Journalistin auf und bat sie, mir bei der Vermittlung eines Telefoninterviews zu helfen. Was dann geschah, kürze ich sehr stark ab, denn es gehört nur am Rande in dieses Buch. Die Geschichte der jungen Argentinierin, die mir bei meiner Recherche half, erinnert mich ein wenig an die meiner Tante Loretta, die in den 1950er Jahren nach Chicago auswanderte. Auch Laura entschied sich, mit Anfang 20 ihr Land zu verlassen, nur in die umgekehrte Himmelsrichtung, sie zog nach Hamburg ins kalte

Deutschland. Ihr Land war in den vier Jahrzehnten, seit die Eltern von José, dem Taxifahrer, von Italien aus nach Buenos Aires ausgewandert waren, heruntergewirtschaftet worden. Nach einer schweren Wirtschaftskrise, großen sozialen Spannungen, gewaltsamen Unruhen und Terroranschlägen hatten 1976 Militärs die demokratisch gewählte Regierung aus dem Amt geputscht und ein Regime errichtet, das sich ganz auf die Macht der Armee und des Geheimdienstes stützte. Einen Teil ihrer Jugend erlebte Laura in einer Diktatur. Warum sollte sie in diesem Land ihre Zukunft aufbauen?

Einige Jahre später, in Hamburg, verliebten sich die junge Argentinierin und ich ineinander. Kurz nach dem Fall der Berliner Mauer packten wir unsere Koffer und unternahmen eine Reise in ihre Heimat. Ich werde nicht vergessen, wie wir tief im Süden, in Patagonien, in einem Café saßen, Limonade tranken und Postkarten beschrifteten. Während wir schrieben, wurden die Limonaden-Preise heraufgesetzt. Das war ein lustiges Erlebnis, doch es hatte einen ernsten Hintergrund. Zwei Jahre später heirateten wir, meine Ehe hängt also mittelbar mit der Erfahrung rasender Geldentwertung zusammen.

35 Jahre später reisen wir erneut durch Argentinien, und dem Land geht es noch schlechter als damals. Das liegt vor allem an den vielen Regierungen, die den Menschen das Blaue vom Himmel versprochen und sie doch immer enttäuscht haben. In Buenos Aires will ich nun einige Personen aufsuchen, die mir einen Einblick in das gesellschaftliche und politische Leben der Argentinier von heute vermitteln und die mir mehr über den neuen Hoffnungsträger Javier Milei und seine Pläne berichten können.

Zunächst treffe ich Bruno Napoli, er ist Mitte 50, von Beruf Historiker und hat sich auf Wirtschaftsgeschichte spezialisiert. Er hat die Geschichte der argentinischen Zentralbank erforscht, also der Institution, die Milei abschaffen will. Auch die Aufarbeitung der Militärdiktatur gehört zu seinen Lebensthemen. Bruno wohnt in einer kleinen Wohnung in der Innenstadt, überall hat er Bücher gestapelt; Bücher über aktuelle politische Themen, auch Bücher aus der ersten Hälfte des letzten Jahrhunderts. Von seinem Balkon aus hat man einen wundervollen Blick über die Dächer der Stadt. In einer Ecke steht ein Grill, darauf warten Würste und große Steaks auf uns.

Also Bruno, was hat Javier Milei vor? Das weiß leider niemand so genau, sagt er, der Präsident hält das ganze Land absichtlich in Unsicherheit; aber ein paar Verhaltensmuster und Absichten seien doch erkennbar. Dann erzählt er, dass Javier Milei die Inflation gerade ganz gelegen komme. Zwar behaupte der Präsident, alles zu tun, um sie zu bekämpfen, aber zunächst habe er noch etwas anderes im Sinn, er wolle die Staatsausgaben senken und die Überschuldung des Staates beenden. Also würde er die Gehälter der Staatsbediensteten, die er ja eigentlich verachtet, und anderer Angestellten weniger stark anheben, als es bei der hohen Inflation notwendig wäre. Durch die Geldentwertung würden auch die Staatsschulden entwertet, so spare Mileis Regierung Geld. Diese Rechnung sei ebenso einfach wie gnadenlos. Aber das Manöver könne nicht lange gutgehen, sagt Bruno voraus, die Beamten, ihre Familien und darüber hinaus Millionen anderer Menschen würden bald in die Armut abrutschen.

Dann sei es nur eine Frage der Zeit, bis sich das Volk gegen den Mann mit der Säge erhebe, erwidere ich. Das stimme zwar, sagt Bruno, aber noch hielten die Menschen still, die meisten von ihnen hätten Milei ja gerade erst gewählt, noch sei er ihr Mann.

Ist Milei wirklich ein Anarchist, will er den Staat tatsächlich zerstören, frage ich Bruno. Der Historiker, der sich auch mit der Geschichte früherer Anarchisten wie des Russen Michail Alexandrowitsch Bakunin beschäftigt hat, antwortet, Milei sei einmalig, er würde eine ganz neue Form des Anarchismus verkörpern. Er würde den Staat nur deshalb zerstören wollen, weil er alles dem Markt, dem freien Spiel der Wirtschaftskräfte überlassen wolle. Das Einzige, was Milei respektiere, sei das private Kapital. Deshalb sei der Begriff Anarchokapitalist auch zutreffend.

Und was ist mit seinem Versprechen, die Zentralbank in die Luft zu jagen? Nun ja, sagt Bruno, das sei nicht ganz so einfach, der argentinische Staat sei sowohl im Inland wie im Ausland hoch verschuldet, ein Teil der Schulden müsse in Pesos, ein anderer Teil in Dollar zurückgezahlt werden. Die Regierung benötige also noch große Summen Devisen, und um die ins Land zu holen, sei die Zentralbank noch unverzichtbar. Wenn Milei die Wirtschaft Argentiniens eines Tages komplett auf Dollar umgestellt habe, würde er die Zentralbank nicht mehr benötigen. Und dann? Dann würde er sein Land vollständig der Zentralbank in Washington und ihrer Geldpolitik ausliefern. Darüber würden sich vor allem die Regierung in den USA und die dortigen Konzerne freuen. Ich merke schon, Bruno hält Mileis Experiment für hoch gefährlich und unverantwortlich. Er befürchtet, dass der Mann sein Land an die reichen Amerikaner hoch im Norden verkauft.

Wer sich in der Megacity Buenos Aires mit anderen Menschen treffen will, sollte gute Nerven haben. Um von einem Außenbezirk ins Zentrum zu kommen, muss man schon mal 90 Minuten Zeit einplanen. Der Verkehr ist mörderisch, Busse stecken genauso fest wie Privatautos, die Hitze in dieser Jahreszeit schlaucht alle. Den Menschen, die sich zu Fuß durch die Stadt quälen, macht darüber hinaus die Mückenplage zu schaffen. Wegen des Klimawandels verbreitet sich in den argentinischen Großstädten gerade eine für diese Breitengerade ungewöhnliche Seuche, das tückische Denguefieber. Nach einer strapaziös langen Taxifahrt treffe ich die nächste Person, von der ich mir Einsichten in die Gedankenwelt des Präsidenten und auch seiner vielen Wähler erhoffe. Juan Luis Gonzàlez lebt in einem der angenehmeren Stadtteile, in Palermo; an den Rändern vieler Straßen stehen sogar Bäume. Es gibt viele Restaurants und Cafés, an der Fassade einer Bar prangen übermenschlich große Abbildungen von Maradona und Messi. Ich verstehe, warum man hier leben möchte.

Juan ist 32 Jahre jung und arbeitet als Journalist für die investigative Wochenzeitschrift *Noticias*. Wir treffen uns in einem dieser kleinen Cafés, er trägt einen Viertagebart, außerdem ein auffälliges T-Shirt, auf dem Bob Marley zu sehen ist, wie er einen Fußball in die Höhe kickt. Darunter steht: «Football is Freedom.» Offenbar ist Juan Reggae-Fan, Fußball-Fan oder beides. Gleich zu Beginn unseres Treffens erzählt er, dass er gerade ein sehr bewegtes Jahr hinter sich habe. Als sich der chancenlose Außenseiter Milei anschickte, für das Amt des Präsidenten zu kandidieren, begann er mit der Recherche für ein Buch über ihn. Jetzt ist das Werk auf dem Markt und in Argentinien ein Bestseller. Bei seiner Arbeit brauchte Juan gute Nerven. Er habe enthüllt, erzählt er, dass dieser Milei bei seinem eigenen Buch *Pandenomics* massiv gepfuscht habe. In weiten Teilen habe er Passagen von Artikeln mexikanischer Wissenschaftler abgeschrieben, ohne darauf hinzuweisen, geschweige denn, sie um Erlaubnis zu bitten.

Als Juan seine Recherche zunächst in seiner Zeitschrift veröffentlichte, so berichtet er es, sei Javier Milei so in Rage geraten, dass er vom Chefredakteur verlangt habe, den jungen Kollegen zu feuern. Doch der habe sich geweigert, Juan zu entlassen. Er behielt seinen Job, recherchierte weiter und fand Dinge heraus, die noch viel befremdlicher wirken. Um sie mir verständlich zu machen, will mir Juan etwas über die Persönlichkeitsentwicklung von Milei erzählen, ich müsse zunächst die Lebensgeschichte des neuen Präsidenten erfahren, die würde eine Menge erklären.

Javier Milei wurde 1970 in Buenos Aires geboren, sein Vater war Busfahrer, der sich zu einem Transportunternehmer hocharbeitete. Das Verhältnis des Sohns zu seinen Eltern war immer schwierig, sein Vater hat ihn oft mit Lederriemen verprügelt; sobald er konnte, löste sich der Junge von seinen Eltern. Als junger Mann studierte er Wirtschaftswissenschaften und arbeitete bei einer privaten Rentenversicherung.

Javier Milei heiratete nicht, er gründete keine Familie, er hatte keine Freunde und auch keine Liebschaften. Er sei immer ein Einzelgänger gewesen, ein Mann ohne Bindungen, so stellt Juan fest, und er glaubt, dass Milei sehr früh autistische Wesenszüge und äußerst befremdliche, der Welt abgewandte Überzeugungen entwickelt habe. Was sind das für Überzeugungen, frage ich. Juan erklärt, laut Milei sollten menschliche Beziehungen nur nach ihrem Nutzwert beurteilt werden, der Markt sei dafür der einzig verlässliche Mechanismus und ein adäquater Gradmesser.

Eine besondere Stellung im Leben von Javier Milei habe seine Schwester Karina, zu ihr soll er sich als Kind oft geflüchtet haben, wenn ihn sein Vater verprügeln wollte. Ihr hatte er die Organisation seines Wahlkampfes übertragen, heute fungiert sie als Generalsekretärin seiner Regierung. Milei nennt sie gerne «Moses» und sich selbst «ihren Verkünder». Dass sich hinter diesen Namen keine spezielle Form von Humor verbirgt, wissen die Argentinier inzwischen.

Dann serviert Mileis Biograf die Hundegeschichte. Inzwischen hat sie sich weltweit herumgesprochen, aber Juan hat die Details recherchiert, und sie stellen die «Moses»-Geschichte noch in den Schatten. Als Javier Milei 34 Jahre alt und immer noch sehr einsam war, schaffte er sich einen Hund an, einen englischen Mastiff, und taufte ihn auf den Namen Conan, nach der von Arnold Schwarzenegger im Film

«Conan, der Barbar» gespielten Figur. Auf diesen Hund habe Milei einen Großteil seiner emotionalen Energie projiziert, später habe er ihn «meinen engsten Vertrauten» genannt, Conan sei «wie ein Sohn» für ihn gewesen. Vor ein paar Jahren habe Milei, so hat es Juan herausgefunden, das Weihnachtsfest nur mit seinem Hund gefeiert. Die beiden hätten gemeinsam Champagner getrunken, besser sollte man sagen: geschlürft.

Milei steigerte die Beziehung zu Conan in eine für nüchterne Betrachter schwer nachvollziehbare Dimension. Gegenüber der Zeitung *La Nación* behauptete er einmal, er und Conan seien sich schon einmal begegnet, und zwar in einem früheren Leben, vor über 2000 Jahren seien sie im römischen Kolosseum als Gladiator und Löwe aufeinandergetroffen. Sie hätten nicht gegeneinander gekämpft, weil es ihre Bestimmung gewesen sei, ihre Kräfte in einer fernen Zukunft zu vereinen. Damit meinte er sein Ziel, argentinischer Staatspräsident zu werden. Mileis Legendenerzählung gipfelte in der Behauptung, er und Conan hätten eine Mission von Gott erhalten. Seitdem, das beobachtet auch Juan, setzt sich Milei als Messias, als argentinischen Gottessohn, in Szene.

Nun sollte man wissen, dass die Argentinier ihre Volkshelden gerne zu Auserwählten erhöhen, die mit übermenschlichen Kräften ausgestattet sind. Sie haben das mit Diego Armando Maradona getan und mit Lionel Messi, mit Juan Domingo Perón ebenso wie mit seiner zweiten Frau María Eva Duarte, die alle Welt Evita nennt. Das Bedürfnis der Argentinier nach Überfiguren ist unersättlich. Insofern empfinden es viele Menschen in diesem Land auch nicht als befremdlich oder gar anstößig, dass ein Außenseiter behauptet, gemeinsam mit seinem Hund von Gott gesandt worden zu sein, um sein Volk aus der Misere zu führen. Viele Argentinier wollen in ihm tatsächlich einen Auserwählten sehen.

Misslich war nur, dass Gottvater nicht verhinderte, dass Conan im Jahr 2017 an einem Tumor erkrankte und starb. Doch sein Herrchen wusste sich zu helfen. Er schickte ein Stück Haut von Conan in ein nordamerikanisches Labor und ließ ihn klonen. 50 000 Dollar soll ihn das gekostet haben. Die von einer Leih-Hündin geborenen sechs Welpen taufte Milei, der Wirtschaftswissenschaftler, unter anderem nach den Vornamen der Ökonomen Milton (Friedman), Murray (Rothbard) und Robert (Lucas jr.). Jetzt lebt Conan in seinen Nachfahren weiter, und sein engster Vertrauter kann, wann immer ihm danach ist, mit ihm, beziehungsweise mit der nächsten Conan-Generation, kommunizieren.

Nach diesem Ausflug in die Gefühlswelt des argentinischen Staatspräsidenten, und auch in die Leichtgläubigkeit des argentinischen Volkes, wird das Gespräch mit Juan Luis González wieder sehr politisch. Wobei, wirklich unpolitisch war es vorher ja nicht, Milei versteckt seine «Conan»-, «Moses»- und «Messias»-Wahnvorstellungen ja nicht; im Gegenteil, er brüstet sich mit ihnen. Und das ist der eigentliche Punkt, der Juan Angst macht. Wegen dieser Absonderlichkeiten hatten ihn so viele Menschen gewählt. Sie seien derart frustriert von den Politikertypen, die bisher am Ruder waren, dass sie ihr Kreuz in der Wahlkabine für einen Mann machten, der vollkommen anders war als alles Gewohnte. Juan hat seine Biografie «El Loco» genannt, «der Verrückte». Auf deutsche Wähler mag diese Zuschreibung abschreckend wirken; auf viele Menschen in Argentinien wirkt sie wie eine Auszeichnung.

Wenn man etwas Freundliches über Javier Milei schreiben möchte: Er hat seine Landsleute vor der Präsidentschaftswahl nie im Unklaren über seinen schrägen Charakter gelassen. Auch hat er sie nie darüber getäuscht, dass er den Staat, dem er als Präsident vorstehen wollte, verteufelt. Genau deshalb ist er gewählt worden. Das Wahlergebnis war klar und eindeutig. Niemand, auch nicht die unterlegene Opposition, kann behaupten, dass sich der Anarchokapitalist in einer Nacht-und-Nebel-Aktion an die Macht geputscht hätte oder dass seine Leute einen umfassenden Wahlbetrug für ihn organisiert hätten. Während des Wahlkampfs wurde Milei in einer Fernsehsendung dreimal gefragt, ob er das demokratische System respektieren würde. Dreimal antwortete er auffallend ausweichend. Man konnte also ein Gespür dafür bekommen, was das für ein Mann ist, der vom Volk die Macht übertragen bekommen wollte.

Ja, Javier Milei ist aus freien, demokratischen Wahlen als Präsident hervorgegangen. Landesweit stimmten in der entscheidenden Stichwahl rund 56 Prozent der Wählerinnen und Wähler für ihn. Zwar hat er auch in der Megacity Buenos Aires eine Mehrheit der Bürger überzeugen können, aber auffällig ist in Argentinien, wie in den USA und auch in Deutschland, der Stadt-Land-Unterschied. In Kleinstädten und Dörfern, weit weg vom Machtzentrum am Rio de la Plata, ist seine Anhängerschaft überwältigend groß.

Zu der Provinz Córdoba im Nordwesten hat Javier Milei eine besondere Beziehung. Und das hat nicht nur mit seinen Wählern zu tun, sondern auch mit Conan. Sein Hundefreund und genetischer Vater von Milton, Murray und Robert stammte aus Córdoba. Daher liebt Javier Milei Córdoba über alle Maßen.

Um ein Gefühl dafür zu bekommen, was so viele Argentinier an El Loco, dem Verrückten, fasziniert und warum sie sich für eine politische Kettensägerei entschieden haben, reise ich mit meiner Frau in diese spärlich besiedelte Provinz, gut 700 Kilometer weit weg von Buenos Aires, am Fuß eines Mittelgebirges. Im Winter liegt hier auf den Gipfeln Schnee.

In den Bergen von Córdoba

Die Gegend, die wir aufsuchen, ist nicht nur wegen der auffälligen Konzentration von Milei-Anhängern und der Geschichte von Conan interessant, sondern auch, weil man in dieser Bergregion außergewöhnlich viele Deutschstämmige trifft. Sie haben ein Stück ihrer alten europäischen Heimat hierhin gerettet und sorgsam gepflegt. Das liegt an Vorgängen, die sich in den Anfangstagen des Zweiten Weltkriegs ereigneten. Daher will ich kurz ein Kapitel deutsch-britisch-argentinischer Kriegsgeschichte erzählen, deren Spätfolgen bis in die Gegenwart reichen.

Schon im August 1939 schickte die deutsche Marineführung ihren Panzerkreuzer Admiral Graf Spee in Richtung Südamerika, die Besatzung sollte dort auf weitere Befehle warten. Und die erfolgten sehr bald nach Kriegsbeginn; der Auftrag lautete, britische Schiffe zu versenken und so die Handelsrouten zwischen Südamerika und England zu stören. Anfangs ging der Überraschungscoup auf, die Graf Spee versenkte neun zivile Schiffe. Doch dann wurde der deutsche Kreuzer in einem Seegefecht mit einem britischen Zerstörer selbst beschädigt und musste den Hafen von Montevideo anlaufen. Die uruguayische Regierung wollte nicht in den Krieg im fernen Europa hineingezogen werden und verlangte, dass die Deutschen innerhalb von drei Tagen wieder auslaufen. Das war kaum möglich, inzwischen waren auf dem Rio de la Plata weitere englische Kriegsschiffe in Stellung gegangen. Es gelang der deutschen Besatzung zwar, den Hafen zu verlassen und ein paar Meilen weit in See zu stechen. Aber dann endete die Flucht, zu viele feindliche Schiffe patrouillierten in dem Gebiet, es ging nur noch darum, die Graf Spee nicht in die Hände der Engländer fallen zu lassen. Also gab der Kapitän seiner Mannschaft den Befehl, Dynamitstangen an seinem Schiff anzubringen, die Flagge einzuholen, das Schiff zu verlassen, in die Rettungsboote zu steigen und in Richtung Buenos Aires zu rudern. Als die Besatzung weit genug entfernt war, zündeten die Sprengladungen, und die Graf Spee ging unter.

Die deutschen Matrosen retteten sich mit ihrem Kapitän in den Hafen am anderen Ufer des Rio de la Plata und wurden von vielen Bewohnern neugierig, ja sogar begeistert empfangen. In den Anfangsjahren des Weltkriegs war auch Argentinien ein neutraler Staat, die Geschichte der kriegslüsternen Fremden wurde rasch umgedeutet in eine Geschichte von deutschem Heldenmut. Der Kapitän konnte die neue Lage jedoch nicht ertragen; dass er dem Kampf mit den feindlichen Zerstörern ausgewichen war und sein Schiff versenken ließ, galt als unehrenhaft. Vielleicht befürchtete er sogar, dass ihm in der Heimat ein Prozess wegen Hochverrats gemacht werden würde. In der Wohnung, die man ihm in Buenos Aires zur Verfügung stellte, legte er sich auf die Flagge seines Schiffes und erschoss sich.

Die argentinische Regierung stand nun vor einer schweren Entscheidung: Wenn sie die führungslosen deutschen Matrosen auf unbefristete Zeit inhaftierte, würde sie es sich mit Berlin verscherzen; noch war ja offen, wie lange der Krieg, den dieser Hitler angezettelt hatte, dauern und wer am Ende als Sieger hervorgehen würde. Sollte die argentinische Regierung hingegen den Deutschen gestatten, in ihre Heimat zurückzukehren, würde sie London und Paris verprellen.

Die Führung in Buenos Aires entschied, die Matrosen in mehrere Gruppen aufzuteilen und in verschiedene Provinzen zu schicken. Und sie verfügte, dass die fremden Männer das Land nicht verlassen dürfen. So gelangte eine Gruppe deutscher Matrosen in die Berge von Córdoba, dazu verdammt, hier auszuharren, bis der Krieg endete, irgendwann, irgendwie.

Die allermeisten Männer hielten sich an die Vorgabe, die Vegetation und das erträgliche Klima in der Berglandschaft erinnerten sie an ihr Zuhause. Die Neuankömmlinge verdingten sich als Zimmermänner, sie halfen in der Landwirtschaft, später bauten sie eigene Häuser, gründeten Familien und verwandelten das argentinische Dorf Villa General Belgrano in eine deutsche Siedlung mit deutscher Sprache, mit deutschen Restaurants und deutschen Bräuchen. Die Siedlung ist seitdem stetig gewachsen, bis zum heutigen Tag gibt es hier einen Skatclub und auch ein Oktoberfest.

Nach dem Krieg zogen erneut einige Deutsche in diese Gegend, aber sie waren von anderem Kaliber. Noch wenige Monate zuvor hatten einige von ihnen wichtige Posten im NS-Staat inne und versuchten nun, als gesuchte Kriegsverbrecher in der Ferne ihre Haut zu retten. Es muss eine eigentümliche Miniaturgesellschaft gewesen sein, die sich damals 12 000 Kilometer weit weg von Berlin in der Abgeschiedenheit von Córdoba entwickelte.

Vor 30 Jahren hatte ich mir einmal in den Kopf gesetzt, über dieses Dorf und seine Menschen einen Dokumentarfilm zu drehen. In einer Kneipe traf ich mich mit vier hochbetagten Spee-Matrosen und hörte mir ihre Geschichten an. Am meisten beeindruckte mich, dass sich die Männer gegenseitig immer noch mit Dienstgraden ansprachen. Unter den argentinischen Dorfbewohnern erzählte man sich zudem, dass sich einige Männer in der Umgebung mit erhobenem rechtem Arm begrüßten.

Aus meinem Film wurde nichts, leider. Jahrzehnte nach dem Untergang von Nazi-Deutschland konnte man hier noch Spuren des deutschen Militarismus und des Führergehorsams finden.

Die Spee-Matrosen sind inzwischen gestorben, viele ihrer Kinder und Enkel haben das wirtschaftliche Erbe übernommen und führen jetzt allerhand Restaurants und Hotels mit deutschen Namen. Die Einheimischen finden Sauerbraten und Lederhosen und alles, was dazu gehört, durchaus ansprechend, Villa General Belgrano hat sich zu einem beliebten Ausflugsziel entwickelt.

In Deutschland haben sich die allermeisten Menschen nach dem Krieg von den Taten und dem Gedankengut der Nationalsozialisten freigemacht, sie haben sie als fürchterliche Fehlentwicklung der Menschheitsgeschichte erkannt und vor jeglicher Wiederholung gewarnt. Die Mehrzahl der Deutschen schätzt die Demokratie. Ob sich in Villa General Belgrano in den letzten Jahrzehnten eine aufgeklärte Bürgerschicht entwickelt hat, die allergisch auf jegliche Form autoritärer Politik reagiert und die resistent ist gegen Verlockungen von Demagogen, das erscheint mir völlig unklar. Zu lange bin ich nicht mehr hier gewesen, zu viel hat sich in Argentinien und in der Welt ereignet.

30 Jahre nach meinem ersten Besuch in dem deutsch-argentinischen Dorf fahren wir erneut hierhin, um zu erkunden, wie die Menschen dort heute über Politik denken, auch, wen sie vor einigen Monaten gewählt haben, und wie anfällig sie für platte Parolen und leere Versprechungen sind.

In einem deutschen Café lerne ich einen etwas älteren Mann kennen, der nordeuropäisch aussieht. Als ich ihn anspreche, antwortet er mit sanftem Schweizer Akzent und lässt sich gerne auf ein Gespräch ein. Der Mann erzählt, dass seine Eltern einst aus einem Schweizer Kanton nach Buenos Aires ausgewandert seien, dort habe er lange als Ingenieur gearbeitet, er wolle sich nun in Villa General Belgrano ein neues Haus bauen und zur Ruhe setzen. Klar, er kenne die Geschichte der Spee-Matrosen, wen deren Nachfahren gewählt haben, wisse er nicht. Er selbst habe für Milei gestimmt, warum auch nicht, der sei zwar etwas wild und nicht berechenbar, aber das sei doch gar nicht so schlecht, man müsse ihm eine Chance geben.

Der Kellner, der uns Apfelstrudel und Kaffee serviert, kann etwas mehr erzählen über die Bewohner seines Ortes, er ist Mitte 20, lebt hier und kennt seine Kunden gut. Die Menschen in der Umgebung seien allesamt «ultra-konservativ», sagt er. Um seinen Worten mehr Gewicht zu verleihen, bläst er die Backen ein wenig auf und stöhnt. Er wiederholt seine Beschreibung und verdoppelt sie noch: «Ja, sie sind sogar ultra-ultra-konservativ.» Als ich es etwas genauer wissen will, ob er dabei an den Geist alter Nazis denke, nickt er vielsagend. Er denkt kurz nach und hat dann das Bedürfnis, etwas geradezurücken. Nicht nur viele Deutschstämmige, die hier oben leben, seien «ultra-ultra», sondern auch viele Argentinier. Der Ort zieht offenbar immer noch Menschen mit Ultra-ultra-Ansichten an.

Ein paar Meter weiter suchen wir eine Apotheke auf. Sie ist durch und durch holzgetäfelt, neben neuen Medikamentenpackungen stehen alte, leicht angestaubte Porzellankrüge und Gläser, vielleicht ist der

Laden seit Mitte des letzten Jahrhunderts nicht mehr renoviert worden. Auf sympathische Art wirkt alles aus der Zeit gefallen. Der alte Apotheker bedient jede Kundin mit gelassener Ruhe und erkundigt sich geduldig nach dem Wohlergehen der Angehörigen.

Als wir an der Reihe sind, um ein Anti-Mücken-Spray wegen des Denguefiebers zu kaufen und dabei nach Javier Milei fragen, zögert der Apotheker nicht lange und sagt, fast alle hier hätten Milei gewählt, auch er. Eine grimmig aussehende Kundin hinter uns mischt sich ein, auch sie habe ihre Stimme Miliei gegeben, ja, der Mann sei etwas «loco», aber was soll's, die anderen Kandidaten seien alle korrupt, dieser Milei sei ihre letzte Hoffnung.

Wie die Menschen, die ich bislang auf meiner Reise getroffen habe, über den Staatsverächter im Amt des Staatschefs denken, lässt sich grob so zusammenfassen: Sie halten Javier Milei für eine Art Höllenhund, aber sie wollen ihn gerne von der Kette lassen, er wird schon die Richtigen beißen. Meinen ersten Eindruck bestätigen die Zahlen, die ich im Internet finde: Knapp 60 Prozent der Bürger von Villa General Belgrano haben den Sägen-Mann in der zweiten Runde der Präsidentschaftswahl gewählt, mehr als im landesweiten Durchschnitt. In der gesamten Provinz wurde er sogar von 75 Prozent der Wahlberechtigten gewählt, die Gegend ist fest in Mileis Hand.

Es gibt einen weiteren Grund, warum wir in diese Provinz fahren. Wir wollen ein befreundetes Ehepaar besuchen, das sich vor einigen Jahren ein paar Kilometer vom Matrosendorf entfernt ein Holzhaus im Wald gebaut hat. Von Consuelo und Eduardo erwarte ich tiefere Einblicke, vielleicht auch eine ganze andere Sicht auf die revolutionäre Dynamik in Argentinien der letzten Monate.

Die beiden kommen aus der Stadt Córdoba, der zweitgrößten Metropole des Landes. Eduardo hat die überwiegende Zeit seines Berufslebens als Richter gearbeitet, Consuelo hatte eine leitende Position an einem Bundesgericht inne. Die beiden haben sich mit Kriminalfällen beschäftigt, aber die juristische Aufarbeitung der Militärdiktatur in den 1970er und 1980er Jahren ist so etwas wie ihre Lebensaufgabe geworden. Sie sind hervorragende Gesprächspartner und können mich durch die Geschichte ihres Landes genauso lotsen wie durch die aktuelle politische Entwicklung.

Am ersten Morgen packen wir Sandwiches und Wasserflaschen

ein und beginnen eine Wanderung. Vom Haus im Wald führt ein Weg auf eine Anhöhe, von dort aus hat man einen Rundumblick über die Berglandschaft. «Das ist der einzige Ort weit und breit, an dem es Handyempfang gibt,» sagt Eduardo. Dann erzählt er, dass er und seine Frau hier oben während der Fußballweltmeisterschaft in Katar ein Argentinien-Spiel gesehen hätten, auf dem Handy wohlgemerkt. Von der Lichtung aus geht der Weg in Schlangenform den Berg hinab bis zu einem Fluss. Wer auf die andere Seite will, muss die Hosenbeine hochkrempeln. Und wenn man Glück hat, kann man die entgegenschwimmenden Forellen sehen. Danach geht es den nächsten Hügel hinauf, und wieder hat man eine wundervolle Weitsicht. Wenn es etwas in Argentinien im Übermaß gibt, dann ist es Platz. Hier oben in den Bergen gibt es kaum Häuser, kaum Straßen, der Himmel wird nicht von Flugzeugen durchkreuzt, ab und zu bellt ein Hund, ansonsten ist nur das Rauschen des Windes zu hören.

Die Wanderung durch die Wildnis lädt zu einem Gespräch ein, das nur am Anfang humorvoll verläuft: «Wenn es ganz schlimm kommt mit Putin und dem Krieg in Europa, dann können wir ja hierhin ziehen», sage ich. In Gedanken spielen wir durch, welche Voraussetzungen wir dafür erfüllen müssten. Meine Frau hat immer noch ihren argentinischen Pass und könnte hier problemlos leben. Unsere Söhne müssten rasch die argentinische Staatsangehörigkeit beantragen, aber das sollte klappen. «Und ich?» Das wissen wir nicht genau. Sollten wir uns demnächst mal nach Möglichkeiten erkundigen, eine dauerhafte Aufenthaltsgenehmigung zu erhalten? Dann wirft Consuelo ein: «Aber wenn ihr hierhinzieht, bekommt ihr es mit Javier Milei zu tun. Das solltet ihr euch gut überlegen.»

Was sie und Eduardo erzählen, ist angsteinflößend. Sie zeichnen ein ganz anderes Bild vom neuen Präsidenten als die Bewohner des Dorfes Villa General Belegrano, die wir gesprochen haben. Die beiden halten Javier Milei für einen größenwahnsinnigen Mann, der seine Gefühlsregungen nicht zügeln kann, der Kritiker mit verletzenden Beleidigungen überzieht und der den argentinischen Staat ins Chaos stürzt. Für sie ist Javier Milei ein Mini-Trump, ein Möchtegern-Diktator. Und sie meinen das nicht lustig.

Dann erzählen sie, dass sich Milei seine bisher so rücksichtslose Art der Amtsführung leiste, weil er sich auf die vielen Millionen

Wähler stützen könne, die im Herbst für ihn gestimmt haben und ihm noch immer die Treue halten. Er könne sich aber auch auf zahlreiche Trolle verlassen, junge Internetaktivisten, die in sozialen Medien Beiträge in seinem Sinn verfassen, oft in Sprache und Optik weiter zugespitzt, und die Stimmung gegen Oppositionelle machen.

Consuelo nennt ein Beispiel. Vor wenigen Wochen habe der neue Präsident versucht, ein Paket von über 600 Gesetzen und Verordnungen durchs Parlament zu peitschen; darunter sei auch ein Gesetz gewesen, das ihm weitreichende Vollmachten einräumen sollte. Mehrere Abgeordnete und Gouverneure hätten sich aufgelehnt und erfolgreich Widerstand gegen den Plan organisiert. In den Tagen danach hätten Milei-Unterstützer soziale Medien mit Bildern der oppositionellen Politiker geflutet. Meme-Motive hätten sie als Verräter angeprangert, über ihre Gesichter seien Fadenkreuze montiert worden, darunter hätten die Privatadressen der Politiker gestanden. Man musste das wohl als Aufruf zum physischen Angriff verstehen, eine Methode, die an die Prügeltrupps der Nazis erinnert.

Juan Luis González, der junge Biograf von Javier Milei, hatte mir schon einiges über diese digitalen Schläger erzählt. Im Café in Buenos Aires hatte er voller Empörung geschildert, dass viele Trolle von der Regierung bezahlt werden, sie würden sogar im Präsidentenpalast Casa Rosada arbeiten, dicht an Milei, sie hätten einen eigenen Saal, um von dort aus ihre Attacken zu starten.

Wie aggressiv Milei gegen Personen vorgeht, die ihm gegen den Strich gehen, kann man auch am publizistischen Kleinkrieg erkennen, den er gegen die Sängerin Mariana Espósito anzettelte, von allen nur «Lali» genannt. Auch diese Geschichte hatte mir Juan Luis González erzählt. Es fing damit an, dass die populäre Lali nach Mileis Erfolg in der ersten Runde der Präsidentschaftswahl auf X postete: «Wie traurig. Wie gefährlich.» Es dauerte ein paar Wochen, bis Milei eine Gelegenheit zur Rache ergriff. In einem Fernsehinterview wurde er zu einem ganz anderen Thema befragt, es ging um Gehaltsverhandlungen mit Lehrern. Er antwortete, diese seien zwar Aufgabe der Provinzen, aber er hätte einen Vorschlag, wie sie Geld einsparen könnten. Die Gouverneure sollten einfach weniger Musikshows veranstalten – zum Beispiel weniger Auftritte von Lali Espósito, sie wäre für das Defizit der Provinz mitverantwortlich.

Zahlreiche Musiker sprangen Lali zur Seite, doch Milei wiederholte seine Attacken. Seine Angriffe gegen die Sängerin erinnern stark an den Streit zwischen Donald Trump und Taylor Swift. Im Wahlkampf 2020 hatte Swift für Joe Biden Partei ergriffen, im Frühjahr 2024 hat sie ihre Fans bislang nur dezent dazu aufgerufen, wählen zu gehen. Darauf warnte Trump sie auf seinem Kanal Truth Social: «Auf keinen Fall kann sie den unehrlichen Joe Biden, den schlimmsten und korruptesten Präsidenten in der Geschichte unseres Landes, unterstützen.» Daraufhin zettelten viele Tausend Trump-Fans einen gewaltigen Shitstorm gegen Taylor Swift an.

Juan Luis González sieht die Parallelen zwischen Trump und Milei, er sieht, wie beide ihre PR-Macht auf sozialen Medien einsetzen, um gegen Kritiker vorzugehen. Und es macht ihm Angst: «Erst kommen die Worte, später kommen die Taten.»

Im Fall von Javier Milei gibt es zudem ein spezielles Problem. Seine Kettensägen-Strategie ist so zerstörerisch, dass in den ersten Monaten seiner Präsidentschaft zwar die Inflation abgebremst wurde, aber die Armutszahlen in die Höhe schnellten. Die Schocktherapie, die er dem Land verordnet hat, wirkt sich bislang nicht positiv für den überwiegenden Teil der Bevölkerung aus. Es ist viel Schock zu spüren und wenig Therapie. Wenn er nicht in einigen Monaten eine deutliche Verbesserung der Lebensverhältnisse der Menschen vorweisen kann, besteht die Gefahr einer Überreaktion. Milei könnte die Gründe für das Misslingen seines Experiments nicht bei sich selber suchen, sondern das Scheitern seinen Gegnern in die Schuhe schieben. Für ein solches Verhalten von unter Druck geratenen autoritären Herrschern gibt es in der Geschichte ausreichend Beispiele. Die Radikalisierung des Staatschefs und die Radikalisierung seiner Anhänger wäre die Folge.

Diese Gefahr sieht auch unsere Freundin Consuelo, noch lässt sie sich von Milei und seinen Trollen nicht einschüchtern. Sie hat die Diktatoren des Militärregimes überlebt, sagt sie trotzig, da wird sie auch Milei überleben. Auf Facebook veröffentlicht sie immer wieder kritische Texte gegen die Regierung und erntet dann zahllose Kommentare mit üblen Beleidigungen. Natürlich hinterließen solche Reaktionen Spuren bei ihr, sagt sie, sie würden sie verunsichern. Seit dem Ende der Militärdiktatur habe sie sich noch nie so um die Zukunft Argentiniens gefürchtet wie augenblicklich: «40 Jahre lang haben wir in unserem Land die Demokratie aufgebaut. Dieser Typ macht sich jetzt daran, sie innerhalb von vier Jahren niederzureißen.» Ihre Sorge geht weit über ihr Land hinaus: «Was wir gerade erleben, ist ein Virus, und er beginnt, sich in ganz Lateinamerika auszubreiten.»

Mit dem Taschenrechner

Am Tag darauf kehren wir in die Stadt Córdoba zurück, um Familienmitglieder und Freunde zu treffen. Viele von ihnen leben in kleinbürgerlichen Verhältnissen, sie sind froh, wenn sie einigermaßen über die Runden kommen. Fast alle Verwandte meiner Frau haben Javier Milei gewählt, sie knüpfen große Erwartungen an ihn. Ihre Argumente klingen so ähnlich wie die der Bewohner des ehemaligen Matrosendorfes: Milei ist verrückt, aber seine Vorgänger waren auch nicht besser. Lasst ihn mal machen, schlechter kann es ohnehin nicht werden.

Im Restaurant eines Einkaufszentrums sind wir mit einem Bekannten zum Mittagessen verabredet. Er ist eine Ausnahme in unserem Freundeskreis, denn er arbeitet als Finanzmanager, berät große Unternehmen bei ihren Investitionen und bewegt sich seit vielen Jahren in der Welt des Geldadels. Unser Bekannter erscheint mit einem gut sitzenden Sakko zu unserem Treffen, auch das unterscheidet ihn, kaum jemand von unseren Freunden trägt ein Sakko, erst recht nicht bei dieser Hitze. Da er anonym bleiben möchte, nenne ich ihn Miguel. Er hat eine völlig andere Sicht auf Javier Milei als unsere Freunde Consuelo und Eduardo in den Bergen.

Wir essen Empanadas, Steak und Salat. Für die meisten Argentinier war das seit Generationen eine alltägliche, erschwingliche Mahlzeit, jetzt können sie sich immer weniger Menschen leisten. Wie selbstverständlich schimpft auch Miguel über die Korruption, die unter den bisherigen Regierungen in Argentinien blühte. Das ehemals so reiche Land sei über Jahrzehnte heruntergewirtschaftet worden. Javier Milei habe sich vor allem zwei Ziele in seiner Amtszeit gesetzt, er wolle die Korruption und die Inflation bekämpfen. Diesen Zielen ordne er alles andere unter, und deshalb habe Miguel ihn auch gewählt.

Miguel spricht sehr schnell, so als wenn er unter großem Zeitdruck stünde. Dabei dauert unser Gespräch beinahe zwei Stunden. Seine Ausführungen entsprechen im Kern dem, was mir der Taxifahrer in Buenos Aires, die Menschen in Villa General Belgrano und die meisten Familienmitglieder gesagt haben. Miguel argumentiert jedoch feiner, er will seine Worte mit Zahlen unterlegen, immer wieder zieht er sein Smartphone aus der Tasche, surft im Internet und tippt Zahlenreihen in seinen Rechner. Er zitiert die monatlichen Inflationsraten des vergangenen Jahres, er nennt Beispiele für Privilegien, die frühere Regierungen ihren Freunden eingeräumt hätten, er kritisiert die ineffektive Beschäftigungspolitik vieler Arbeitgeber, die ausufernde Bürokratie, und er beschreibt die Kapitalflucht von reichen Argentiniern nach Miami. Die Pfeile der wichtigsten volkswirtschaftlichen Daten würden allesamt steil nach unten zeigen.

Was Miguel vom Wirtschaftsleben seines Landes erzählt, ist drastisch, und es ist unzweifelhaft richtig. Ich kenne solche Berichte nur allzu gut; seit ich nach Argentinien reise, also seit 35 Jahren, höre ich sie immer wieder. Ein kleiner Teil der Bevölkerung lebt gut von der Misswirtschaft, der weitaus größere Teil leidet darunter. Es erscheint mir unmöglich, Miguel zu widersprechen.

Dann kommt unser Gespräch an einen Punkt, an dem sich unsere Einschätzungen trennen. Miguel wiederholt, ja, Milei sei durchgeknallt, ein schräger Zeitgenosse. Doch genau das brauche das Land jetzt, man müsse halt seine Macken hinnehmen, solange er Argentinien wieder auf den wirtschaftlichen Erfolgspfad führt. Ich entgegne, dass es nicht genüge, einen Regierungschef ausschließlich danach zu beurteilen, ob es ihm gelingt, die Inflation zu drücken und Reichen ihre Privilegien zu streichen. Beides sei wichtig und erstrebenswert. Aber wenn ein Machthaber dabei die demokratischen Fundamente des Staates zerschlägt, wenn er permanent Lügen verbreitet, wenn er seine Launen aggressiv auslebt und unberechenbar wird, wenn er Oppositionelle wie Feinde behandelt und die gesellschaftlichen Debatten mit seinen Reden und Tweets vergiftet, dann bestünde die Gefahr, dass dieser vom Volk gewählte Führer die demokratischen Kontrollfunktionen außer Kraft und seinen eigenen Willen als unanfechtbar setzt. Dann entwickele sich der Mann des Volkes zum Mann nach eigenem Recht, zum autoritären Herrscher, schlimmstenfalls zum Diktator.

Diese Sicht ist Miguel zu pessimistisch. Er hat sich, wie alle Milei-

Wähler, entschieden, dem Anarchokapitalisten eine Chance zu geben. Es werde schon nicht so schlimm kommen, die Leute in Mileis Umfeld, erfahrene Politiker und ehemalige Investmentbanker, würden schon auf ihn achtgeben.

Das klingt in meinen Ohren nach reichlich Wunschdenken, und deshalb erwähne ich Mileis geradezu höriges Verhältnis zu seiner Schwester und die Berichte, wonach er mit seinem verstorbenen Hund kommuniziere. Ja, das fände er ebenfalls seltsam, antwortet Miguel. Aber das reiche nicht, um sein Vertrauen zu erschüttern. Und auch einen Vergleich mit Donald Trump lässt er nicht gelten. Niemals würde Milei nach einer Wahlniederlage seine Gegner beschuldigen, die Wahl manipuliert zu haben und zum Sturm aufs Parlament aufrufen. Nein, Javier Milei würde in einem solchen Fall seine Niederlage eingestehen und brav nach Hause gehen.

Wir sind weit von diesem Szenario entfernt, Milei hat erst vor ein paar Monaten angefangen. Aber der tiefe Glaube von Miguel in die Integrität des Kettensägen-Präsidenten überzeugt mich nicht. Ist Miguel zu blauäugig? Bin ich zu skeptisch?

Die Spuren der Junta

Tags drauf sind wir mit Marcela und ihrem Sohn Renzo verabredet. Ich kenne die beiden seit vielen Jahren und erschrecke zunächst, weil Marcela, die eine hübsche, lebensfrohe Frau ist, stark abgenommen hat und in keinem guten körperlichen Zustand zu sein scheint. Wir sitzen in einem Gartenlokal unter einem großen Baum, der einen angenehmen Schatten spendet, Kinder und Haustiere spielen um uns herum. Es könnte ein sehr angenehmer Nachmittag werden. Aber dann beginnt Marcela, zu erzählen.

30 Jahre lang hat sie als Journalistin für die örtliche Tageszeitung *La Voz de Interior* gearbeitet, seit ein paar Monaten ist sie im Ruhestand. Ihr Sohn Renzo, der Architektur studiert hat und jetzt an der Universität arbeitet, lebt immer noch bei ihr. Obwohl er 29 Jahre alt ist und inzwischen über ein eigenes Einkommen verfügt. Bei den hohen Immobilienpreisen kann er sich keine eigene Wohnung leisten. Das Modell «Hotel Mama» ist in Argentinien nicht ungewöhnlich, auch

Marcela hat ihr Elternhaus nie verlassen, lange lebte sie mit ihrer Mutter unter einem Dach, und die hatte wiederum lange Zeit mit ihrer Mutter zusammengewohnt. So kommt es, dass Marcela und Renzo in einem Haus leben, dass vor 100 Jahren gebaut wurde, vier Generationen als Bleibe diente und längst renovierungsbedürftig ist.

Als ich Marcela nach ihrem Befinden frage, platzt es aus ihr heraus, seit Monaten würde es ihr schlecht gehen, und das habe auch mit dem neuen Präsidenten zu tun. Dann rechnet sie vor: Nach 30 Dienstjahren im Verlag bezieht sie eine Rente von umgerechnet 360 Dollar. Im nächsten Monat würde die Rente zwar erhöht werden, aber die Erhöhung würde die aktuelle Geldentwertung nicht ansatzweise ausgleichen. Und dann gibt es noch ein Problem, Javier Milei habe die Kostenobergrenze für private Krankenversicherungen aufgehoben, innerhalb von drei Monaten hätten sich die Gebühren nahezu verdoppelt. Das habe ihre Möglichkeiten überstiegen, sie habe ihre private Versicherung kündigen und in die staatliche Versicherung wechseln müssen. Diese würde sich jedoch weigern, die Medizin zu bezahlen, die sie wegen einer chronischen Erkrankung benötige.

Sie macht Javier Milei persönlich für ihren desolaten Zustand verantwortlich. Er würde nicht nur den Staat zerstören, sondern auch ihre Gesundheit und die Lebensgrundlage vieler Menschen. Auch volkswirtschaftlich sei seine Rosskur höchst fragwürdig. Es könne ja sein, dass er durch seine rigiden Sparmaßnahmen die Inflation in den Griff bekäme. Der Preis dafür sei jedoch, dass er die Wirtschaft abwürge. Denn wenn die Menschen kein Geld zum Ausgeben mehr hätten, würden das über kurz oder lang die Geschäfte und Unternehmen zu spüren bekommen. Sie müssten dann wiederum Mitarbeiter entlassen oder ganz schließen. Ein Teufelskreis.

Früher haben in Argentinien NGOs Suppenküchen, Kleidersammlungen und Notunterkünfte organisiert, um die Armen vor dem Allerschlimmsten zu bewahren. Die Regierung von Javier Milei hat die staatliche Unterstützung dieser Initiativen eingestellt, außerdem ließ sie die Subventionen für Schulen, für den öffentlichen Nahverkehr, für Strom und Krankenhäuser streichen. Marcela redet nicht drumherum, Javier Milei versuche den Staat abzuschaffen und damit auch den Sozialstaat, die Ärmsten würden künftig sich selbst überlassen bleiben.

Sie hat natürlich auch gelesen, dass immer noch sehr viele Menschen zu diesem Präsidenten halten. Nur, wie lange noch? Wenn er den wirtschaftlichen Absturz der Bevölkerung nicht auffängt und klare, überprüfbare Erfolge vorweisen kann, wird die breite Zustimmung in breite Ablehnung umschlagen.

Nach meinen bisherigen Erkundigungen spüre ich eine enorme Spannung im Land, eine vorrevolutionäre Stimmung liegt in der Luft. Sollte das Experiment des Anarchokapitalisten scheitern, wird Argentinien ein neues Fiasko erleben, in eine Phase gewaltsamer Auseinandersetzungen rutschen und in die nächste Depression. Seit Jahrzehnten schon ist das Land in einem bemitleidenswerten Zustand, das Grundvertrauen in die Regierungspolitik ist über einen langen Zeitraum verspielt worden. Kaum jemand bestreitet, dass drastische Reformen notwendig sind, um die finanzielle, wirtschaftliche und gesellschaftliche Lage zu stabilisieren, auch um Vertrauen in die Politik zurückzugewinnen.

Aber Javier Mileis politische Zerstörungswut ist so gewaltig, so weitreichend, dass seine volkswirtschaftliche Operation zwar gelingen kann, der Patient, die argentinische Demokratie, aber möglicherweise an den Folgen sterben wird. Den Preis des gescheiterten Experiments würden dann auch unzählige Menschen bezahlen, die hungern müssen und in die Obdachlosigkeit getrieben werden. Schon vor der Machtübernahme von Javier Milei lebten 40 Prozent der Argentinier unter der Armutsgrenze.

Und er wird weitere Flurschäden hinterlassen. Ein Präsident, der demokratische Strukturen in Frage stellt und den Staat und seine Regeln missachtet, gibt ein miserables Beispiel ab. «Staat oder Mafia? Dann lieber Mafia» – warum sollten die Bürger mehr Achtung vor dem Staat haben als ihr Präsident? Warum sollten sie sich an Regeln halten? «Dann lieber Mafia» – was für eine Aussage! Der Verfall der bürgerlichen Moral wird vermutlich zu einem weiteren Anstieg der ohnehin hohen Kriminalität führen. Einbrüche, Raubüberfälle und Entführungen würden weiter zunehmen.

Die Gefahr wächst, dass sich die Zustände im Land nicht verbessern, sondern so verschlimmern, dass sich Javier Milei noch weiter radikalisiert und in seinem Kreuzzug gegen den Staat weitere Machtbefugnisse von seiner Bevölkerung einfordern wird. Die argentinische

Demokratie ist angeschlagen, ein Mann wie Javier Milei kann ihr leicht den Rest geben. In der Geschichte des Subkontinents gibt es zahlreiche weitere Länder, die in Phasen wirtschaftlicher und gesellschaftlicher Not in autoritäre Staatsformen oder sogar Diktaturen kippten: Kuba, Chile, Brasilien, Kolumbien, Peru, Uruguay, Bolivien, Paraguay, Ecuador, Venezuela. Ist Argentinien auf dem Weg in eine neue Diktatur?

Marcela und ihr Sohn Renzo wollen mich noch auf etwas anderes aufmerksam machen, auf die öffentlichen Attacken des Präsidenten gegen Oppositionelle. Sie haben einige Milei-Zitate parat: «Ich hasse Linke» oder: «Papst Franziskus ist ein Hurensohn». Sie erzählen, wie Milei gegen kritische Journalisten und gegen Frauen wettert, und wie er das Parlament angreift, wenn sich ihm einige Abgeordnete entgegenstellen. Und schließlich sei da noch seine Behauptung, eine göttliche Mission zu erfüllen.

«Haltet ihr ihn für einen Faschisten?», will ich wissen. Renzo fragt zurück, was genau ich unter diesem Begriff verstünde. Ich antworte, eine genaue Definition sei schwierig, aber ein paar Kriterien könne man kurz aufzählen: Faschisten verachten demokratische Kontrollmechanismen, sie bauen eine Bewegung auf, deren Mitglieder ihnen bedingungslos folgen, sie behandeln Andersdenkende wie Feinde; sie sind bereit, zur Durchsetzung ihrer Ziele Gewalt anzuwenden oder hetzen ihre Anhänger dazu auf, Gewalt anzuwenden. Wir Deutschen hätten im vergangenen Jahrhundert Faschismus erlebt, ergänze ich, und ihr habt während der Militärdiktatur die argentinische Variante von Faschismus kennenlernen müssen.

«Ja, in diesem Sinne halten wir Milei für einen Faschisten», antworten beide.

Ich bin nicht völlig überzeugt. Passt der Begriff tatsächlich auf Javier Milei? Dieser Frage will ich weiter nachgehen. Bei Marcela löst das Gespräch plötzlich sehr starke Gefühle aus, sie wird jetzt sehr nachdenklich und still. Nach einer Weile erzählt sie eine Geschichte aus ihrer eigenen Familie. Vor über 40 Jahren, während der Militärdiktatur, sei ihr damals 21-jähriger Cousin Daniel verhaftet und gefoltert worden. Sie sei mit ihm aufgewachsen, er sei wie ein Bruder für sie gewesen. Daniel war kein radikaler Mensch, sagt sie tief bewegt, erst recht kein Terrorist. Er war Vorsitzender des Studentenausschusses der Universität von Córdoba, das sei wohl sein Vergehen gewesen. Ja, viele Studenten hätten damals die Junta kritisiert, aber das mache sie doch nicht zu Gewalttätern, die man wegsperren müsse.

Geschichten wie die, die Marcela erzählt, gibt es zu Tausenden in Argentinien. Wenn damals irgendwo ein Auto der Marke Ford Falcon ohne Nummernschild auftauchte und Männer in Zivil mit dunklen Sonnenbrillen heraussprangen, brachte man sich besser in Deckung. Vielen gelang es nicht. Marcela berichtet, so wie ihren Cousin habe das Militärregime viele unschuldige Menschen behandelt, nur weil sie gewagt hätten, die Regierung zu kritisieren. Menschenrechtsorganisationen haben recherchiert, dass in den Jahren der Junta zwischen 1976 und 1983 30 000 Menschen verschwanden, viele von ihnen spurlos. Marcelas Cousin wurde in ein Konzentrationslager am Rande der Stadt gesteckt, in der Folterhaft sei er dann zu Grunde gegangen. Seine Mutter habe den Schmerz über den Verlust nie verwunden und sei ein paar Jahre später ebenfalls gestorben, «an gebrochenem Herzen», wie Marcela hinzufügt.

Nach Ende der Diktatur kamen immer mehr Gräueltaten ans Licht. Bei vielen Schwangeren wartete man, bis sie gebärt hatten, um sie dann zu töten. Die Neugeborenen wurden kinderlosen Militärs zur Adoption angeboten. Tausende Gefangene wurden gefesselt und aus Flugzeugen über dem Rio de la Plata abgeworfen. Nur ein kleiner Teil der Inhaftierten überlebte die Gefangenschaft.

Nein, Javier Milei würde seinen Gegnern nicht nach dem Leben trachten, sagt Marcela. Nach einer kurzen Pause fügt sie hinzu: «Noch nicht.»

Tatsächlich gibt es etwas, dass Marcela Hoffnung macht, und das ist der erhebliche Widerstand, der sich gerade im Land erhebt. Dann weist sie mich auf das so genannte Omnibus-Gesetz hin, von dem mir bereits unsere Freundin Consuelo erzählt hatte. Wegen seiner Größe und den über 600 Einzelmaßnahmen nannten die Argentinier das Paket «Ley omnibus». Mileis Initiative kommt einem radikalen Umbau Argentiniens gleich. Neben zahllosen Plänen zur Streichung von Subventionen und Privatisierung von Staatsbetrieben steckte auch eine Reform des Wahlrechts und eine massive Einschränkung der Demonstrationsfreiheit im Omnibus-Gesetz. Besonders alarmiert reagierte die kritische Öffentlichkeit auf Mileis Plan, im Rahmen eines

Notstandsgesetzes für die Dauer von zwei Jahren sehr weitreichende Befugnisse übertragen zu bekommen. Teile der Gesetzgebung würden dann vom Parlament auf ihn, den Präsidenten, übertragen. So könnte er sein Vorhaben, den Staat auf ein Minimum zu reduzieren und das Gemeinwohl des Landes den Kräften der freien Wirtschaft zu überlassen, ohne Zustimmung des Parlaments durchziehen. Er redete nicht drumherum, in einem Interview bezeichnete er sich selbst als «Maulwurf», seine Mission sei «die Zerstörung des Staates von innen her».

Auf den Straßen und im Parlament gab es massiven Protest. Nur mühsam konnten Sicherheitskräfte eine Großdemonstration in Schach halten. Da Milei zwar mit einer beeindruckenden Mehrheit der Argentinier zum Präsidenten gewählt wurde, aber sich nicht auf eine Mehrheit der Abgeordneten stützen kann, wollten die meisten Parlamentarier nicht ihrer eigenen Entmachtung zustimmen. Milei musste einen Großteil seiner Gesetzesvorhaben aufgeben oder deutlich abschwächen. Im ersten Anlauf ist sein Ermächtigungsgesetz gescheitert. Einige Monate später wird er es erneut versuchen, diesmal mit mehr Erfolg, für die Dauer eines Jahres kann er mit Dekreten am Kongress vorbeiregieren.

Marcela sagt, die Lehre, die ihr Land nach der brutalen Militärdiktatur vor 40 Jahren gezogen hat, wirke immer noch nach. Teile des Parlaments und der Zivilgesellschaft seien immer noch wachsam, misstrauisch gegenüber jeglicher Form des Machtmissbrauchs. Aber während sie redet, fällt ihr noch etwas zu dem Thema ein, und jetzt verdunkelt sich ihre Stimmung wieder. Sie nennt den Namen Victoria Villarruel. Mileis Vizepräsidentin ist Tochter eines ehemals hochrangigen Militärs, der Mitte der 1970er Jahre Jagd auf linksgerichtete Guerilleros machte. Die Vergangenheit ist der Tochter nicht anzulasten, aber offenkundig hat sie sich nicht von ihrem Vater und seinen militärischen Kampfgefährten distanziert. Seit mehreren Jahren fällt sie dadurch auf, dass sie die mörderischen Aktionen der Militärjunta kleinredet. Deren obersten Chef General Jorge Rafael Videla hat sie mehrfach im Hausarrest besucht.

Die Zahl 30 000, also die Zahl der verschwundenen Opfer der Militärdiktatur, hält Victoria Villarruel für übertrieben, sie fordert eine Täter-Opfer-Umkehr in der öffentlichen Diskussion; man müsse weniger über die Toten in der Zivilbevölkerung reden und mehr über die

Mitglieder der Militärregierung, die damals terroristischen Anschlägen zum Opfer fielen. Victoria Villarruel hat sich auch noch mit den Müttern des Plaza de Mayo angelegt. Seit Ende der Diktatur 1983 versammeln sich die Frauen jeden Donnerstag vor dem Präsidentenpallast am Plaza de Mayo, um auf das Schicksal ihrer verschwundenen oder nachweislich ermordeten Kinder aufmerksam zu machen. Sie verlangen eine Öffnung der staatlichen Archive, dann ließe sich auch die Anzahl der Verschwundenen genauer ermitteln. Die Mütter des Plaza de Mayo sind längst eine argentinische Institution geworden und weit über die Parteigrenzen hinweg anerkannt. Javier Mileis Vizepräsidentin aber macht sich über sie lustig, die Frauen seien selber «keine weißen Tauben». Offenkundig hat Präsident Milei Victoria Villarruel nicht trotz ihrer Verharmlosung der Junta-Verbrechen zu seiner Stellvertreterin gemacht, sondern genau deswegen. Bis vor kurzem hatten die Mütter des Plaza de Mayo eine eigene, staatlich finanzierte Sendung auf dem Sender TV Pública, seit 2008 lief sie jeden Samstag. Mileis Regierung sorgte dafür, dass der Produktionsvertrag nicht erneuert wurde, den Müttern der Opfer der Diktatur fehlt seitdem ein wichtiges Sprachrohr.

Dafür kann sich Victoria Villarruel über einen enormen Machtzuwachs freuen. Javier Milei hat ihr im Kabinett die Ressorts Verteidigung und Sicherheit anvertraut.

Dass Milei als heimlicher Anhänger der argentinischen Militärdiktatur gilt, mag auch an der neoliberalen Wirtschaftspolitik der damaligen Junta liegen. Schon bald nach ihrem Putsch im Jahr 1976 beschlossen die Militärs die Privatisierung öffentlicher Unternehmen und lockten ausländische Unternehmen ins Land. Sie bauten Zollschranken ab und öffneten den heimischen Markt für Waren aus anderen Ländern. Konzerne vor allem aus den USA und Europa freuten sich über den neu zu erschließenden Absatzmarkt, doch die heimischen Unternehmen litten unter der Strategie der radikalen Öffnung. Immer mehr Menschen wurden arbeitslos, die Löhne gingen zurück, Sozialleistungen wurden gekürzt. Laut mehreren Untersuchungen galten in den frühen 1970er Jahren fünf Prozent der Argentinier in den Städten als arm und neunzehn Prozent auf dem Land. Nach der Diktatur waren sieben Prozent der Bewohner von Buenos Aires arm und 47 Prozent der Landbevölkerung. Der Wirtschaftskurs der Junta war ein Kahlschlag. Doch wer an der Strategie der Militärs Kritik übte, musste damit rechnen, verhaftet zu werden und zu verschwinden. So wie Daniel, der Cousin von Marcela. Jetzt verstehe ich, dass Javier Milei in meiner Bekannten nicht nur Enttäuschung auslöst. Der Mann macht ihr Angst.

Nach meinen Gesprächen mit Bewohnern von Villa General Belgrano, mit dem befreundeten Richter Eduardo und seiner Frau Consuelo, mit dem Finanzmanager Miguel, mit der pensionierten Journalistin Marcela und ihrem Sohn Renzo und vielen anderen in Córdoba reisen wir nach Buenos Aires zurück. Wie in vielen Städten findet dort am 24. März eine große Kundgebung statt, es ist der Jahrestag des Putsches von 1976, als Isabel Perón aus dem Amt gejagt wurde und die Militärs die Macht übernahmen. Argentinien will angemessen an die Opfer erinnern, der Tag hat für viele eine nahezu heilige Bedeutung. In Córdoba wollen Consuelo und Eduardo auf die Straße gehen, auch Marcela und ihr Sohn Renzo haben das vor.

Vor der Casa Rosada in Buenos Aires kommen nicht wie sonst ein paar Mütter und Großmütter der Verschwundenen zusammen, sondern Zigtausende. Einige halten Fotos von Verwandten in die Höhe, andere singen andächtige Lieder. Auf sozialen Medien ist zu sehen, wie ein Mann mit einem selbstgestalteten Plakat Aufmerksamkeit erregt. Auf dem Plakat ist ein Hund mit einer Sprechblase zu sehen: «Conan sagt: Es sind 30 000.»

Bei früheren Jahrestagen des Militärputsches haben argentinische Staatschefs ihr Mitgefühl mit den Demonstranten ausgedrückt. Es war ein Ritual. Doch heute ist alles anders. Der neue Präsident will seinen Palast nicht verlassen und sich nicht im Gedenken an die dunkelste Zeit seines Landes einreihen. Milei wählt einen anderen Weg, um sich bemerkbar zu machen. Auf der Plattform X setzt er weit über 100 Tweets ab oder retweetet andere Beiträge, er steigert sich in einen Mitteilungsrausch. Die Botschaft seiner vielen Online-Nachrichten ist eine einzige Provokation. Er hält die Zahl von 30 000 Verschwundenen für übertrieben und fordert genau wie seine Vizepräsidentin, endlich weniger über die Opfer unter der Zivilbevölkerung zu reden, sondern mehr über die Opfer, die die Militärs erlitten hätten.

Wie müssen sich diejenigen fühlen, die geholfen haben, Argentinien von der Last der Militärjunta zu befreien? Eine größere Missachtung ist kaum denkbar. Javier Milei schlägt sich nicht auf die Seite der Trauernden, sondern auf die Seite der Diktatur.

Das letzte Bild, das sich mir von meiner Argentinienreise einprägt, ist nicht ein Bild von Javier Milei und auch nicht ein Bild von wütenden Demonstranten. Es ist ein ganz anderes Bild, und es berührt mich tief. Auf der Straße eines Villenviertels in Buenos Aires zieht ein Mann einen Holzkarren. Auf der Ladefläche stapeln sich Unmengen Kartons und sonstiges Altpapier. Der Turm, den er Kraft seines eigenen Körpers hinter sich herzieht, ist vier, fünf Meter hoch. Üblicherweise würde ein Traktor oder ein Esel einen Karren mit einem solch tonnenschweren Gewicht ziehen. Aber der in Lumpen gekleidete Mann kann sich augenscheinlich keine solchen Hilfsmittel leisten. Also zieht er die Last selbst durch die Straßen, im Schneckentempo. Dabei hält er Ausschau nach den Überresten der Reichen.

IM OSTEN

Der Mann mit der Blaupause

In den nächsten Wochen und Monaten werde ich häufig nach Sachsen, Sachsen-Anhalt und Thüringen reisen. Zunächst interessiere ich mich für einen Strafprozess. Aber mich treiben noch mehr Fragen um. Warum fühlen sich so viele Menschen von der AfD angesprochen, einer Partei, die von Skandalen durchschüttelt wird, und deren prominenteste Europapolitiker im Verdacht stehen, aus Russland und China geschmiert worden zu sein? Warum begeistern sich so viele Menschen für Björn Höcke?

Die Vorbereitung auf meine Reisen beginnen am Schreibtisch. Auf YouTube schaue ich mir ein Interview an, das Höcke vor kurzem Roger Köppel, dem Chefredakteur der *Schweizer Weltwoche*, in seinem Erfurter Büro gegeben hat. Er scheint sich in Gegenwart des Besuchers wohlzufühlen, er hat ihn sogar in seiner Dienstlimousine vom Bahnhof abgeholt. In der Plauderei sagt Höcke, warum er einen Wahlsieg in Thüringen anstrebt: «Wir wollen aus Thüringen heraus vor allem ein Zeichen auch setzen für die gesamte Republik. Als AfD wissen wir, es muss in einem der Ostländer funktionieren mit der Regierungsbeteiligung oder mit der Regierung. Aber dann ist hier letztlich die Blaupause zu liefern für eine Reform ganz Deutschlands.»

Irgendwann stellt Roger Köppel eine Frage, die so brav daherkommt wie alle anderen, fast so, als könne er, falls Höcke sie mit Nein beantwortet, zufrieden ein Häkchen auf seiner Liste machen. «Herr Höcke, sind Sie ein Faschist?» Höcke zappelt erst ein wenig, spricht von Meinungsfreiheit und Anstand. Dann antwortet er so: «Fakt ist, ich bin kein gerichtlich festgestellter Faschist. Denn das Gericht in Meiningen hat nur in einem Eilverfahren beschlossen, dass das von der Meinungsfreiheit gedeckt ist. Wer behauptet, ich wäre gerichtlich fixierter oder festgestellter Faschist, der lügt.» Seine gewundene Antwort wirft Fragen auf, die sein Gegenüber nicht stellen mag, die mich aber weiter beschäftigen: Was hat es wirklich mit Höcke und dem Faschismus-Vorwurf auf sich? Warum hat ein Gericht festgestellt, dass man den Mann einen Faschisten nennen darf?

Im September 2019 wollte die AfD im thüringischen Eisenach ein Familienfest feiern. Auch Björn Höcke als ihr Landesvorsitzender war als Redner angekündigt. Gegen das Vorhaben regte sich Widerstand, eine Gruppe von Demonstranten meldete eine Kundgebung mit dem Titel «Protest gegen die rassistische AfD, insbesondere gegen den Faschisten Höcke» an. Die Stadtverwaltung wollte die Gegenveranstaltung nicht genehmigen und begründete ihren Schritt mit der Sorge um die öffentliche Sicherheit sowie mit der Verletzung von Höckes Persönlichkeitsrechten; es sei nicht zulässig, den AfD-Politiker einen «Faschisten» zu nennen.

Das wiederum wollten die Initiatoren der Protestveranstaltung nicht hinnehmen und stellten beim Verwaltungsgericht Meiningen einen Eilantrag, um ihre Demonstration doch mit dem geplanten Titel durchführen zu können. Plötzlich ging es nicht mehr nur um zwei Veranstaltungen, sondern um Größeres, es ging um die Frage, was überhaupt unter dem Begriff «Faschist» zu verstehen und ob die Bezeichnung für einen Politiker wie Björn Höcke zulässig sei. Die Verwaltungsrichter arbeiteten sich in die Argumentation beider Seiten ein und gaben schließlich Höckes Gegnern recht. Die Protestaktion durfte stattfinden, auch mit dem Hinweis, dass sie sich gegen den «Faschisten Björn Höcke» richtet.

In der Begründung führt das Gericht aus, was es unter dem Begriff versteht und wie die Bezeichnung üblicherweise benutzt wird: «Der Begriff ‹Faschist› im heutigen politischen Sprachgebrauch hat die Bedeutung, dass damit der abwertende Vorwurf antidemokratischer, totalitärer, übersteigert nationalistischer und/oder militaristischer Neigungen und Verhaltensformen erhoben wird. Im Hinblick auf die geschichtliche Entwicklung in Deutschland zwischen den beiden Weltkriegen und im Zweiten Weltkrieg haben diese Bezeichnungen jedenfalls unter deutschen Verhältnissen darüber hinaus den Inhalt, dass der damit bedachte politische Gegner in die Nähe des Nationalsozialismus gerückt und ihm damit gleichgestellt wird.»

Etwas später in der Begründung heißt es, die Antragsteller der Gegendemonstration hätten darauf hingewiesen, «die Bezeichnung Faschist setze an realen Handlungen und Äußerungen Höckes an». Die Richter haben ihre Entscheidung also nicht nur auf allgemeinen juristischen Grundsätzen zur Meinungsfreiheit aufgebaut, sondern sich dabei auch konkret auf die Person Björn Höcke bezogen.

Gegenstand des Streits war auch Höckes Buch *Nie zweimal in denselben Fluss*. Seine Gegner haben sich mit dem Werk aufmerksam beschäftigt, sie bauen ihre Argumentation auch auf mehreren Zitaten daraus auf. Das hat das Gericht offenkundig beeindruckt, die Richter fassen die ihnen überlieferten Textstellen und ihre Darstellung so zusammen: «Dieses Buch bestätige insgesamt eine faschistische Agenda des Herrn Höcke. Nach seiner Auffassung sei letztlich ein neuer Führer erforderlich. Teile der Bevölkerung sollten ausgeschlossen werden, insbesondere Migranten. In rassistischer Diktion wettere er gegen den angeblich ‹bevorstehenden Volkstod durch den Bevölkerungsaustausch›.»

Die Begründung des Gerichts stützt sich auf die Übermittlung weiterer Zitate aus Höckes Buch: «Bezogen auf die von ihm angestrebte Umwälzung stelle er fest, dass ‹wir leider ein paar Volksteile verlieren werden, die zu schwach oder nicht willens sind› mitzumachen. Er denke an einen ‹Aderlass›. Diejenigen Deutschen, die seinen politischen Zielen nicht zustimmen, würden aus seinem Deutschland ausgeschlossen werden. Er trete für die Reinigung Deutschlands ein. Mit starkem Besen sollten eine ‹feste Hand› und ein ‹Zuchtmeister› den Saustall ausmisten.» Und etwas später heißt es: «Zu Hitler erkläre er, dass ‹Hitler als absolut böse dargestellt wird› und dass es nicht so ‹Schwarz und Weiß› sei. Im Kontext vieler anderer Aussagen sei immer wieder eine Verharmlosung und Relativierung Hitlers und des Dritten Reiches erfolgt.»

Das Gericht kommt zu einem Schluss, der Björn Höcke seitdem wie ein Mühlstein um den Hals hängt, er darf jetzt öffentlich Faschist genannt werden. Am Ende der Begründung heißt es, die Antragsteller hätten «in ausreichendem Umfang glaubhaft gemacht, dass ihr Werturteil nicht aus der Luft gegriffen ist, sondern auf einer überprüfbaren Tatsachengrundlage beruht».

Hüben und Drüben

Für mich als Kind war die Stadt Halle an der Saale ein Ort wie aus einem Märchenbuch. Ich war nie dort und kannte sie nur aus Erzählungen. Jahr für Jahr packte meine Großmutter in der Adventszeit Päckchen «mit dem Nötigsten» und schickte sie nach «drüben in die Zone». Dort lebten ihre Schwester Johanna und deren Mann Ernst. Dass ich die beiden nie zu sehen bekam, verstand ich nicht, und auch erschloss sich mir nicht, was sich hinter dem Begriff «Zone» verbarg. Meine Großmutter sprach in Rätseln. Ich ahnte nur, dass es sich um eine Ungeheuerlichkeit handeln musste. Ihre Stimme wurde lauter und bebte vor beinahe übermenschlich großen Gefühlen, wenn sie beim Weihnachtsgebet «Frieden hüben wie drüben» erbat. «Hüben», das waren wir, «drüben», das war der andere Teil der Familie. Ich war jedes Mal verstört. Was steckte hinter den seltsamen Worten meiner Großmutter? Und warum bekam ich meine Verwandten nie zu sehen?

Erst als ich älter wurde und den Erzählungen meiner Eltern und Großeltern aufmerksamer lauschte, begann ich zu begreifen, was passiert war und was unsere Familie in zwei Hälften zerschnitten hatte. Ich erfuhr eine deutsch-deutsche Geschichte, die es so ähnlich damals wohl tausendfach gab, im Fall meiner Familie wurde sie noch durch eine amerikanische Facette ergänzt. Noch viel später wurde mir klar, dass das Schicksal unserer Familie eine Spätfolge des Faschismus und der Teilung unseres Landes war. Ich begriff, wie sehr totalitäre Regime den Zusammenhalt unserer Familie zertrümmert hatten, und zwar doppelt.

Mitte der 1930er Jahre, als mein Großvater seinen Getränkehandel in Bonn mit Coca-Cola-Flaschen erweiterte, zogen seine Schwägerin und ihr Mann nach Halle, um es ihm dort gleichzutun. Anfangs ging alles gut, beide Familienteile konnten sich daran erfreuen, dass den Deutschen das neue Getränk schmeckte. Meine Vorfahren lieferten die kleinen Flaschen an Gaststätten und Kneipen. Die Nazis hatten keine Einwände; im Gegenteil, Coca-Cola wurde bei den Olympischen Spielen 1936 in Berlin neben heimischen Getränken verkauft, das Unternehmen trat sogar als Sponsor der Spiele auf. Auf diese Weise wurde das Getränk schnell im ganzen Land bekannt.

Coca-Cola war nicht der einzige amerikanische Konzern, der in den 1930er Jahren in Deutschland Fuß fasste. Ein paar Kilometer nördlich von Bonn, in der viel größeren Schwesterstadt Köln, waren die Ford-Werke gegründet worden. Firmenpatriarch Henry Ford war 1930 selbst zur Grundsteinlegung nach Germany gereist. Hitler soll den Unternehmer bewundert haben; bevor er Reichskanzler wurde, hing neben seinem Schreibtisch ein Portrait des Amerikaners. Die unheilvolle Allianz, die sich zwischen Hitler und Ford entwickelte, ist später von Historikern durchleuchtet worden; hier will ich sie nicht weiter beschreiben, sie gäbe genügend Stoff für ein eigenes Buch.

Als die Nazis die Macht übernahmen, durften die Amerikaner ihre beliebten Coca-Cola-Flaschen und Ford-Automobile erst einmal weiterverkaufen. Doch nach Beginn des Krieges änderte sich das schnell. Das Unternehmen Ford Deutschland wurde in Ford Werke AG umgewandelt und musste ab sofort Fahrzeuge für die Wehrmacht herstellen. Der Umgang mit Coca-Cola war einfacher, die Nazis verboten schlicht die Einfuhr des Konzentrats aus den Vereinigten Staaten, zwei Jahre später brach die Produktion komplett zusammen.

Die Getränkehändler saßen auf dem Trockenen, in ihrer Not entwickelten sie einen neuen Trank und nannten ihn Fanta. So konnten sie die Bevölkerung weiter versorgen, trotz aller Schwierigkeiten überlebte die Getränkeindustrie. Mein Großvater bekam von all dem kaum etwas mit, er war weit weg. Er musste sein Geschäft aufgeben und wurde als Soldat zur Wehrmacht eingezogen, erst ins Baltikum, dann nach Russland.

Nach dem Krieg bemühte er sich, seinen Getränkehandel wieder in Schwung zu bringen. Doch da war das Problem mit seiner früheren Mitgliedschaft in der NSDAP. Er hatte Sorge, ob er wieder beruflich würde Fuß fassen können. Da half ihm ein alter Kontakt, mein Großvater meldete sich bei dem Mann, der vor dem Krieg für die Amerikaner Coca-Cola in Deutschland aufgebaut hatte und der jetzt ein neues Vertriebsnetz errichten sollte. Er hatte eine Sekretärin, die gut Englisch sprach und sich als sehr hilfreich erwies. Bei den Gesandten der Besatzungsmacht legte sie ein gutes Wort für meinen Großvater ein, der Peter aus Bonn sei ganz in Ordnung. Besondere Vergehen konnten ihm nicht nachgewiesen werden, er galt als Mitläufer, also drückten die Amerikaner ein Auge zu. Er durfte in Bonn wieder mit Coca-Cola handeln, und auch mit Fanta. Etwas später durfte er sogar selber Flaschen abfüllen, genau wie Max Schmeling in Hamburg, mit dem sich meine Großeltern anfreundeten. Die Amerikaner mochten den Boxer, sie hatten ihn als fairen Sportsmann in Erinnerung, und auch meine Großeltern kamen mit den Besatzern gut aus. Sie bauten ein Unternehmen auf, wie es so viele im Wirtschaftswunderland des Westens gab.

Den Verwandten im östlichen Teil des Landes erging es anders. Sie entschieden sich, nicht ins Rheinland zurückzuziehen, sondern in der sowjetisch besetzten Zone zu bleiben. Dass sie sich von der aus Moskau vorgegebenen Ideologie angesprochen fühlten, halte ich für ausgeschlossen. Sicher ist, dass auch Tante Johanna und Onkel Ernst ihren Getränkebetrieb wiederaufbauen wollten. Die Welt um sie herum hatte sich verändert, aber der Traum vom eigenen Unternehmen war nicht erloschen, auch nicht im neuen deutschen Staat. Die beiden wollten da weitermachen, wo sie vor dem Krieg aufgehört hatten.

Die SED-Oberen waren damit zunächst einverstanden, aber sie untersagten dem Ehepaar, Getränke aus den USA zu importieren. Wie heute auch war Coca-Cola damals weit mehr als ein Getränk, es war ein Symbol für den American Way of Life, also für Kapitalismus. So etwas konnte die sozialistische Einheitspartei unmöglich erlauben. Aber Ernst und Johanna waren erfinderisch, sie tüftelten an ihrem eigenen Getränk und brachten es schließlich unter dem Namen Brausella heraus. Ob ihre DDR-Brause auch nur annähernd so verführerisch schmeckte wie Coca-Cola oder Fanta, habe ich nie herausfinden können, Brausella schaffte es nie zu uns in den Westen.

Onkel Ernst und Tante Johanna in Halle konnten sich noch so viel Mühe geben, eine Erfolgsgeschichte wie die der Verwandten in Bonn, die beim Wiederaufbau von den Amerikanern unterstützt wurden, konnten sie einfach nicht schreiben. Für die beiden kam es bald knüppeldick, sie wurden enteignet, ihre Firma wurde in einen Volkseigenen Betrieb umgewandelt. Ernst durfte als angestellter Geschäftsführer weiterarbeiten, auf seine Kenntnisse wollten die SED-Oberen nicht verzichten. Er empfand das als Erniedrigung, und das war es ja auch.

Mit einem Auge schielten er und Johanna immer nach Westen, zu dem anderen Teil der Familie und dem dort wachsenden Unternehmen. Irgendwann hatten sich so viel Ärger und Empörung aufgestaut, dass sie beschlossen, die Zone, wie meine Großmutter die DDR weiterhin nannte, zu verlassen und ins Rheinland zu fliehen. Doch wie sollten sie das anstellen? Seit einiger Zeit teilten eine Mauer und meterhohe Zäune die beiden Landeshälften.

Meine Mutter war damals etwas über 30 Jahre alt und wurde zur Verbindungsperson, die von Bonn aus gelegentlich in die DDR reiste, um Tante Johanna zu treffen. Die beiden Frauen verabredeten sich in Ostberlin und tauschten Neuigkeiten der getrennten Familie aus. So wurde meine Mutter in die Fluchtpläne eingeweiht und berichtete ihren Eltern in Bonn davon. Die wollten helfen und stellten ihrerseits Erkundigungen an, wie eine Flucht in den Westen organisiert werden konnte.

Der Charakter der Reisen meiner Mutter nach Ostberlin änderte sich, bei einer Gelegenheit nahm sie von ihrer Tante Geschäftsunterlagen des Hallenser Getränkebetriebs in Empfang. Johanna und ihr Mann setzten darauf, eines fernen Tages Ansprüche auf das von ihnen aufgebaute, nun aber enteignete Unternehmen geltend machen zu können. Meine Mutter stopfte sich die Papiere unter ihre Unterwäsche und schmuggelte sie im Zug über die Grenze. Ihr Herz, so erzählte sie mir viel später, schlug bis zum Hals.

Meine Großeltern im Rheinland hofften inständig auf die Ankunft der Verwandten, doch sie waren zu untätigem Warten verdammt. Eines Tages lernten sie in Bad Neuenahr eine elegant gekleidete Frau kennen, die ihnen eine wagemutige Lösung ihres Problems vorschlug: Sie würde über die Grenze fliegen, die Verwandten in Halle an Bord nehmen und dann bei Nacht und Nebel in den Westen bringen. Die Angelegenheit koste allerdings 40 000 D-Mark. Meine Großeltern besprachen die Idee mit meinen Eltern, mein Vater warnte, aber er fand in dieser Angelegenheit kein Gehör. Schließlich übergaben meine Großeltern der Frau das geforderte Geld. Wieder begann eine Zeit des Wartens. Doch es gab kein Flugzeug, keinen Piloten und keine Rettungsaktion. Die vornehme Dame hatte sich mit dem Geld aus dem Staub gemacht, meine Großeltern waren einer Hochstaplerin aufgesessen.

Die Enttäuschung auf beiden Seiten der Grenze war riesig. Ernst und Johanna wollten ihr Schicksal nun in die eigenen Hände nehmen. Dann begannen allerdings neue Probleme, ihr eigener Fluchtversuch misslang, das Paar wurde verhaftet und kam ins Gefängnis. Das muss die schlimmste Zeit für alle Beteiligten gewesen sein.

Nach quälend langen Monaten unternahmen meine Großeltern einen neuen Anlauf, um ihre Verwandten «von drüben nach hüben» zu holen. Als Getränkehändler waren sie mit der Wirtin eines Bonner Prominentenrestaurants bekannt, in dem Mitglieder der Bundesregierung verkehrten. Die Gastronomin stellte den Kontakt zu Dietrich Spangenberg her, der damals Staatssekretär im Bundespräsidialamt war. Spangenberg wiederum besprach die Angelegenheit mit dem Ostberliner Rechtsanwalt Wolfgang Vogel, der als Unterhändler der DDR-Regierung den Freikauf politischer Gefangener koordinierte. Erst die Verbindung in die Kreise der Mächtigen führte zum Erfolg, die Bonner Regierung bezahlte die von der DDR-Führung verlangte Summe. Unsere Verwandten kamen frei.

Ich erinnere mich noch gut an das große Hallo, an die Umarmungen, an die Tränen und Erzählungen, als Tante Johanna und Onkel Ernst schließlich bei meinen Großeltern ankamen. Zum ersten Mal in meinem Leben sah ich die beiden Verwandten, von denen ich während meiner gesamten Kindheit und Jugend nur gehört hatte. Ich sah jetzt ihre Gesichter, hörte ihre Stimmen. Ich war überrascht, wie freundlich und humorvoll die beiden waren. Vor allem meine Tante lachte gerne laut und herzlich, aber ja, sie war im Rheinland aufgewachsen und ähnelte im Aussehen und Wesen meiner Großmutter. Was ich nicht ermessen konnte, war, welche seelischen Schmerzen die beiden erlitten hatten.

Anfang der 1970er Jahre zogen sie in das geräumige Bonner Haus meiner Großeltern. Unten im Kellergeschoss wohnten nun die Verwandten aus dem Osten, über ihnen mein Opa und meine Oma. Das Leben in dieser ungewöhnlichen Wohngemeinschaft ging ein paar Monate lang gut. Nachdem sich die erste Aufregung und die Freude über das Wiedersehen gelegt hatten, kamen Spannungen zwischen den Ehepaaren auf. Die Prägungen durch das Leben in der DDR und das Leben in der BRD waren zu unterschiedlich. Zwar sprachen alle dieselbe Sprache, aber ein echtes Verständnis schien schwierig zu sein. Dazu kam, dass mein Großvater und meine Großmutter stolz auf ihre Firma sein konnten und diesen Stolz vermutlich nicht verbargen. Ernst und Johanna aus Halle hingegen standen vor dem beruflichen Nichts. Sollten sie in ihrem sechsten Lebensjahrzehnt noch einmal ganz von vorne anfangen? Wie und womit? Eine Weile arbeitete Ernst im Betrieb meines Großvaters mit, aber es war halt nicht sein Betrieb, er blieb ein Fremder. Zwischen den beiden Schwestern kam es zu Nickeligkeiten. Als Heranwachsender konnte ich nur mutmaßen, um was es ging. Vielleicht ging es um Neid, um erwartete Dankbarkeit, vielleicht auch um Besserwisserei. Das war von außen nicht klar zu erkennen. Dann versöhnten sich die Schwestern und ihre Ehemänner wieder, sie liebten sich ja. Das Hin und Her wurde zur Strapaze, schließlich zogen Johanna und Ernst aus dem Haus aus und suchten sich eine neue Bleibe, sie waren in ihrer alten neuen Heimat nicht wirklich angekommen. Niemand hatte eindeutig Schuld an der schwierigen Situation, sie waren ja alle guten Willens.

Häufig, wenn ich über die deutsche Wiedervereinigung und die anschließenden Schwierigkeiten bis heute nachdenke, fallen mir Tante Johanna, Onkel Ernst und meine Großeltern ein. Das, was Deutschland-Ost und Deutschland-West seit dem Mauerfall 1989 verbindet, und das, was die beiden Bevölkerungsteile immer noch trennt, also die große deutsch-deutsche Geschichte, hat die Großelterngeneration meiner Familie im Kleinen schon viele Jahre zuvor erlebt. Vieles drehte sich um Erwartungen und Enttäuschungen. Aber der tiefe Riss in meiner Familie wurde nicht von meinen Großeltern verantwortet und auch nicht von meiner Tante und ihrem Ehemann. Der Riss wurde von deutschen Machthabern herbeigeführt, die ihrem eigenen Größenwahn verfallen waren.

Höckes Sprache

Die Geschichte der unglücklich wiedervereinigten Verwandten geht mir durch den Kopf, als ich im April 2024 mit dem Zug in Halle ankomme. Obwohl diese Stadt so wichtig für unsere Familie war, kenne ich sie kaum, Verwandte von mir leben hier nicht mehr. Heute komme ich nicht wegen einer Familienangelegenheit hierhin, sondern als Journalist, der sich für die politischen Themen der Gegenwart interessiert. Und doch geht es bei meinem Aufenthalt in diesem Frühjahr wieder um die Vergangenheit Deutschlands, um autoritäre Staatsformen, um Recht und Unrecht.

Björn Höcke steht vor Gericht. Es ist der erste von zwei Prozessen, ihm wird vorgeworfen, öffentlich eine verbotene Nazi-Parole verwendet zu haben. Wegen des großen Andrangs findet die Verhandlung im schmucklosen Justizzentrum an der Thüringer Straße statt. Im Sitzungssaal X.01 versammeln sich rund 100 Beobachter, die meisten sind Kollegen, aber auch normale Bürger sind gekommen, Menschen, die sich das juristische Spektakel nicht entgehen lassen wollen.

Auf der Straße und im Gerichtsgebäude lauern überall übellaunige Polizisten, Sprengstoffhunde schnüffeln an Aktentaschen und Rucksäcken. Wird hier einem Staatsfeind der Prozess gemacht? Das kommt auf die Perspektive an. Immerhin geht es um den Vorwurf der Verbreitung nationalsozialistischer Parolen. Andererseits will der Angeklagte in wenigen Monaten in ein wichtiges Amt gewählt werden. Was ist der Mann also, Staatsfeind oder Staatsdiener? Eine solche Situation kennt die Bundesrepublik nicht.

Es geht um drei Worte. Und um die entsprechende Reihenfolge. Nichts ist falsch an dem Wort «Alles», auch gegen die Wörter «für» und «Deutschland» ist nichts einzuwenden. Aber es ist wie bei der Chemie, die Kombination kann explosiv sein; die drei Wörter in einem bestimmten Zusammenhang öffentlich auszusprechen, kann unter Umständen strafbar sein. Björn Höcke hat genau das vor drei Jahren getan, am Schluss einer AfD-Kundgebung in Merseburg rief er «Alles für Deutschland!» in die Menge. Dieser Slogan wurde einst von der gefürchteten Sturmabteilung der Nazis gebrüllt. Die SA war eine paramilitärische Schlägertruppe, die politische Gegner bei Saalschlachten niederknüppelte und andere Parteien gewaltsam daran hinderte, ihre Veranstaltungen durchzuführen. Das alles soll jetzt im Landgericht von Halle zur Sprache kommen.

Auf dem Flur treffe ich die *SPIEGEL*-Journalistin Wiebke Ramm, die aus Berlin angereist ist. Sie rechnet mit einer Verurteilung von Höcke. Sollte er nicht verurteilt werden, so meint sie, wäre das ein Skandal, und er könne als nächstes auf Marktplätzen «Deutschland erwache!» rufen.

Sollte Höcke tatsächlich schuldig gesprochen werden, droht ihm eine saftige Geldstrafe, im schlimmsten Fall sogar Gefängnis. Je nach Strafmaß könnte er vorübergehend sowohl sein aktives wie sein passives Wahlrecht verlieren, bei der Landtagswahl im Herbst dürfte er dann nicht gewählt werden. Würde das der AfD schaden oder ihr am Ende sogar nutzen? Solche Überlegungen kennen wir von Donald Trump und seinen Prozessen in den USA.

Beim ersten Verhandlungstag vor einer Woche hat sich Björn Höcke von einem Kamerateam begleiten lassen und sich als politisch Verfolgten dargestellt: «Es war zu allen Zeiten so, dass die Opposition mit der Justizkeule bearbeitet worden ist», behauptete er da. Es ist befremdlich, die Verhandlung schon vor einem Urteil als eine Art Schauprozess abzustempeln. Die Richter werden sich Höckes Spitze gegen sie vermutlich auch anhören.

Natürlich geht es in Halle um weit mehr als um die drei Worte, es geht darum, dass sie ein Mann gerufen hat, der den Deutschen immer wieder Angst vor Migranten macht, der gegen eine angebliche Verschwörung von Politik und Medien zu Felde zieht und der in wenigen Monaten Ministerpräsident werden will. Es geht um den großen Zusammenhang, es geht um Sprache, um Verantwortung und um Wirkung.

In dem Gerichtssaal von Halle, so kann man das verstehen, soll die Demokratie beschützt werden, und es ist die Aufgabe des Gerichts, diesen Schutz mit einem fairen, nachvollziehbaren, also gerechten Urteil zu organisieren. Nur vordergründig stellt sich die Frage, ob Björn Höcke bekannt war, dass die Parole verboten ist. Die tieferliegenden und noch schwerer zu beantwortenden Fragen sind anderer Natur: Benutzte er die Parole in einer ähnlichen Absicht wie die SA, ist er also ein Gesinnungs-Nazi? Wie nutzt er Sprache, um seine politischen Ziele zu erreichen? Es geht um Rhetorik, um Syntax und Semantik. Ein Fest für Juristen und Linguisten gleichermaßen. Reichen die Instrumente des Rechtsstaates, um Björn Höcke zu bestrafen?

Der erste Verhandlungstag vor einer Woche war inhaltlich wenig ergiebig, stundenlang wurden Verfahrensfragen erörtert. Heute nun soll es ans Eingemachte gehen. Gleich zu Beginn lässt der Vorsitzende Richter Jan Stengel ein Video abspielen, das ein Landesverband der AfD im Frühjahr 2021 auf Facebook gepostet hatte. Es zeigt die Wahlkampfveranstaltung, auf der Björn Höcke auftrat und die verbotene Parole rief. Das Publikum im Gerichtssaal wartet nervös auf die entsprechende Passage, doch die Aufnahmen ziehen sich in die Länge. Richter Stengel blickt auf eine lange Laufbahn zurück, er hat drei

Jahrzehnte lang DDR-Urteile überprüft, ob sie rechtsstaatswidrig waren. Er nähert sich dem Pensionsalter und wirkt nicht so, als wenn ihn irgendjemand schnell aus der Ruhe bringen könnte. Doch jetzt wird er ungeduldig und fragt Höckes Verteidiger, ob er das Video bis zum Auftritt ihres Mandanten vorspulen soll. Da meldet sich Björn Höcke selbst, nein, er würde gerne sämtliche Reden hören. Offenbar findet er Gefallen daran, alles, was an diesem Tag öffentlich gesprochen wurde, zu hören, Satz für Satz.

Die folgenden eineinhalb Stunden sind nur schwer erträglich. Nicht etwa, weil sich der Inhalt vieler Ansprachen wiederholt, sondern weil man als Zuschauer einen tiefen Einblick in die düsteren Argumentationsmuster der AfD erhält. Der Richter lässt das ungeschnittene Rohmaterial der Veranstaltung vorführen, die Amateurkamera ist stur auf die kleine Bühne gerichtet. Irgendwo im Hintergrund sind Demonstranten zu hören: «Nazis raus!», darauf andere: «Ausländer raus!». Dann ist zu sehen, wie zahlreiche Vorredner das Wort ergreifen, allesamt offenkundig Höckes Parteifreunde. Sie steigern sich in wütende Anschuldigungen gegen alle, die in Deutschland in Regierungsverantwortung stehen und überhaupt gegen die gesamte politisch-mediale Klasse. Wenn man den Rednern über einen so langen Zeitraum zuhört, ohne den engen Gerichtssaal verlassen zu können, erkennt man deutlich das schlichte Weltbild der AfD. Es lässt sich grob so zusammenfassen: Die Regierenden in Berlin und die etablierten Journalisten unterdrücken gemeinsam das Volk.

Einige Zitate habe ich mir notiert: «Die, die von Selbsthass zerfressen sind, hassen uns», «Antifa, Menschen mit bunten Haaren, Bipolare, linke Medien, Altparteien – das Establishment bekämpft uns», «Wir vertreten das Volk, wir sind das wahre Volk», «Je mehr sich dieser Staat in eine Diktatur verwandelt, umso gereizter reagiert er auf den Vorwurf, er sei eine Diktatur», «Das Establishment will unser Volk kaputt machen», «Die Grünen wollen Deutschland behandeln wie einen besiegten Feindstaat», «Einwanderung bis zum Volkstod».

Von meinem Platz Im Gerichtssaal aus kann ich Björn Höcke dabei beobachten, wie er sich während der langen Vorführung des Videos gar nicht so sehr auf die schrillen Reden konzentriert. Warum auch, er scheint den Inhalt und die Wortwahl zu kennen. Vermutlich geht es ihm darum, die Reden den vielen Zuschauern im Saal vorführen zu lassen. Statt aufmerksam zuzuhören, blättert er in mitgebrachten Büchern und macht sich Notizen. Auch als er selber auf dem Video zu sehen ist, blickt er nicht sonderlich interessiert auf. Im Vergleich zu seinen Vorrednern klingt seine eigene Ansprache einigermaßen ruhig und sachlich. Man hört, wie er ein paar rechte Sprüche im Höcke-Stil formuliert, Anlass für eine Strafanzeige waren sie nicht. Doch dann kommt die entscheidende Stelle, am Ende seiner Rede ruft er: «Alles für die Heimat! Alles für Sachsen-Anhalt! Alles für Deutschland.» Dann stoppt das Video. Die meisten im Saal rutschen auf ihren Stühlen hin und her.

Nach einem verbalen Geplänkel zwischen Höckes Verteidigern und den Staatsanwälten über Verfahrensfragen wird die Verhandlung unterbrochen. Es ist spät geworden, der Richter gönnt sich und allen anderen eine Mittagspause. Die Unterbrechung gibt mir Gelegenheit, einige Zuschauer etwas genauer unter die Lupe zu nehmen. Es ist nicht gleich auszumachen, wer zu Höckes Sympathisanten gehört und wer zu seinen Gegnern. Vor dem Saal bildet sich eine Gesprächsrunde, erst als ich genau hinhöre, verstehe ich, dass hier zahlreiche Unterstützer zusammenstehen. Einer schimpft, der Spruch «Alles für Deutschland» sei strafbar in diesem Land, aber «Deutschland verrecke!» dürfe man ungestraft sagen. Ich trete näher und frage den Mann, welchen Prozessausgang er erwarte. «Ich befürchte das Schlimmste», brummt er. Andere, die in der gegenüberliegenden Ecke des Vorraums zusammenstehen, rechnen ebenfalls mit einer Verurteilung, aber sie sagen das siegesgewiss, für sie ist Björn Höcke ein rechtsradikaler Hetzer. Dann laufen alle zu einem Schnellimbiss ein paar Straßen weiter, um sich mit Pommes Frites und Cola für den Nachmittag zu stärken. Egal ob Höcke-Freunde oder Höcke-Gegner, Hunger und Durst haben alle.

Nach der Pause ist Björn Höcke selbst an der Reihe, nicht auf Video, sondern hier, live im Saal X.01. Er erhebt sich von seinem Stuhl, um im Stehen eine vorbereitete Einlassung vorzutragen. Das missfällt dem Richter, er fordert ihn auf, sich wieder zu setzen, auf dem Tisch stünde das Mikrofon, in das er sprechen solle, damit ihn alle im Saal verstehen können. Aber Höcke ignoriert das, er will lieber im Stehen sprechen. Es wird bald klar warum, denn er spricht minutenlang nicht nur in Richtung des Richters, sondern auch in Richtung des Publikums, dort sitzen seine Anhänger und die vielen Journalisten. Der angeklagte Politiker hält nicht nur eine Verteidigungsrede, er inszeniert einen Auftritt. Genussvoll holt er weit aus, fast als wolle er die rund 100 Zuhörer überzeugen, ihm bei der kommenden Landtagswahl ihre Stimme zu geben. Er erzählt von seinen vier Kindern, die er zu rechtschaffenen Menschen erziehen würde, er berichtet, dass er lange als Lehrer gearbeitet habe, er sei nie mit Recht und Gesetz in Konflikt geraten, und friedliebend sei er sowieso.

Niemand im Saal spendet Applaus, das ist Björn Höcke nicht gewohnt, aber so etwas gehört sich nicht vor Gericht. Er bemüht sich, sanft in die Herzen seiner Zuhörer vorzudringen. Jemand wie er, diesen Gedanken will er uns einpflanzen, könne doch unmöglich ein Nazi sein. «Ich bin völlig unschuldig», sagt er zwischendurch.

Zu brav will er offenbar auch nicht wirken, unvermittelt wechselt er die Tonart und attackiert jetzt die Medien, die unfair über ihn berichten würden. Er spricht von «den etablierten Medien» und steckt damit rhetorisch eine Menge Journalistinnen und Journalisten in einen großen Sack. All diese Medienleute hätten es auf ihn abgesehen: «Es gibt Menschen, die jagen mich, die leben davon, Halbsatz für Halbsatz zu analysieren.» Jetzt zeichnet er ein Bild von sich als Opfer einer perfiden Kampagne. «Nazi-Skandale sollen konstruiert werden», nennt er das.

Nach einem langen Exkurs über seine Lebensgeschichte und die böswillige Presse biegt er in eine Schilderung der Merseburger Wahlkampfveranstaltung ein, auf der er vor drei Jahren den Spruch tätigte, der ihm den Strafprozess einbrachte. Stolz beschreibt er sich als begabten Redner, der seine Ansprachen üblicherweise mit einer aufsteigenden Kaskade abschließe, also mit einem emotionalisierenden Dreiklang. Bei der Lektüre des regionalen Wahlprogramms der AfD sei ihm der Satz «Alles für Sachsen-Anhalt!» ins Auge gefallen, den habe er aufgegriffen und durch «Alles für die Heimat!» ergänzt, und schließlich, als Höhepunkt: «Alles für Deutschland!»

Er habe sich nichts Böses dabei gedacht, ihm sei auch nicht bekannt gewesen, dass es sich beim letzten Halbsatz um eine verbotene Parole der nationalsozialistischen Sturmabteilung gehandelt habe.

Auch diesmal würzt Höcke seine Ausführungen mit einem Kniff. Den Slogan «Alles für Deutschland!» spricht er kein einziges Mal in kompletter Länge aus, stets bricht er ihn in der Mitte ab und lässt den Rest unausgesprochen in der Luft hängen. «Alles für D …» klingt beim ersten Mal seltsam. Beim zweiten Mal klingt «Alles für D …» schon unangenehm theatralisch. In diesem Land könne man das schöne Wort «Deutschland» nicht mehr ungestraft aussprechen, soll diese Form des abgebrochenen Vortrags wohl bedeuten. Vermutlich spricht er Millionen Deutschen mit solchen Unterstellungen aus dem Herzen. Deutschen, die ähnlich wie er der Meinung sind, man könne in diesem Land nicht mehr alles sagen, schließlich lebe man ja in einer «Meinungsdiktatur» des Establishments. Dem Richter geht der rhetorische Kunstgriff gegen den Strich, trocken entgegnet er, hier vor Gericht könne der Angeklagte die drei Worte «Alles für Deutschland!» selbstverständlich in Gänze aussprechen.

Nach seinem 20-minütigen, kunstvoll gestalteten Vortrag steuert Björn Höcke auf sein Fazit zu und wiederholt effektvoll: «Ich bin völlig unschuldig!» Erst dann setzt er sich, er wirkt zufrieden mit sich, blickt in alle Richtungen und wartet die Reaktionen ab.

Die beiden Staatsanwälte wollen ihm natürlich nicht den Gefallen tun und umgehend für Freispruch plädieren. Sie haken nach, stellen einzelne Sätze in Frage und fahren ein paar vorbereitete Konter. Zwischen der linken und der rechten Seite des vom Publikum abgetrennten Bereichs des Gerichtssaals entwickelt sich eine nervöse Spannung, Vorwürfe und Erwiderungen gehen hin und her. Dann zieht einer der beiden Staatsanwälte, ein Mann von beeindruckender Körpergröße, einen Zettel hervor, auf dem er sich ein Zitat aufgeschrieben hat. Es stammt aus Höckes Buch *Nie zweimal in denselben Fluss*, das auch schon das Verwaltungsgericht in Meiningen beschäftigt hat, als es entschied, die Behauptung, Björn Höcke sei ein Faschist, sei von der Meinungsfreiheit gedeckt. Vorsichtig, um nicht falsch zu zitieren, liest der Ankläger mehrere Sätze vor und hebt dann die entscheidende Stelle hervor: «Trotzdem müssen wir den Kampf gegen Sprechverbote und Denktabus offensiv führen und dürfen uns nicht um eines faulen Friedens willen einlullen lassen, damit wir wieder zu einer wirklichen geistigen Freiheit gelangen. Freiheit ist nie selbstverständlich, man kann sie nicht einfach wie ein Schmuckstück ererben, sondern muss sie sich erkämpfen. Das bedeutet in einem streng pc-reglementierten Meinungsumfeld wie dem heutigen, dass die Grenze des Sagbaren immer wieder mit kleinen Vorstößen erweitert werden muss.»

Die beiden Staatsanwälte und auch einige der Prozessbeobachter vermuten, dass hinter Höckes Ausruf «Alles für Deutschland!» eine gezielte Provokation steckt. Während der Verhandlung spricht niemand den Gedanken aus, aber einigen Zuhörern dürfte ein böser Verdacht kommen: Sollte die Anklage gegen Björn Höcke scheitern, wird das ihn und seine Parteifreunde ermuntern, die Grenzen des Sagbaren noch mehr zu erweitern.

Höcke und der Staatsanwalt liefern sich jetzt einen Schlagabtausch, wie zwei Boxer in der entscheidenden Runde. Der AfD-Kandidat startet aus der Defensive und wiederholt, ihm sei nicht bewusst gewesen, dass es sich bei der Formulierung um eine SA-Parole handele, und nein, er habe nicht provozieren wollen, so etwas sei ihm völlig fremd. Die Gegenseite nimmt für ihren Schlag Anlauf und führt das Beispiel eines Parteifreunds von Höcke an. Der sächsische AfD-Politiker Ulrich Oehme habe die verbotene SA-Parole im Jahr 2017 sogar auf ein Wahlplakat drucken lassen, anschließend wurde gegen ihn ermittelt. Geschadet hat es Oehme nicht, er wurde in den Bundestag gewählt. Der Angeklagte muss von dem Ärger doch erfahren haben, oder nicht? Aber nein, kontert Höcke, das alles habe er nicht mitbekommen. Überhaupt, er kenne Oehme nicht sonderlich gut: «Wir haben kein inniges Verhältnis.»

Der Staatsanwalt lässt nicht locker und hält Höcke vor, er und Ulrich Oehme hätten im Jahr 2015 die Erfurter Resolution unterzeichnet, eine Gründungsurkunde der völkisch-nationalistischen Parteigruppierung «Der Flügel». Da müsse man sich doch gut kennen, soll das heißen.

Schließlich versucht es der Staatsanwalt anders; ab dem Jahr 2017 habe es Presseberichte zu einer Beobachtung des AfD-Landesverbands Sachsen durch den Verfassungsschutz gegeben. «Darüber ist hinlänglich in allen Gazetten berichtet worden. Ist Ihnen das bekannt?» Das bringt Björn Höcke aus der Deckung, zum ersten Mal reagiert er ungehalten: «Ich lese fast keine etablierten Medien. Ich schaue auch seit über 20 Jahren kein Fernsehen.» Da schreitet der Vorsitzende Richter ein: «Möchten Sie die Frage beantworten, ob Ihnen das bekannt war?», fragt er scharf. Antwort: «Nein, ist mir nicht bekannt.»

Björn Höcke hat gleich zwei erstaunliche Bekenntnisse preisgegeben, die wohl nicht prozessentscheidend sind, aber doch viel darüber verraten, wie er sich seine eigene Wahrheit zurechtzimmert: Der Mann, der für das Amt des thüringischen Ministerpräsidenten kandidiert, gibt an, gar nicht zu wissen, was etablierte Medien berichten. Er sagt, er ignoriere sie seit Jahrzehnten. Ich frage mich, worauf seine immer wieder vorgebrachten Attacken fußen. Woher will er wissen, dass diese Medien falsch berichten und «Dauerpropaganda für das Establishment» betreiben? Seine Behauptung klingt wie eine Ausrede.

Und dann ist da die Sache mit der Beobachtung von Teilen des benachbarten AfD-Landesverbandes Sachsen durch den Verfassungsschutz. Es wirkt unglaubwürdig, dass Höcke von dem Vorgehen gegen seine Parteifreunde nebenan nichts erfahren haben will.

Der Staatsanwalt setzt nach und zielt darauf ab, dass Höcke im Jahr 2017 doch Presseberichte über das Ermittlungsverfahren gegen Ulrich Oehme mitbekommen haben müsse. Im Publikum herrscht eine spannungsgeladene Stille. Werden wir Zeugen eines Knockdowns? Sollte Höcke zugeben, von Oehmes Verfahren gewusst zu haben, spräche das sehr dafür, dass er von der Herkunft des Spruches «Alles für Deutschland!» und auch von der Strafbarkeit der öffentlichen Verwendung gewusst hat. Aber Höcke blockt ab: «Nein», er habe von dem Verfahren keine Kenntnis gehabt, weder damals noch später. Und die Beobachtung des AfD-«Flügels» durch den Verfassungsschutz? Immerhin hat er die Gruppierung mitgegründet. Björn Höcke habe zwar gehört, dass der Verfassungsschutz den «Flügel» ins Visier genommen habe, windet er sich, aber die Berichterstattung darüber habe er nicht verfolgt. Jetzt macht sich Unruhe im Publikum breit. Redet sich der Angeklagte um Kopf und Kragen? Sind seine Aussagen glaubhaft?

Offenbar spürt Björn Höcke, dass er sich erklären, vielleicht sogar rechtfertigen muss, warum er die so wichtige Berichterstattung angeblich nicht verfolgt hat. Unter Druck geraten, wechselt er erneut in den Angriffsmodus. Wieder holt er gegen die Presse aus, sie würde andauernd falsch über ihn berichten, er ignoriere sie «aus Selbstschutz» und spreche fast ausschließlich mit alternativen Medien. «Die etablierten Medien haben mich zum Teufel der Nation gemacht.»

Für einen Moment wirkt Björn Höcke, als erwarte er Mitleid von seinen Richtern. Oft habe er sich gefragt, warum die Medien bloß so übel über ihn berichten. Dann offenbart er ein schwülstiges Eingeständnis, vor einiger Zeit habe er einem ehemaligen Politiker gesagt: «Ich bin ein grundehrlicher Mensch. Natürlich habe ich Fehler wie jeder Mensch Fehler hat. Aber wenn ich später mal, wie wir alle, vor unseren höchsten Richter trete, habe ich mir nichts vorzuwerfen. Ich will eigentlich nur etwas erhalten, ich möchte, dass meine Kinder eine Zukunft haben. Das Einzige, was ich vielleicht als ‹Fehler› – und das habe ich in Anführungszeichen gesetzt – für meine Person verbuchen kann, ist, dass ich meine Heimat ein wenig zu viel liebe.»

Von meinem Platz aus kann ich nicht erkennen, ob Höcke bei diesen pathosgetränkten Worten ein wenig lächelt oder nicht. Aber der Richter wird ihn genau ansehen. Er sitzt ihm schräg gegenüber, nur wenige Meter trennen die beiden. Was wird er denken, was denkt die Beisitzende Richterin, was denken die beiden Schöffen? Kann Björn Höcke, dieser freundliche, einfühlsam formulierende Mann, der seine Kinder und seine Heimat so sehr liebt, wirklich ein Faschist sein?

Jena

Vor einiger Zeit war ich zu einem Abendessen in der Nähe von Bonn eingeladen, meiner alten Heimatstadt, tief im Herzen der alten Bundesrepublik. Neben mir saß eine elegant gekleidete Geschäftsfrau. Ich schätzte ihr Alter auf Ende 40. Wir sprachen über den Krieg in der Ukraine und auch über die Berichterstattung in deutschen Medien. Sie fand das, was deutsche Zeitungen über den Krieg schreiben und was deutsche Sender senden, nicht ausgewogen. Das war ihre These, und sie vertrat sie leidenschaftlich. Obwohl ich als Journalist nicht tagesaktuell berichte, fühlte ich mich angesprochen und wollte meine Zunft verteidigen. Was sie denn vermisse? Nun ja, es sei ganz einfach, ihr fehle die russische Perspektive. Die würde doch durch Putins Kriegsführung und seine Reden ausreichend in den Medien vorkommen, entgegnete ich. Das meine sie nicht; dann erzählte sie, dass sie in Ostdeutschland aufgewachsen sei, dass sie gut Russisch spreche und sich daher für die Gefühle und Gedanken einfacher Russen interessiere. Von ihnen würde sie in deutschen Zeitungen und Fernsehsendern nichts erfahren. Dabei sei es doch wichtig, nicht nur auf Putin zu starren, sondern auch zu verstehen, wie die russische Bevölkerung über den Krieg denkt. So wie ihr würde es vielen anderen gehen, die in Ostdeutschland mit russischer Kultur und Sprache aufgewachsen seien. Sie hätten das Gefühl, dass ihnen die russische Perspektive vorenthalten würde und empfänden daher ein Unbehagen über die westlich dominierte Berichterstattung. Das würde im Übrigen auch erklären, warum die AfD im Osten mit ihren Sympathiebekundungen für Putin punkten und vermutlich bei den Wahlen im Herbst stark abschneiden würde.

An dem Hinweis ist etwas dran, überlegte ich, und in Gedanken ergänzte ich den alten Marx-Satz, wonach das Sein das Bewusstsein bestimmt, durch den Zusatz, dass auch die Geografie unser Bewusstsein bestimmt. Während ich als gebürtiger Rheinländer mit einem Blick nach Westen aufwuchs, waren meine Tischnachbarin und viele andere Deutsche mit einem Blick nach Osten aufgewachsen. Bis zum Mauerfall war mir Chicago stets näher gewesen als Rostock. Meiner Gesprächspartnerin mag Leningrad näher gewesen sein als Dortmund.

Einige Wochen später reise ich nach Jena in Thüringen, und das Gespräch des Abendessens bei Bonn schwingt nach. Ein einziges Mal bin ich zuvor in Jena gewesen. Es muss 1993 oder 1994 gewesen sein, jedenfalls wenige Jahre nach dem Fall der Mauer. Ich hatte mich damals in eine Recherche zu Uwe Barschel verbissen, der 1987 in der Badewanne eines Genfer Hotels tot aufgefunden worden war. Ich war auf Hinweise gestoßen, dass der Ministerpräsident von Schleswig-Holstein nicht nur ein paar Mal nach Ostberlin und Warnemünde gereist war, sondern auch nach Jena. Dort lebte sein Vetter Bernd. Uwe Barschel war wohl noch aus anderen Gründen dorthin gereist. Einige Dokumente deuteten darauf hin, dass er die Friedrich-Schiller-Universität und auch die Zeiss-Werke aufgesucht hatte. Ich hoffte, nachweisen zu können, dass der CDU-Politiker in Waffengeschäfte verwickelt gewesen war, und durchleuchtete das Umfeld seines Vetters. Bernd Barschel hatte als Sprachwissenschaftler an der Jenaer Universität gearbeitet; er selbst konnte keine Auskunft mehr geben, ein paar Jahre zuvor war er verstorben.

Vieles bei dieser Recherche klang merkwürdig und für mich als jungen Journalisten verlockend. Aber letztlich hielt ich nur ein paar lose Enden von Erzählfäden in der Hand. Sie ergaben keine Geschichte, erst recht keine belastbaren Beweise für illegale Machenschaften. Enttäuscht musste ich mir eingestehen, dass ich mich in eine Sackgasse verrannt hatte, und brach die Rechercherereise ab. Geblieben ist die Erinnerung an eine Stadt mit historischen Gebäuden, eine Stadt, in der es sehr kalt war, in der die vielen nicht renovierten Häuser genauso grau waren wie der winterliche Himmel, eine Stadt, in der es nach Kohleöfen roch und in der damals noch viele Autos der Marke Trabant und Wartburg fuhren. Geblieben ist auch die Erinnerung, wie unangenehm fremd ich mich damals in Jena fühlte, fremder jedenfalls als in irgendeiner Stadt in der Schweiz oder in Frankreich.

Jetzt, über 30 Jahre später, gibt es wieder einen Grund, nach Jena zu reisen. Die Studentinnen und Studenten des Instituts für Politikwissenschaft der Universität haben mich eingeladen, aus meinem Buch *Ernstfall* zu lesen und anschließend zu diskutieren. Die Einladung führt mich also genau in die Universität, für die sich in einer gänzlich anderen Zeit und unter gänzlich anderen Umständen auch Uwe Barschel interessiert hatte. Es ist, nebenbei bemerkt, auch die Universität, in der Sahra Wagenknecht eine Weile studiert hat, sie ist in Jena aufgewachsen.

Es ist Anfang Mai, der Himmel und das Licht sind viel einladender als damals bei meinem ersten Besuch, der Zug durchschneidet tatsächlich blühende Landschaften. Als ich in Jena ankomme, fällt mir zunächst auf, dass es hier keinen Hauptbahnhof gibt, nur eine Reihe kleiner Haltestellen für Regionalzüge. Seit 2017 liegt Jena weit abgeschnitten von den ICE-Strecken und damit auch abseits vom großen Verkehr von Geschäftsleuten und Touristen. Die Schnellstrecke von Berlin nach München führt an der Stadt vorbei, nur sehr selten hält hier noch ein ICE, viele Bewohner fühlen sich sprichwörtlich abgehängt. Beim Verlassen des Zuges an einer dieser kleinen Haltestellen merke ich, dass ich viel zu früh ausgestiegen bin. Also laufe ich 20 Minuten lang zu dem Hotel, in dem ich für die nächsten beiden Nächte ein Zimmer gebucht habe. Der Weg führt fast durchweg über kopfsteingepflasterte Straßen. Wieder fühle ich mich etwas unwohl, das Klackern meines Rollkoffers auf dem Stolperboden ist so unvermeidbar laut und hässlich, dass sich Passanten nach mir umdrehen, klack, klack, klack. So ähnlich werden Fremde in Western-Filmen dargestellt, wenn sie nicht auf dem Rücken eines Pferdes, sondern zu Fuß ihren Weg zum Saloon suchen. Sie werden von Blicken durchlöchert.

Auch ich schaue mir die Menschen prüfend an, ich will ja etwas über sie herausfinden. Vor wenigen Tagen wurde eine Umfrage veröffentlicht, in der Thüringer sagen sollten, wen sie wählen würden, wenn bereits am kommenden Sonntag Landtagswahlen stattfinden würden. Knapp ein Drittel gab an, AfD wählen zu wollen, also die Partei des Mannes, der gerade wegen der Verbreitung einer verbotenen SA-Parole vor Gericht steht. Im Geiste gehe ich durch, wer wohl von den Menschen, die ich auf den Bürgersteigen und in der Fußgängerzone sehe, zu diesem Drittel gehören mag. Bald gebe ich es auf. Man sieht den Menschen ihre modischen Neigungen an, nicht aber ihre politischen Einstellungen. Ich will nicht Gefangener alberner Klischees sein.

Meine neuen Eindrücke von Jena passen gar nicht zu dem, was ich als Erinnerung in mir trage. Die Bilder der muffigen DDR-Stadt werden vom Antlitz eines freundlichen Ortes verdrängt, in dem alte, sorgfältig restaurierte Gebäude neben modernen Geschäftshäusern und Läden stehen. Viele Bewohner, die ich sehe, sind auffällig jung, die alte Universitätsstadt scheint attraktiv für Studentinnen und Studenten zu sein, die sich nicht in Berlin, München, Heidelberg oder anderen eingesessenen Zentren des akademischen Lebens fortbilden wollen. Der Abend ist lauwarm, die Bürger zieht es auf die Plätze in der Altstadt, einige sitzen draußen in einem arabischen Restaurant, eine Gruppe Punks zieht grölend und Bier trinkend durch die Gassen, zwei Sportsbars haben Bildschirme nach draußen gestellt und übertragen das Champions-League-Halbfinale Dortmund gegen Paris, Dutzende junger Leute versammeln sich vor den Bildschirmen und feuern ihre Mannschaft an. An diesem Frühlingsabend wirkt Jena weltoffen, tolerant, bunt, wie eine Stadt in Spanien oder Italien. Wie passt das zu den 30 Prozent der Thüringer, die AfD wählen wollen? Die Zahl hat sich in meinem Kopf eingenistet. Es passt vermutlich gar nicht oder nur wenig, die Universitätsstadt ist eine politische Insel, sie tickt anders als der Rest des Bundeslandes. Aber wie? Und wie ist diese hohe Zahl zu erklären, über 30 Prozent, nicht nur in Thüringen, sondern auch im benachbarten Sachsen?

Ich überlege, mit wem ich ins Gespräch kommen kann, um mehr über die Menschen hier zu erfahren. Mit der Verkäuferin in der Bäckerei? Mit den beiden Studentinnen im Café? Ich entscheide mich für den Verkäufer einer Obdachlosenzeitung. Er hat graue Haare, trägt graue Kleidung und sieht aus, als sei er im Rentenalter, jedenfalls ist er nicht Teil der jugendlichen Bevölkerung. Der Mann hat sicher einen besonderen Blick auf seine Stadt und auf sein Bundesland und nicht nur auf ihre hellen, freundlichen Seiten. Ich kaufe ihm ein Exemplar seiner Zeitung ab und frage ihn, warum so viele Menschen in dieser schönen Region AfD wählen. «Weil sie hier nichts aus der Vergangenheit gelernt haben», antwortet er ohne Zögern. Mit Vergangenheit meine er den Nationalsozialismus? «Ja, klar.» Natürlich seien nicht alle AfD-Wähler Nazis, schränkt er ein. Diesen Satz hört man genauso in den Redaktionsstuben in Hamburg wie in den Zentralen der Regierungsparteien in Berlin. Nein, niemand will die Wähler der AfD als Nazis verteufeln. Dabei wäre es doch einmal interessant, im Detail zu ermitteln, wie AfD-Wähler über den Nationalsozialismus denken.

Warum denn ausgerechnet in Ostdeutschland so viele Menschen bereit sind, AfD zu wählen, trotz aller Skandale, will ich jetzt von dem Zeitungsverkäufer wissen. «Weil es uns vor der Wende besser ging,» sagt er, «wir hatten eine bezahlbare Wohnung, wir hatten Arbeit. Dann fiel die Mauer, und Helmut Kohl und die westdeutschen Parteien versprachen uns eine wunderschöne Zukunft.» Mir fällt ein, wie ich im Frühjahr 1990 einmal in dem Ostsee-Badeort Warnemünde in der gerade abzuwickelnden DDR eine Wahlkampfveranstaltung der CDU besuchte. Ein prominenter Politiker aus dem Westen stand auf der Bühne und rief zu den Zuhörern, die jede gute Nachricht aus dem anderen Teil Deutschlands begierig aufsaugten: «Es gibt bei uns praktisch keine Arbeitslosigkeit!» Das war natürlich grob gelogen, im Westen waren damals fast zwei Millionen Menschen ohne Arbeit.

Der Zeitungsverkäufer in Jena wird diese Zahlen sicher nicht im Kopf haben. Aber das Gefühl, von den westdeutschen Parteien über den Tisch gezogen worden zu sein, hat sich bei ihm eingenistet. Er erzählt mir dann noch seine eigene Geschichte. 30 Jahre lang habe er für einen großen Betrieb gearbeitet, nach der Wende sei er arbeitslos geworden, auch habe er damals gesundheitliche Probleme bekommen, jedenfalls habe er seitdem nie wieder eine richtige Arbeit gefunden. Er sei froh, seit ein paar Jahren für die Obdachlosen-Zeitung arbeiten zu können, endlich habe er eine Aufgabe, die ihn mit Befriedigung erfülle. Aber das Gefühl, von den Westdeutschen nicht korrekt behandelt worden zu sein, das kenne er, und dieses Gefühl habe sich in ganz Ostdeutschland festgesetzt. Dieses Gefühl würde die AfD ausnutzen, sagt er, und er sagt es mit einer Mischung aus Verständnis und Abscheu.

Am frühen Abend treffe ich mit den Studenten und Studentinnen der Universität zusammen. Die meisten von ihnen studieren Politikwissenschaften, sie werden sich gründlich mit den politischen Überzeugungen der Thüringer beschäftigen. Im Hörsaal 4 herrscht eine angenehm aufgekratzte Atmosphäre, die meisten, die in den Sitzreihen Platz nehmen, sind Anfang 20; sie sind neugierig, was ich ihnen über die Regierungskoalition in Berlin zu berichten habe. Und ich bin meinerseits gespannt, was sie mir erzählen werden. Nach der Diskussion über meinen Vortrag drehe ich den Spieß um und befrage mein studentisches Publikum: «Warum ist die AfD in Thüringen so stark?», «Warum wollen knapp ein Drittel der Wähler eine Partei wählen, die oft als rechtsextrem bezeichnet wird und häufig im Zentrum von Skandalen steht?»

Jetzt nimmt die Diskussion Fahrt auf, und als sich abzeichnet, dass der Abend länger werden wird, schlägt die Moderatorin vor, das Gespräch in eine nahegelegene Gaststätte zu verlagern. Es stellt sich heraus, dass die Gruppe zu etwa gleichen Teilen aus Ostdeutschen wie aus Westdeutschen besteht. Diejenigen, die aus Thüringen oder anderen ostdeutschen Ländern kommen, berichten davon, wie Freunde und Verwandte unverändert Vorurteile gegenüber den Landsleuten aus der alten Bundesrepublik hätten.

Vorurteile? Jeder und jede will jetzt eins loswerden. «Wessis» seien in den Augen vieler «Ossis» immer noch «Bonzen», arrogante Typen. Eine Studentin, die in Rheinland-Pfalz aufgewachsen ist, erzählt von umgekehrten Vorurteilen. Als sie sich entschieden habe, zum Studium nach Jena zu ziehen, hätten einige Familienmitglieder sie ungläubig angeschaut: «Was willst Du bei den dummen Ossis?», die seien doch alle undankbar. Das dumpfe Misstrauen würde bei Ostdeutschen natürlich übel aufstoßen und die Stimmung gegen Westdeutsche noch mehr anheizen. Es ist befreiend, an diesem Abend selbst die albernsten Klischees offen auszusprechen.

Aber es tun sich auch echte Gräben zwischen Ost- und Westdeutschen auf, immer noch. Die meisten Zeitungen, die in Ostdeutschland erscheinen, würden von westdeutschen Verlagen herausgegeben, klagt eine Studentin. So bekäme der Osten vor allem das zu lesen, was ihnen westdeutsche Medienmanager vorsetzen. Auch die meisten Mitglieder der Bundesregierung kämen aus Westdeutschland, den Ostdeutschen würde eine eigene Stimme fehlen. Die AfD biete sich als ihre Stimme an, als Stimme derjenigen, die sich als Deutsche zweiter Klasse geringgeschätzt fühlen.

Die Sache mit den Medien beschäftigt die Studentengruppe sehr. Viele Ostdeutsche hätten sich von den etablierten Medien abgewandt, vor allem vom öffentlich-rechtlichen Rundfunk. Sie würden diesen Medien einfach nicht mehr glauben und sich stattdessen nur noch über soziale Medien informieren. Ein Student berichtet, dass über den Messenger-Dienst Telegram die wüstesten Behauptungen und Angriffe verbreitet würden. Er möge mal ein Beispiel nennen, bitte ich ihn. Er erzählt dann von Beschimpfungen gegen Annalena Baerbock, sie würde dort als Eva Braun verunglimpft, es gäbe Mordaufrufe gegen sie. Am meisten fürchte er sich davor, fügt er noch hinzu, dass solcher Mist unwidersprochen bliebe und mit zustimmenden Kommentaren weiterverbreitet werden würde.

Die Diskussion ist auch deshalb ergiebig, weil die Studentinnen und Studenten über ein gutes Sensorium für politische Entwicklungen verfügen und darüber hinaus von Erfahrungen in ihrem persönlichen Umfeld berichten. Längst wäre ein Riss nicht nur zwischen Ost- und Westdeutschen spürbar, sagen einige, er würde auch durch viele Familien in Ostdeutschland verlaufen. AfD-Sympathisanten würden auf Wähler anderer Parteien stoßen, hart und meistens unversöhnlich. Bei Familienfeiern müsse man sich zusammenreißen und um politische Themen einen weiten Bogen machen. Das gelinge jedoch nicht immer, und dann gäbe es oft heftigen Streit. Ich muss an meine eigene deutsch-amerikanische Großfamilie denken und an mein Gespräch mit Martin am Anfang des Jahres. Immerhin kratzen wir uns nicht die Augen aus, sondern sprechen miteinander. Das persönliche Verhältnis in meiner Familie ist stärker als das, was uns trennt, wenn wir über politische Themen sprechen.

Das, was mir die Studentinnen und Studenten am langen Tisch bei Bier und kleinen Sandwichs erzählen, kreist immer wieder um denselben Kern: In den Köpfen vieler Ost- und Westdeutscher haben sich seit der Wiedervereinigung dümmliche Klischees festgesetzt. Aus den Klischees sind Feindbilder geworden. Viele Ostdeutsche empfinden das westlich geprägte System aus Parteien und Medien als eine Variante der Diktatur. Dieses dumpfe Gefühl verschärft die AfD mit hasserfüllten Ressentiments.

Alle am Tisch blicken gespannt auf die Landtagswahlen im Herbst. Aber vorher stehen noch Kommunalwahlen an, überall in Jena hängen Plakate, mit denen Lokalpolitiker Werbung für sich machen. Als wir über den Wahlkampf vor der Haustür sprechen, erzählt eine Studentin von kleinen Rempeleien. Die Leute von der AfD würden häufig die Werbetafeln der anderen Parteien beschädigen. Das stimme, ergänzt ein anderer Student, aber ein paar Freunde von ihm würden gelegentlich auch AfD-Plakate überkritzeln. Alle lachen.

Unter Juristen

Einen Tag vor dem letzten Verhandlungstag im Prozess gegen Björn Höcke fahre ich wieder mit dem Zug nach Halle, um mir diese Stadt näher anzuschauen und ein wenig herumzuschlendern. Vor drei Jahren war ich hier schon einmal durch die Straßen gegangen. Für eine Reportage begleitete ich Olaf Scholz auf seiner Wahlkampftour. Scholz wollte die Synagoge besuchen, in der zwei Jahre zuvor ein Mann mit Waffengewalt versucht hatte, einzudringen und die dort betenden Menschen zu ermorden. Die schwere Holztür hatte standgehalten, wahllos hatte der Mann eine Passantin erschossen, war dann die Straße hinunter zu einem Dönerimbiss gelaufen, hatte einen Gast getötet und andere Menschen schwer verletzt. Als ich die Holztür der Synagoge aus der Nähe betrachtete und etwas später im Imbiss etwas zu Essen bestellte, konnte ich es nicht fassen: Wieso hält sich in Deutschland so hartnäckig der Hass auf Juden, und auch der Hass auf alles Fremde?

Die Situation im Imbiss war nur schwer auszuhalten. In dem engen

Raum drängelten sich der Kandidat, ein Koch, die Kellner, die Reporter und die Kamerateams mit ihren Scheinwerfern. Personenschützer des Bundeskriminalamtes schirmten alles ab. Wie sollte man da der Opfer gedenken, wie einen klaren Gedanken fassen?

Mit dem Abstand der Jahre ist das, was damals passierte, immer noch nicht zu begreifen. Der Hass hat jedenfalls nichts mit Ostdeutschland zu tun, zumindest nicht nur. Man denke an die Attentate in München 2016 und in Hanau 2020. In diesem Frühjahr 2024 wird im baden-württembergischen Weinheim ein 18-jähriger Deutsch-Türke verhaftet, der geplant haben soll, mit Messern die Besucher der örtlichen Synagoge zu töten. Er soll vorgehabt haben, sich anschließend von der Polizei erschießen zu lassen, um dann als Märtyrer gefeiert zu werden.

Ich gehe weiter durch die Altstadt von Halle. Bei meinem letzten Besuch vor ein paar Wochen hatte ich aufgeschnappt, dass an dem Gemäuer des alten Landgerichts immer noch der NS-Spruch «Jedem das Seine» prangt. Unterstützer von Björn Höcke hatten in sozialen Medien auf die Inschrift hingewiesen, um der Anklage gegen den AfD-Politiker Wind aus den Segeln zu nehmen. Wenn auf dem Landgericht immer noch ein NS-Spruch prangt, könne Höcke unmöglich wegen der Verwendung des SA-Spruchs «Alles für Deutschland» verurteilt werden – das war wohl die Logik hinter den Kommentaren. Um herauszufinden, ob ich einer albernen Falschinformation aufgesessen bin oder ob es den Spruch an der Mauer tatsächlich noch gibt, gehe ich die paar Schritte über den Hansering und betrachte das ehrwürdige Landgericht von allen Seiten. Ich kann nichts Anstößiges finden. Als ich schon aufgeben möchte, fallen mir die drei in Stein gehauenen Worte auf: «Jedem das Seine.» Die Worte stehen in etwa fünf, sechs Metern Höhe klein unterhalb eines Fensters. Man muss schon sehr genau hinschauen, um sie zu erkennen. Aber jeden, der sich mit dem Holocaust beschäftigt hat und den Spruch vom Lagertor von Buchenwald kennt, wird der Anblick irritieren. Wenn man die Herkunftsgeschichte des Spruches nachliest, findet man schnell, dass er einer alten Rechtstradition entspricht und einst ein allgemeines Gerechtigkeitsempfinden ausdrücken sollte. Deshalb wurden die dreizehn Buchstaben bereits im Jahr 1905 beim Bau des Landgerichts auf die Außenmauer gemeißelt. Die Nazis haben sie zweckentfremdet und drei Jahrzehnte später auf das eiserne Tor des Konzentrationslagers Buchenwald gesetzt.

Vor dem alten Landgericht in Halle drängen sich mir viele Fragen auf: Soll die Gerichtsverwaltung die drei Worte entfernen, weil sie von Nazis missbraucht wurden? Soll sie den Spruch unverändert lassen, weil er dort schon seit Anfang des 20. Jahrhunderts prangt? Und was hat das alles mit Björn Höcke zu tun? Er hatte bei seinem Prozess darauf hingewiesen, die Wortfolge «Alles für Deutschland» sei viel älter als der Gebrauch durch die Sturmabteilung der Nazis.

Am nächsten Morgen rufe ich sehr früh ein Taxi, um rechtzeitig zum neuen Justizzentrum zu fahren. Als ich dem Taxifahrer mein Ziel nenne, brummt er:

«Ah, zum Höcke?»

«Ja, stimmt.»

Es entwickelt sich ein knapper Dialog. Ich frage den Fahrer:

«Haben Sie mitbekommen, um was es geht?»

«Ja, klar.»

«Und was denken Sie über den Prozess?»

«Das will ich Ihnen nicht sagen. Man darf in diesem Land ja ohnehin nicht mehr alles sagen.»

Den Rest der Fahrt legen wir schweigend zurück.

Auf dem Flur vor dem Gerichtssaal treffe ich wieder die *SPIEGEL*-Reporterin Wiebke Ramm. Erneut tauschen wir unsere Eindrücke aus. War es sinnvoll, Björn Höcke wegen seines «Alles für Deutschland»-Spruchs anzuklagen? Die Reporterin ist ganz entschieden, ja, der Rechtsstaat müsse verhindern «dass auf deutschen Straßen wieder NS-Parolen verbreitet werden». Dann sagt sie voraus, dass Björn Höcke den Prozess politisch ausschlachten wird, ganz gleich wie er ausgeht.

Mit dieser Vorhersage wird sie recht behalten, und zwar schon sehr früh. Björn Höcke erhält unerwartet Futter für seine PR-Kampagne. Um 8:52 Uhr, acht Minuten vor Verhandlungsbeginn, verkündet die *Frankfurter Allgemeine Zeitung* per Eilmeldung: «AfD-Politiker Höcke zu Geldstrafe verurteilt.» Die Nachricht ist zu dieser Uhrzeit auf einen schwerwiegenden Fehler zurückzuführen. Als ich den Zeitungskollegen treffe, erklärt er mir, dass vorbereitete Textbausteine von einem

Mitarbeiter in der Redaktionszentrale irrtümlich zur Veröffentlichung freigegeben wurden. Die Sache ist ihm sichtlich peinlich, und sie wird im Laufe des Tages noch an Brisanz gewinnen. Björn Höcke stellt die Fehler-Meldung reaktionsschnell auf X online und versieht sie mit dem bissigen Zusatz: «Die @faznet weiß mehr als das Gericht – so funktioniert etablierter Journalismus im Jahr 2024.» Im Laufe der nächsten Stunden erreicht Höckes Tweet 200 000 Menschen.

Der Tag verläuft ohnehin anders als die bisherigen Verhandlungstage. Ging es am zweiten Tag noch sehr um die Feinheiten von Sprache und um juristische Finessen, dreht sich der heutige und letzte Verhandlungstag vor allem um deutsche Zeitgeschichte. Richter Jan Stengel projiziert von seinem Laptop einige Videos und Fotos auf die beiden großen Bildschirme im Gerichtssaal. Auf einem Foto ist der Nürnberger Reichsparteitag der NSDAP des Jahres 1934 zu sehen. In großen Lettern prangt dort der Schriftzug «Alles für Deutschland»; offenkundig will der Richter zeigen, dass der Slogan im NS-Staat nicht beiläufig, sondern sehr prominent eingesetzt wurde.

Dann führt der Richter ein aktuelles Video vor. Im vergangenen Dezember machte sich Björn Höcke bei einer Parteiveranstaltung in Gera über den Verfassungsschutz lustig. Zunächst verglich er Deutschland mit einem Wasserrohrbruch. Was er nicht sagte, aber wohl meinte, war, dass er Flüchtlinge, die ins Land kommen, pauschal für einen schweren Schaden hält, für eine Flut, die unbedingt gestoppt werden müsse. Nur seine Partei, die AfD, wolle das Haus Deutschland trockenlegen. An einer Stelle sagte er: «Ich würde natürlich niemals von großer Umvolkung reden, weil mich dann der Verfassungsschutz beobachtet.» Dann legte er nach und erwähnte seinen bevorstehenden Prozess: «Ich stehe ja in einigen Monaten vor der großen Strafkammer des Landes Sachsen-Anhalt, weil ich mal einen Wahlkampfabschluss gemacht habe in einem rhetorischen Dreiklang «Alles für unsere Heimat, alles für Sachsen-Anhalt, alles für ...» Diesmal verzichtete er darauf, die Wortfolge zu vollenden, er pausierte kurz und forderte sein Publikum durch einladende Gestik auf, das letzte Wort zu brüllen: «Deutschland.»

Nach der Vorführung des Videos gibt es eine kurze Verhandlungspause. Wieder versammeln sich alle, die den Prozess verfolgen, in der Lobby; von dort blicke ich aus dem Fenster und beobachte, wie im

Hof des Justizzentrums ein fremder Mann mit verbundenen Händen von einem Polizeibeamten abgeführt wird.

Dann geht es im Saal X.0.1 weiter. Höckes Verteidiger beantragen, einen pensionierten Geschichtslehrer als Zeugen zu befragen. Der Antrag war vorher nicht bekannt und überrascht die meisten Prozessbeobachter. Es stellt sich heraus, dass der Zeuge nicht nur viele Jahrzehnte lang an einem Gymnasium in Göttingen unterrichtet hat, sondern auch über die größte Privatsammlung von politischen Symbolen in Deutschland verfügt. Stolz zählt er auf, was sich alles in seinem Bestand findet, unzählige Dokumente und wohl auch Devotionalien sind darunter: «Ich habe 150 Aktenordner und einen Schrank mit Plakaten und einen weiteren mit Belegstücken.» Man möchte sich nicht vorstellen, wie es im Haus des Oberstudienrats aussieht.

Dann befragt ihn der Staatsanwalt und bringt noch etwas anderes ans Tageslicht: Der Mann hat einst mit Götz Kubitschek zusammengearbeitet, einem Verleger, der landläufig als Rechtsextremist bezeichnet wird und als Vertrauter von Björn Höcke gilt. Vor einigen Jahren hat er sich von Kubitschek getrennt. Jetzt, so erzählt er, schreibt er regelmäßig für die Zeitschrift *Junge Freiheit*, eine wichtige Wochenzeitung der Neuen Rechten.

Der Historiker führt in seinem Vortrag nicht nur durch die Tiefen der nationalsozialistischen Organisationen und ihrer Kennzeichen, sondern auch durch die düstere Welt der Sammler, die auf Überbleibsel der NS-Kultur und auch der italienischen und spanischen Faschisten Jagd machen, besonders begehrt seien «Blankwaffen». Wir erfahren, dass die SA vielen ihrer Mitglieder einen Dolch, in dem der Spruch «Alles für Deutschland» eingraviert war, übergab. Wir erfahren auch, welche Bedeutung die Schlägertruppe für den Aufstieg der Nazis hatte, dass sie auf dem Höhepunkt vier Millionen Mitglieder zählte und wie sie beim Röhm-Putsch von der konkurrierenden Schutzstaffel niedergeschlagen und aus dem Weg geräumt wurde.

Der eigentliche Grund, warum Ulrich Vosgerau, der gewiefte Anwalt von Björn Höcke, den ehemaligen Geschichtslehrer um Auskunft gebeten hat, ist aber ein anderer. Ausführlich legt der Historiker dar, dass die Wortfolge «Alles für Deutschland» in der Fachliteratur nur sehr selten vorkommt. Björn Höcke konnte den SA-Spruch gekannt haben, er musste ihn aber nicht als solchen kennen, soll das heißen.

Außerdem trägt er zahlreiche Beispiele vor, dass der Spruch bereits im 19. Jahrhundert, also lange vor den Nazis, in gänzlich anderen Zusammenhängen genutzt wurde. Bei diesen Ausführungen strahlt Anwalt Vosgerau, sein Plan scheint aufzugehen.

Doch dann meldet sich die Beisitzende Richterin Heike Schwick zu Wort. Sie hat eine Frage, die undramatisch, fast beiläufig, klingt, aber sie hat das Zeug, den Ausführungen des früheren Geschichtslehrers den Boden zu entziehen. Mit ruhiger, bedächtiger Stimme will sie von ihm wissen: «Sie haben über die Geschichte der Parole ‹Alles für Deutschland› berichtet. Wie war denn das mit dem Hakenkreuz? War das eine Erfindung des NS-Regimes oder gab es das auch schon vorher?»

Man muss davon ausgehen, dass die Richterin von früheren Verwendungen des Hakenkreuzes Kenntnis hat, offenkundig stellt sie dem Mann gerade eine Falle. Der Historiker hat keine andere Wahl und tappt hinein. Wahrheitsgemäß antwortet er:

«Das Hakenkreuz ist ein sehr altes Symbol.»

«Also gab es das schon vorher?»

«Aber selbstverständlich, ja.»

Richterin Schwick nimmt die Auskunft trocken zur Kenntnis. Sie sieht keine Notwendigkeit, die Antwort weiter zu kommentieren. Das muss sie auch nicht. Aus ihrem Schweigen spricht Zufriedenheit.

Zum ersten Mal ist an diesem Tag erkennbar, dass die Richterin der Argumentation von Höckes Verteidigung nicht glaubt. Höcke selbst, seine drei Anwälte und jetzt ihr Zeuge hatten immer wieder darauf verwiesen, dass die Wortfolge «Alles für Deutschland» schon lange vor den Nazis genutzt wurde. Also ist die heutige Verwendung harmlos? Die Beisitzende Richterin sieht das anscheinend anders. Ihr Verweis auf das Hakenkreuz, dessen Verwendung heute unter Strafe steht, obwohl es schon lange vor den Nationalsozialisten genutzt wurde, deutet an, dass eine zentrale Verteidigungsstrategie von Björn Höcke und seinen Anwälten gerade ins Leere läuft.

Sehr spät unterbricht der Richter die Verhandlung für die Mittagspause. Wieder eilen Journalisten und andere Beobachter zum Schnellimbiss um die Ecke. Dort gibt es neben Pommes Frites und Limonade auch Fisch mit Bratkartoffeln. Auch Höckes Anwaltsteam lässt sich zur Mahlzeit nieder. Während ich am Tresen auf meinen Brathering warte, steht Ulrich Vosgerau neben mir, einer der Anwälte. Auch er wartet auf sein Essen. Um die paar Minuten zu überbrücken, beginnen wir ein Gespräch. Vosgerau wirkt siegesgewiss. Dann werden uns die Teller über den Tresen geschoben und wir verabreden uns kurz, unser Gespräch einmal in Ruhe fortzusetzen.

Der Nachmittag verläuft anders, als sich Ulrich Vosgerau und seine zwei Verteidigerkollegen das erhofft haben. Erst plädiert der Staatsanwalt auf schuldig und fordert eine Freiheitsstrafe für Höcke in Höhe von sechs Monaten auf Bewährung, außerdem eine Geldstrafe. Dann holen die drei Rechtsanwälte zum Gegenschlag aus. Dabei werden sie sehr grundsätzlich. Ulrich Vosgerau spricht die beiden Schöffen direkt an, sollte sein Mandant verurteilt werden, hätte dies eine fatale Signalwirkung. Viele Menschen könnten eingeschüchtert werden und sich in ihrem Recht auf freie Meinungsäußerung eingeschränkt fühlen. Er kündigt an, im Falle einer Verurteilung in Revision gehen und den Fall bis vors Bundesverfassungsgericht und zum Europäischen Gerichtshof für Menschenrechte treiben zu wollen.

Am Ende seines Plädoyers wird Vosgerau noch vehementer: «Der Unterschied zwischen einem freiheitlichen Verfassungsstaat und einem totalitären Staat besteht nicht darin, dass es in einem totalitären Staat ganz strenge Gesetze gibt und in einem freiheitlichen Verfassungsstaat gibt es nur ganz milde Gesetze. Das ist nicht der Unterschied. Sondern der Unterschied ist, dass in einem totalitären Staat im Unterschied zum freiheitlichen Verfassungsstaat niemand so ganz genau weiß, was eigentlich strafbar ist. Aber jeder weiß aus Erfahrung, dass der Staat so ziemlich alles für strafbar erklären kann, was man so macht, wenn er das eben will.» Eine kluge Unterscheidung.

Der Richter hört sich alles regungslos an. Es ist noch nicht auszumachen, wie die schweren Sätze auf ihn wirken. Vosgerau hat sie ja nicht in einer Juravorlesung in einem Hörsaal ausgesprochen, sondern in einem Gerichtssaal, und sie sind an die beiden Richter und die Schöffen gerichtet. Kann es der Vorsitzende Richter auf sich sitzen lassen, wenn er im Fall einer Verurteilung von Björn Höcke in die Nähe von Willkür und Totalitarismus gerückt wird? Vosgeraus Schlusssätze verfehlen ihre Wirkung nicht. Aber sie werden für ihn und seinen Mandanten nach hinten losgehen.

Am Ende ergreift Björn Höcke noch einmal das Wort und attackiert die beiden Staatsanwälte. Sie würden in einer Fantasiewelt leben und seien «den etablierten Medien aufgesessen». Der Prozess gegen ihn sei absurd, er fühle sich an den Angeklagten Josef K. in Franz Kafkas «Prozess» erinnert, der sei am Ende sogar hingerichtet worden. Das ist noch schwereres Geschütz.

Der erste Satz im «Prozess» ist berühmt, und vielleicht denkt Björn Höcke gerade an diesen Anfang: «Jemand musste Josef K. verleumdet haben, denn ohne dass er etwas Böses getan hätte, wurde er eines Morgens verhaftet.» Bei Höcke klingt das so: «Ich hätte, bevor ich in die Politik eingetreten bin, niemals denken können, wie stark die Meinungsfreiheit in diesem Land schon eingeschränkt ist.» Björn H. als Josef K.? Ein Unschuldiger, den eine undurchsichtige Macht grundlos zur Strecke bringt? Nur weil er seine Meinung geäußert hat? «Ich hätte niemals denken können, dass man für so eine Banalität, für so eine Trivialität vor der Großen Strafkammer eines Landes landet», sagt er noch.

Björn H. wird immer emotionaler, eine Weile stockt er, hat er Tränen in den Augen? Ist seine Mimik echt oder gespielt? Immer weiter steigert er sich in sein Abschlussstatement und gibt den Freiheitskämpfer. Wird am Ende die deutsche Sprache verboten, weil auch die Nazis Deutsch gesprochen haben, fragt er in den Saal. «So weit sind wir doch mittlerweile!»

Vielleicht wird Höcke auch deshalb so emotional, weil er ahnt, dass ihm das Gericht nicht glaubt, weil er spürt, dass seine Anwälte überzogen haben. In Kafkas Roman heißt es viel später: «War es Trost oder Verzweiflung, was der Advokat erreichen wollte? K. wusste es nicht, wohl aber hielt er es für feststehend, dass seine Verteidigung nicht in guten Händen war. Es mochte ja alles richtig sein, was der Advokat erzählte, wenn es auch durchsichtig war, dass er sich möglichst in den Vordergrund stellen wollte und wahrscheinlich noch niemals einen so großen Prozess geführt hatte, wie es K.s Prozess seiner Meinung nach war.»

Auch sein frei vorgetragenes Plädoyer schließt Björn Höcke mit einer Kaskade: «Ich habe mit Diktatur nichts am Hut», sagt er zunächst. Dann: «Ich will Rechtsstaatlichkeit, die sehe ich in diesem Land bedroht.» Und schließlich: «Ich bin völlig unschuldig. Ich habe ein reines Gewissen. Und ich bitte Sie um Freispruch.»

Sekundenlange Stille. Wieder applaudiert niemand, so wie es Björn Höcke von anderen Auftritten gewohnt ist. Das Gericht zieht sich zur

Beratung zurück. Zwischen den Journalisten gehen die Bewertungen und Prognosen hin und her. Reichen die Indizien? War es geschickt, dem Gericht zu drohen? Hat sich Höcke selbst geschadet, als er sich als Opfer eines Unrechtsstaates beschrieb? Kommt er mit Franz Kafka und seiner Opfergeschichte durch? Ich bin unsicher, wie das Gericht entscheiden wird. Nach vier Verhandlungstagen habe ich Zweifel, dass die Indizien für einen Schuldspruch ausreichen. In dubio pro reo?

Nach einer Stunde betritt das Quartett aus Vorsitzendem Richter, Beisitzender Richterin und den beiden Schöffen wieder den Saal, und alle im Saal stehen auf, so wie das gute Sitte ist, um das Urteil «Im Namen des Volkes» zu vernehmen. Der Moment ist feierlich, der Rechtsstaat pflegt seine Rituale. Es ist auch ein Moment höchster Anspannung, nach wochenlanger Vorbereitung und Berichterstattung. Endlich erklingt die sonore Stimme von Richter Stengel: «Der Angeklagte wird wegen Verwendens von Kennzeichen verfassungswidriger Organisationen zu einer Geldstrafe von 100 Tagessätzen zu je 130 Euro verurteilt.» 13 000 Euro, das ist in diesem Fall also der Preis für die absichtliche Verbreitung einer Nazi-Parole.

Als sich alle wieder setzen, verpasst der Richter Höckes Verteidiger Ulrich Vosgerau in seiner kurzen Begründung noch einen Seitenhieb. Er nimmt sich dessen Ankündigung vor, das Verfahren gegebenenfalls bis zum Bundesverfassungsgericht und zum Europäischen Gerichtshof für Menschenrechte zu treiben. «Das ist Ihr gutes Recht …», beginnt der Richter, und schiebt hinterher: «… und uns völlig egal.» Dann wird sein Ton schneidiger: «Drohungen mit Rechtsmitteln, wenn wir hier eine Entscheidung treffen, so etwas kommt bei uns nicht an.» Er insistiert: «Überhaupt nicht. Wir sind völlig unabhängig und entscheiden. Und ob dann ein Rechtsmittel droht oder nicht droht, das ist uns völlig schnuppe.» Er sagt tatsächlich: «schnuppe». Wie lange habe ich dieses Wort nicht mehr gehört, ich liebe es sofort. Ulrich Vosgerau wird es vermutlich hassen, zumindest in diesem Moment.

Björn Höcke sitzt drei Meter vom Richter entfernt und nimmt dessen Worte erstarrt entgegen.

Vielleicht sind es solche Metaphern, Worte wie Wasserrohrbruch und viele andere, die auf Video dokumentiert sind und in dem viertägigen Prozess vorgeführt wurden, die das Gericht dazu brachten, in

Höcke keinen Unschuldigen zu sehen. Offenkundig hält ihn das Gericht für einen Mann, der die Sprache des Nationalsozialismus wieder hoffähig machen will. Der Richter wendet sich direkt an Björn Höcke: «Sie sind ein redegewandter, intelligenter Mann, der weiß, was er sagt.» Das Urteil ist noch nicht rechtskräftig, Höckes Verteidigung legt Revision ein.

Als ich den Prozess und die Stadt Halle verlasse, schwirrt mir der Kopf: das Ringen um drei Worte, die Macht der Nazi-Sprache, die Selbstdarstellung von Björn Höcke. Vor allem ein Satz wird mir in Erinnerung bleiben, der Satz des Richters: «Das ist uns völlig schnuppe.»

Trump im Sturm

Und Donald T. im fernen New York? Auf den ersten Blick hat sein Prozess kaum etwas mit Politik zu tun hat. Trump ist angeklagt, weil er im Jahr 2016 mit seinem damaligen Anwalt und einem befreundeten Verleger versucht haben soll, Berichte über eine Affäre mit dem Pornostar Stormy Daniels zu unterdrücken. Der eigentliche Grund für die Vertuschung soll gewesen sein, und jetzt wird es doch politisch, seine Chancen im damaligen Wahlkampf zu wahren. Trump wähnt sich nicht in einem Roman von Franz Kafka, sondern auf dem spätmittelalterlichen Scheiterhaufen einer Hexenverbrennung; jedenfalls lässt er dieses Sprachbild nie aus, wenn sich unabhängige Richter gegen ihn stellen. Als Beobachter aus der Ferne denke ich eher an einen Mafiafilm. Die wichtigsten Zeugen, die gegen den ehemaligen Präsidenten aussagen, sind die Pornodarstellerin und sein langjähriger Mann fürs Grobe, ein Mann wie Tom Hagan in *Der Pate*, nur deutlich weniger gentlemanlike.

Die Belastungszeugen zeichnen ein Bild, das sehr weit weg ist vom Ideal des hart arbeitenden, ehrbaren Amerikaners, das Donald Trump üblicherweise bemüht. In dieser, der Öffentlichkeit sonst verborgenen Welt geht es um Schweigegeldzahlungen, um dreiste Lügen, um das Ausschalten von kritischen Medien, um Manipulation von Beweisstücken, Drohungen gegen Rivalen und um kriminelle Vertuschungen. Zu besichtigen ist ein brutaler Mann, der weder moralische Skrupel noch Achtung vor Gesetzen kennt, wenn er seine eigenen Interessen durchboxt. Der Prozess in New York legt unzählige Argumente offen, warum dieser Mann «unfit for office» ist, vollkommen ungeeignet, Führer einer demokratischen Nation zu sein.

Die meisten Amerikaner lassen sich von diesem Blick in Donald Trumps Charakter jedoch nicht beeindrucken. Während der Verhandlungstage erkunden Meinungsforschungsinstitute routinemäßig die politische Stimmung im Land und rechnen die Wahlchancen der Kandidaten hoch. Trotz der für ihn hochpeinlichen Enthüllungen führt der Angeklagte in den Umfragen vor Amtsinhaber Joe Biden. Bei einer anderen repräsentativen Umfrage geben 67 Prozent der Befragten an, bei einem Schuldspruch ihre Meinung über Trump nicht zu ändern, 15 Prozent sagen sogar, sie würden in diesem Fall eher für Trump als für Biden stimmen. Für viele Menschen außerhalb der USA, insbesondere aus Europa, ist das eine kaum nachvollziehbare Ignoranz. Was muss Trump noch anstellen, dass sich die Bevölkerung von ihm abwendet?

Als er in allen Anklagepunkten schuldig gesprochen wird, werten amerikanische Medien das als historische Zäsur. Noch nie wurde ein ehemaliger Präsident verurteilt, er gilt jetzt als Verbrecher. Für alle, die auf eine widerstandsfähige Justiz setzen, ist das Urteil von großer Bedeutung. Der Richter und die zwölf Geschworenen haben der erdrückenden Stimmungsmache durch das Trump-Lager widerstanden, auch von den Konsequenzen für den Präsidentschaftswahlkampf haben sie sich nicht beeindrucken lassen. Der Richter wird ganz sicher andere Worte gewählt haben, aber auch ihm waren das Getöse und die Drohungen offenbar «schnuppe», das Gericht war nach allem, was man aus der Ferne erfahren kann, ausschließlich darauf aus, Recht zu sprechen.

Der Verurteilte sieht das natürlich völlig anders. Augenzeugen berichten, wie Donald Trump in den Stunden vor der Urteilsverkündung scherzte und allerbeste Laune verbreitete, offensichtlich ging er fest von einem Freispruch aus. Als der Richter dann das für ihn vernichtende Urteil verkündete, lief sein Kopf feuerrot an, er verfolgte den Richterspruch verkrampft, zusammengesunken, mit über der Brust verschränkten Armen.

Ein paar Minuten später rafft er sich wieder auf und tritt vor die wartende Presse. Kameras übertragen das Spektakel des wütenden Donald Trump in die ganze Welt. Das Gericht sei korrupt, das Urteil manipuliert, er würde es nicht akzeptieren, hinter allem würde Joe Biden stecken. Dann nutzt er seine persönliche Notlage noch, um gegen kriminelle Ausländer zu hetzen. Das Thema Migration scheint ihn genauso umzutreiben wie das Urteil gegen ihn. Dann ruft er zu seiner Wahl im November auf und tritt ab.

Am nächsten Morgen legt Trump mit einem denkwürdigen Auftritt nach. In der vergoldeten Lobby des Trump Tower von Manhattan, dort, wo er neun Jahre zuvor die Rolltreppe hinuntergeglitten war, um seine erste Präsidentschaftskandidatur zu verkünden, schimpft er jetzt gegen den Staat, den er erneut als Präsident regieren will. Schon sein erster Satz ist ein Frontalangriff und untergräbt die Glaubwürdigkeit der Judikative: «Wenn sie das mit mir machen, dann können sie es mit jedem machen.» Man kennt diesen Spruch bereits. Was er genau mit ihm meint, sagt er nicht, aber seine verbalen Eruptionen der letzten Zeit machen überdeutlich, dass auch er glaubt, ein Josef K. zu sein, ein Opfer staatlicher Willkür.

Übergangslos wütet er gleich im zweiten Satz wieder gegen Migranten, das Thema lässt ihn einfach nicht los. Millionen Lateinamerikaner, Afrikaner und Asiaten würden aus Gefängnissen und psychiatrischen Kliniken ungehindert in die USA strömen. Schuld daran seien der amtierende Präsident und eine Gruppe Faschisten, die das Land zerstören würden; er spricht wirklich von Faschisten. Damit auch niemand überhört, worauf er abzielt, donnert er: «Wir leben in einem faschistischen Staat!»

Der Auftritt im Trump Tower wird sowohl von seinen Gegnern wie von seinen Anhängern bejubelt. Die Gegner reiben sich die Hände, weil Trump als das erscheint, was er am allermeisten hasst: als Verlierer. Seine Anhänger wiederum bewundern, wie sich ihr Idol über die Justiz stellt, wie er den Kampf gegen das angeblich korrupte Rechtssystem und gegen Migranten aufnimmt.

Einerseits stärkt das Urteil die Demokratie, weil sich die Justiz gegen die Politik behauptet. Andererseits wird die Demokratie an diesen Tagen beschädigt, weil ein Mann und seine Helfer vielen Millionen Anhängern einreden, sie würden nicht in einem demokratischen Staat, sondern in einem Unrechtsstaat leben. Ein großer Teil der Amerikaner wird sich von diesem Staat abwenden. Warum sollten sie künftig seine Gesetze beachten?

Einer der zahllosen Amerikaner, die sich über das Urteil gegen Donald Trump empören, ist mein Cousin Martin; natürlich echauffiert auch er sich. Im geräumigen Wohnzimmer seines Hauses in Connecticut setzt er sich vor seinen Laptop und schaltet sich live in das Programm des lokalen Fernsehsenders ein. Er ist Host seiner eigenen Show. Martin beginnt gleich mit markigen Worten: «Wir leben in historischen Zeiten. Es ist so unglaublich, was gerade passiert. Das Jahr 2024 dreht durch.» Stolz zerrt er einen Zeitungsartikel vor den Bildschirm und liest vor: «Nach dem Urteil erhielt Donald Trump 200 Millionen Dollar an Spenden.» 35 Prozent seien von Spendern eingegangen, die das erste Mal überhaupt an einen Politiker Geld überwiesen hätten. Das Urteil wird nicht nur von ihm, Martin, als unfair empfunden, will er damit sagen, sondern auch von vielen politisch neutralen Menschen.

Dann redet er sich in Wallung, die meisten Amerikaner würden ohnehin nicht verstehen, weswegen Trump der Prozess gemacht worden sei, geschweige denn, warum er verurteilt wurde. Weil er Schweigegeldzahlungen an eine Pornodarstellerin in seinen Bilanzen falsch angegeben habe? Das sei doch ein lächerlicher Vorwurf. Einen ehemaligen Staatspräsidenten, der erneut für das höchste Staatsamt kandidiert, deswegen möglicherweise ins Gefängnis zu werfen, sei noch absurder.

Und wenn Martin recht hat? Was, wenn der Prozess so überzogen war, dass er dem Rechtsempfinden der allermeisten Amerikaner zuwiderläuft? Dann würde das Urteil Donald Trump nicht schaden, sondern ihm bei seinem Versuch, erneut Präsident zu werden, sogar nützlich sein. Eine ähnliche Frage habe ich ja am Rande der Verhandlung gegen Björn Höcke mit Prozessbeobachtern in Halle besprochen. Was, wenn das Urteil wegen der Verwendung des Slogans «Alles für Deutschland» den allermeisten Deutschen nicht einleuchtet? Was, wenn es dem Angeklagten keinen Schaden zufügt, sondern wenn er es propagandistisch umdreht und gegen den Rechtsstaat einsetzt?

All diese Zweifel sind tatsächlich gewichtig. Aber einem Gericht, das seine Aufgabe ernst nimmt, egal ob in New York City oder in Halle an der Saale, müssen derlei Überlegungen «schnuppe» sein. Das macht die tiefere und der Tagespolitik überlegene Akzeptanz des Rechtsstaats in der Bevölkerung aus.

Doch es fällt auf, dass der Streit über das Justizsystem immer lauter und immer heftiger geführt wird. Ich registriere, dass ein zynischer Politiker wie Donald Trump nach der Justiz ruft, wenn es ihm politisch passt. Man denke an die «Lock her up»-Rufe gegen Hillary Clinton oder an seine Anfechtung der Wahl von 2020. Doch derselbe Politiker stellt die Justiz fundamental in Frage, wenn sie ihn verurteilt. Die Unterstellungen gegen unabhängige Gerichte werden bei seinen Anhängern einen fatalen Eindruck hinterlassen. Sie werden dem Rechtsstaat üble Manipulationen zutrauen.

Mein Cousin Martin schimpft in seiner Sendung, die Justiz würde von den Demokraten als Waffe missbraucht, um einen Konkurrenten im politischen Wettbewerb niederzumachen. Dann schaltet er per Videoleitung John aus Philadelphia in seine Show, einen etwa vierzigjährigen Afroamerikaner. Martin stellt ihn als jemanden vor, der viel durch die Welt reise und sich deshalb in vielen Ländern auskenne. Dieser John zieht große, mutige Parallelen, der Fall Trump erinnere ihn an Venezuela und an Russland, an Länder also, in denen Oppositionelle ins Gefängnis geworfen würden, allesamt Unschuldige. Hat dieser John auch Kafka gelesen?

Ein anderer Gesprächspartner, den Martin in seine Show schaltet, ist der freie Journalist Joe, mit dem ich schon selbst vor einigen Monaten in Martins Sendung diskutiert habe. Unter dem Eindruck des New Yorker Urteils gegen Donald Trump sagt Joe diesmal gewaltsame Unruhen voraus. Er erwartet einen Zusammenbruch der staatlichen Ordnung. Joe würde sich solche Zustände zwar nicht wünschen, aber sie seien unvermeidlich, weil viele Amerikaner die Ungerechtigkeit und die Willkür des politischen Systems nicht mehr ertragen würden. Er fordert die Zuschauer auf, ihre Waffen bereitzuhalten. Wer das hört, muss sofort erschaudern. Doch die Zuschauer, schränkt Joe gleich ein, sollten niemanden angreifen, sondern sich mit ihren Waffen gegebenenfalls verteidigen.

Joe wirkt nicht aggressiv, er spricht konzentriert und mit ruhiger Stimme. Auch er schaltet sich aus seinem Wohnzimmer zu, hinter ihm stehen Topfpflanzen, alle sind sorgsam gepflegt. Eine spießige Zimmerdekoration. Sieht so ein gewaltbereiter Anarchist aus? Dieser sanfte Joe mit den Orchideen wagt jetzt einen Blick in die Zukunft. Die amerikanische Gesellschaft würde bald einen Zusammenbruch erleben, das sei aber nicht schlimm, weil man auf den Ruinen später etwas Neues aufbauen könne. Was das Neue sein soll, sagt er nicht. Mehrfach spricht er davon, dass er das gute alte Amerika mit traditionellen Familienwerten vermissen würde. Das Land habe jetzt erst mal eine Phase des Chaos vor sich: «Die nächsten fünf Jahre werden in diesem Land unvorstellbar sein.»

Am Ende spricht Martin eine Art Schlusswort, das macht er gerne in seinen Sendungen. Noch einmal erregt er sich, Donald Trump sei ein unschuldiges Justizopfer und Joe Biden würde die Justiz dazu missbrauchen, seinen Rivalen auszuschalten. Aber Martin will sich nicht mit der Wiederholung seines Standpunktes begnügen. Er will ihm zusätzlich die Gravitas der Weltgeschichte verleihen. Daher spricht er in seine Wohnzimmerkamera, das New Yorker Urteil würde ihn an Mao Zedong erinnern. Und an Josef Stalin. Der habe schließlich gesagt: «Gebt mir einen Mann und ich nenne euch ein Verbrechen, damit ihr ihn anklagen könnt.» Die Sache sei doch klar: «Genau das machen sie mit Trump.»

Eigentlich ist die Polemik nicht steigerbar, aber Martin versucht es dennoch. Er hat sich auf eine weitere Schlusspointe vorbereitet und hält jetzt sein Smartphone vor die Kamera. Auf dem Bildschirm ist in dicken Buchstaben zu lesen: «Leaders who have their political opponents arrested», («Führer, die ihre politischen Rivalen verhaften ließen»). Darunter stehen acht Bilder: Benito Mussolini, Adolf Hitler, Mao Zedong, Joseph Stalin, Idi Amin, Fidel Castro, Pol Pot – und ganz am Ende: Joe Biden. Ist das lustig? Nein, das ist es nicht. Wenn Donald Trump mit feurigem Ernst behauptet, er würde in einem faschistischen Staat leben, unterstützen Social-Media-Montagen von Stalin und Biden nur seine ungeheure Lüge. Die Lüge wird immer größer und größer und verbreitet sich immer weiter, im ganzen Land und darüber hinaus.

Immer mehr frage ich mich, wieso mein Cousin, dieser liebenswerte Martin, bei diesem Spiel mitmacht, wie er auf diesen Abweg geraten konnte. Wieso hat er sich im Lauf eines langen Lebens derartig radikalisiert? Er lebt in einer intakten Großfamilie, er ist beruflich erfolgreich und einigermaßen wohlhabend, er ist sozial eingebunden und hat Freunde sowohl in seiner Kirchengemeinde als auch in seinem Sportverein.

Wieso also hat er sich radikalisiert?

Eine erste Antwort finde ich in Martins Videos, wenn er sich mit Freunden und Bekannten austauscht, die ähnlich denken wie er. Die Gespräche verlaufen oft nach dem gleichen Muster, sie beginnen freundlich-sachlich, dann schaukeln sich die Diskussionsteilnehmer hoch. Die aktuelle Sendung ist ein gutes Beispiel. Sie beginnt beim Unverständnis über einen Richterspruch und endet bei Stalin und Pol Pot. Martin und seine Gäste wetteifern um die schärfste Formulierung. Am Ende haben alle das Gefühl, auf der richtigen Seite zu stehen. Alle wähnen sich dann in einer Art Kampf: Republikaner gegen Demokraten, Freiheitsfanatiker gegen den Deep State, wir gegen die. Martin kann sich als Teil einer wichtigen Gruppe fühlen.

Bei längerem Nachdenken fällt mir noch ein weiterer Grund für Martins Radikalisierung ein, und der geht länger und tiefer zurück. Martin wurde schon in den späten 1970er Jahren Anhänger der republikanischen Partei. Es lohnt sich, an diese Zeit zurückzudenken, denn der Herbst 1979 war für viele Amerikaner und Amerikanerinnen ein politischer Wendepunkt. Im Weißen Haus regierte der demokratische Erdnussfarmer Jimmy Carter, 10 000 Kilometer weiter östlich nahmen iranische Studenten über 50 Angehörige der amerikanischen Botschaft als Geiseln. Die von Carter befohlene Operation Eagle Claw zur Befreiung der Geiseln scheiterte spektakulär. Es dauerte 444 fürchterlich lange Tage, bis die festgehaltenen Diplomaten nach Vermittlung Algeriens endlich freikamen. Auf Vermittlung Algeriens! Viele Landsleute zuhause empfanden die Geiselaffäre als Schmach, nach der Niederlage in Vietnam wurde ihnen erneut vor Augen geführt, dass ihre Nation verwundbar war und «herumgeschubst» wurde. Martin war damals 17 oder 18 Jahre alt, in einem Alter also, in dem sich junge Erwachsene politisieren. Er hatte 444 Tage Zeit, zu grübeln. 444 Tage, um sich zu fragen, was mit der Regierung und überhaupt in seinem Land schieflief. 444 Tage Zeit, um sich von dem Gefühl der Demütigung peinigen zu lassen.

Irgendwann in dieser Zeit oder bald danach wandte er sich, wie viele andere, von den als schwach empfundenen Demokraten ab und den als stark empfundenen Republikanern zu. Ronald Reagan versprach ihm, sein Land wieder zu einer großen und stolzen Nation zu machen («great again»). Martin begann, sich für die Sache der Republikaner einzusetzen. Ich kann mich an keine Situation erinnern, in der er auch nur in Erwägung zog, Walter Mondale, Michael Dukakis, Bill Clinton, Al Gore, Barack Obama oder irgendeinen anderen Demokraten zu wählen.

Die Republikaner wurden seine politische Heimat, er blieb ihr treu. Im Laufe von vier Jahrzehnten veränderte sich die Partei, sie entwickelte sich von einer moderat-konservativen stetig zu einer radikal-konservativen Partei. Und mit ihr veränderte sich Martin. Er frohlockte, als George W. Bush amerikanische Truppen im Irak einmarschieren ließ, obwohl die Gründe für die Invasion an den Haaren herbeigezogen waren. Er übernahm das ätzende Vokabular, als die Tea-Party-Bewegung mit extremen sozialpolitischen und religiösen Parolen an Einfluss in der Partei gewann. Der Schritt zur MAGA-Bewegung von Donald Trump war dann nicht mehr weit. Die republikanische Partei hat sich radikalisiert, und mit ihr mein Cousin. Egal, wie schrill ihre Rhetorik wird, es ist kaum vorstellbar, dass er sich von seiner Partei abwendet.

Eine Kritik an Trump könnte zur Folge haben, dass sich Martin außerhalb seiner Gruppe stellen würde – und seine politische Heimat verlöre. So ergeht es vermutlich Millionen von Amerikanern und Amerikanerinnen. Das Bedürfnis nach Anerkennung Gleichgesinnter kann die Kraft von Familien oder Freundeskreisen übersteigen. Das alles weiß Donald Trump und nutzt es für sich. Legendär ist sein Satz vom Januar 2016: «Ich könnte mitten auf der 5th Avenue stehen und jemanden erschießen. Dennoch würde ich keinen Wähler verlieren.»

Zum Wesen von Bewegungen wie MAGA gehören klare Feindbilder und Nibelungentreue zum Anführer. Nicht nur in den USA. Vermutlich ist kein Land, keine Gesellschaft gegen den Sog radikaler Bewegungen immun. Je nach politischer und historischer Konstellation gelingt es charismatischen Anführern, oder sollte man sagen: Verführern, ihre Anhänger dazu zu bringen, Unfug weiterzuverbreiten, sie zum gewaltsamen Umsturz einer Regierung aufzuhetzen oder in einen Krieg zu schicken. Der Wir-gegen-die-Moment ist dabei entscheidend. Mal richtet er sich gegen ein anderes Land, mal gegen die Regierung im eigenen Land, mal gegen Migranten.

In den USA konkurriert die Kraft einer solchen Bewegung inzwischen mit der Akzeptanz des Rechtsstaates. Trumps Satz «Wenn sie das mit mir machen, können sie es mit jedem machen» haben Martin, John und Joe, die drei Teilnehmer der lokalen Fernsehshow, verinnerlicht. Sie haben keinen Zweifel mehr, dass ihr Kandidat ein Justizopfer ist. Und sie haben keinen Zweifel mehr, dass ihr Land von finsteren Mächten des Deep State herumgeschubst wird. In ihrer einstündigen Fernsehdiskussion drehen sie ungebremst an der Eskalationsschraube.

Martin dreht an dieser Schraube seit über 40 Jahren.

Höckes Anwalt

Wir hatten uns am Rande des Prozesses gegen Björn Höcke kennengelernt und etwas später zum Mittagessen verabredet. Ulrich Vosgerau kommt auf die Minute pünktlich ins Berliner Restaurant, und jetzt bin ich gespannt, den Mann näher kennenzulernen, der in diesem Jahr so plötzlich in die Öffentlichkeit geraten ist. Diese Welt, seine Welt, ist mir fremd. Umso mehr interessiert sie mich. In den letzten Wochen konnte ich beobachten, wie er seinen Beruf vor Gericht ausübt, wie er argumentiert. Ich war durch seine Ausführungen zum Unterschied zwischen einem freiheitlichen und einem totalitären Staat auf ihn aufmerksam geworden. Aber mir war nicht klar geworden, warum er Björn Höcke überhaupt verteidigt. Geht es ihm um Höckes Sache, will er dessen Agenda unterstützen? Geht es ihm um Aufmerksamkeit, die letztlich seinen Marktwert steigert? Reizen ihn der ungewöhnliche Mandant und das Thema des Prozesses? Oder treiben ihn ganz andere Motive? Und dann war da ja noch das Potsdamer Treffen, über das *Correctiv* im Januar berichtet hatte, Ulrich Vosgerau hatte an dem Treffen teilgenommen.

In Frankreich gab es einmal den Rechtsanwalt Jacques Vergès, der während des Zweiten Weltkriegs gegen die Nazis gekämpft hatte und später einen Gefallen daran fand, Kriegsverbrecher, Diktatoren und Terroristen vor Gericht zu vertreten. Seine Verteidigung des Gestapo-Offiziers Klaus Barbie, des «Schlächters von Lyon», seine Verteidigung von Slobodan Milošević und des Bombenlegers Carlos machten Vergès weit über die Grenzen Frankreichs hinaus berühmt. Um sein Berufsverständnis zu erklären, sagte er einmal, er hätte auch gerne Adolf Hitler und George W. Bush verteidigt, jeder habe halt ein Anrecht auf eine gute Verteidigung. Am liebsten hätte er sogar den Satan persönlich vor Gericht vertreten, gewissermaßen als Advocatus Diaboli. Will Ulrich Vosgerau ein deutscher Jacques Vergès werden? Oder würde man ihm mit dem Vergleich Unrecht tun?

Gleich zu Beginn unseres Mittagessens will er eines klarstellen: Er stünde politisch nicht auf der Seite der AfD, er sei Mitglied der CDU. Eine interessante Gesprächseröffnung, offenbar will er mir signalisieren, dass er zwar Anwalt von Björn Höcke ist, aber nicht sein Sprecher. Im Laufe der nächsten Stunden denke ich gelegentlich darüber nach, ob die CDU wirklich die richtige politische Heimat von ihm ist. Ulrich Vosgerau spricht schnell, er wählt präzise Formulierungen, man merkt, welche Bedeutung Sprache in seinem Beruf hat. Ausführlich erzählt er von seiner bewegten Jugend, wie er als Schüler in Norddeutschland sein rhetorisches Talent entwickelte, sein Interesse für Politik, auch für Naturschutz, und wie er damals kurzzeitig mit den Grünen sympathisierte. Er habe eine ungewöhnliche Phase durchlebt; im Januar 1990, also wenige Wochen nach dem Fall der Mauer, sei er für einige Zeit in die DDR übergesiedelt, vorübergehend habe er in einer besetzten Wohnung geschlafen. Damals sei er fünfzehn Jahre alt gewesen und habe gehofft, von Rostock aus die Revolution der Ostdeutschen nach Westdeutschland tragen zu können, die grünbewegten Bürgerrechtler von Bündnis 90 hätten es ihm angetan. Aber mehr als irgendein politisches Programm habe ihn die Aussicht gereizt, an einer wilden, aufregenden Bewegung teilzunehmen. Doch die gesamtdeutsche Revolution blieb aus, Ulrich Vosgerau ging in den Westen zurück. Über seine Schulzeit spricht er sehr selbstbewusst: «Ich hatte zunächst die Leistungskurse Deutsch und Geschichte gewählt. Und habe dann bald gesehen, es ist gar nicht so gut, wenn man irgendwelche Leistungsfächer wählt, wo man im Grunde besser ist als die Lehrer. Die werden einen nicht lieben. Man soll irgendwas wählen, wo man noch etwas lernen kann.»

Wie hat man sich den Wandel vom Möchtegern-Revolutionär zum konservativen Jugendlichen vorzustellen? Vosgerau erzählt von prägenden Alltagsbeobachtungen. Schon damals sei ihm eine Islamisierung seiner Heimatstadt Pinneberg aufgefallen, er empfand sie als Überfremdung. In dieser Zeit fiel ihm ein Buch von Alexander Gauland in die Hände, damals noch ein wenig bekannter CDU-Politiker:

Was ist Konservativismus? Streitschrift gegen die falschen deutschen Traditionen. Überhaupt las er sehr viel, etwa Karl Poppers *Die offene Gesellschaft*, Sebastian Haffners Churchill-Biografie, später Oswald Spengler. Nach der Schule begann er ein Jurastudium, konzentrierte sich erst auf Mietrecht in Berlin, machte Karriere an mehreren Universitäten, etwa in Köln und München, und zog schließlich wieder in die Hauptstadt: «Als ich dann 2015 nach Berlin zurückkam, als habilitierter Jurist, da war ich dann prädestiniert, dass ich öffentliches Recht mache.»

Im Gespräch überspringt er mehrere Stationen und berichtet, wie er mit der AfD in Kontakt geriet. Zunächst war er mit einem Zeitschriftenartikel aufgefallen, in dem er der Regierung von Angela Merkel während der Flüchtlingskrise eine «Herrschaft des Unrechts» vorwarf. «Das mit der AfD begann im Frühjahr 2018, als die einen Prozessvertreter suchten für die Grenzöffnungsklage. Da wurde ich an die über einen Mandanten vermittelt, der ist wohl bei der AfD. Die suchten auch gerne einen Habilitierten. Solche Sachen vor dem Bundesverfassungsgericht werden normalerweise von Habilitierten gemacht.» Ulrich Vosgerau stand in diesen Monaten plötzlich auf einer sehr großen Bühne, seinen Stolz darüber versteckt er nicht: «Ich bekam die Gelegenheit, das zu tun, von dem Jura-Professoren träumen und was nicht alle kriegen. Nämlich als Prozessvertreter in einem wichtigen politischen Prozess vor dem Bundesverfassungsgericht aufzutreten. Das hat mich gereizt.»

«Das hat Ihrem Ego gestreichelt?»

«Ja klar.»

Vosgeraus Arbeit sorgte für Aufsehen, besonders innerhalb der AfD. Als er sich vor einigen Monaten im Studio von Julian Reichelts Portal *Nius* aufhielt, klingelte sein Handy, und Björn Höcke erkundigte sich, ob er seine Verteidigung im bevorstehenden Prozess wegen der Verwendung des Slogans «Alles für Deutschland» übernehmen wolle. Vosgerau übernahm – und verlor. Er ist immer noch überzeugt, dass sein Mandant unschuldig ist und dass das Gericht den Grundsatz «in dubio pro reo» in sein Gegenteil verkehrt habe, es habe also «in dubio contra reum» entschieden, im Zweifel gegen den Angeklagten.

An der Unschuld von Björn Höcke habe ich erhebliche Zweifel. Dennoch kann ich Vosgeraus Unbehagen verstehen, ich war ja selbst unsicher, ob die von den Staatsanwälten vorgebrachten Argumente für eine Verurteilung ausreichten. Aber ich bin kein Richter.

Wir kommen noch einmal auf Vosgeraus Plädoyer in Halle zu sprechen, auf seinen Vergleich zwischen einem totalitären und einem freiheitlichen Verfassungsstaat; die Passage hatte ich als Drohung gegen das Gericht empfunden. Vosgerau will jetzt so verstanden werden: «Man soll sich nicht auf totalitäre Zustände zubewegen.» Der Gedanke ist ihm wichtig, daher wiederholt er ihn gleich noch einmal: «Man soll sich nicht auf totalitäre Zustände zubewegen.» Den Satz würde ich uneingeschränkt unterschreiben; aber befürchtet Vosgerau ernsthaft, dass die Bundesrepublik auf dem Weg in einen totalitären Unrechtsstaat ist? Er nimmt den Zustand unseres Landes anscheinend völlig anders wahr als ich.

Die Temperatur unseres Gesprächs steigt, auch weil wir über ein weiteres Thema sprechen wollen, Ulrich Vosgerau war ja Anfang des Jahres noch aus einem anderen Grund in die Schlagzeilen geraten. Und diese Angelegenheit lässt darauf schließen, dass Vosgerau kein deutscher Jacques Vergès ist, vermutlich auch kein solcher sein will, also kein Jurist, der sich für Angeklagte aus allen Lagern des politischen Spektrums einsetzt. Es ist kaum vorstellbar, dass er etwa bei einem Treffen von Klimaklebern teilnimmt oder sie vor Gericht vertritt. Ulrich Vosgerau steht anderen politischen Akteuren und ihrer Agenda offenkundig näher.

Also sprechen wir über seine Teilnahme an dem Treffen bei Potsdam und über die Berichterstattung von *Correctiv*. Die Recherchegruppe hatte nicht nur heimlich angefertigte Videoaufnahmen veröffentlicht, sondern bruchstückhaft auch kurze Gesprächsteile. Vor allem auf einen Vortrag des rechtsextremen Aktivisten und Autors Martin Sellner aus Österreich hatte *Correctiv* hingewiesen. Unter der Überschrift «Geheimplan gegen Deutschland» schrieb sie auf ihrer Website: «Von diesem Treffen sollte niemand erfahren. Hochrangige AfD-Politiker, Neonazis und finanzstarke Unternehmer kamen im November in einem Hotel bei Potsdam zusammen. Sie planten nichts Geringeres, als die Vertreibung von Millionen von Menschen aus Deutschland.» Der Bericht löste eine Empörungswelle aus, in vielen Städten gab es Massendemonstrationen. Was hat Ulrich Vosgerau dazu zu sagen?

Bevor er sich über *Correctiv* beschwert, will er einen Gedanken loswerden: «Wir sind ein gutes Stück weit in einer gelenkten Demokratie. Und der Mechanismus dieser Lenkung ist das Presserecht, das Äußerungsrecht. Die Kernkompetenz von Medien wie *Correctiv* besteht darin, ‹unterlassungsfeste› Veröffentlichungen zu schreiben, die in Wahrheit praktisch keine gerichtlich angreifbare Tatsache enthalten, aber beim ungeübten Leser den Eindruck hinterlassen, er habe lauter Tatsachen gehört.»

Einmal in Schwung, feuert er gegen öffentlich-rechtliche Medien. Seiner Meinung nach hätten sie die *Correctiv*-Meldung im Januar zu leichtfertig übernommen und weiterverbreitet. Mehr noch, Vosgerau vermutet eine Form der Absprache: «Dass über Wochen und Monate hinweg kein einziger Redakteur des öffentlich-rechtlichen Rundfunks ganz einfach das getan hat, was er in seiner Journalistenausbildung gelernt haben muss, nämlich: Quellenkritik und Gegenrecherche, was das ganze Narrativ sofort aufgelöst haben würde, da ja auf der Hand liegt, dass *Correctiv* keinerlei Belege hatte, ist meines Erachtens nach menschlichem Ermessen kaum ohne eine gewisse Konzertierung im Vorfeld erklärlich. Es ist übrigens bis auf den heutigen Tag kein einziger Teilnehmer des Potsdamer Treffens in eine öffentlich-rechtliche Talkshow eingeladen worden. Das *Correctiv*-Narrativ wäre sofort zerplatzt, wenn eine beliebige öffentlich-rechtliche Talk-Sendung in den ersten 14 Tagen nach der Veröffentlichung am 10. Januar zum Beispiel auf der einen Seite Martin Sellner und mich, auf der anderen Seite zwei *Correctiv*-Vertreter eingeladen haben würde – und dann hätten wir darüber reden können, was in Potsdam eigentlich beraten worden ist und was daran verboten sein soll. Solche Aufklärung wäre eigentlich Aufgabe des öffentlich-rechtlichen Rundfunks, aber das findet halt nicht statt, stattdessen ständige Propaganda in ständiger Wiederholung.»

ARD, ZDF und der Deutschlandfunk würden ihr Publikum absichtlich einseitig informieren, so verstehe ich seinen Vorwurf. Aber stimmt das? Woher will Vosgerau wissen, dass die Nachrichtenredaktionen den *Correctiv*-Beitrag kritiklos und ohne jegliche Eigenrecherche übernommen haben? Selbst wenn die Redaktionen schlampig gearbeitet haben sollten, wäre das kein Beleg für eine Absicht.

Der Beitrag, den die Tagesschau am 10. Januar 2024 über das Potsdamer Treffen gesendet hat, ist mir beispielsweise nicht als einseitiger

Beitrag aufgefallen. Darin sind sowohl O-Töne des Chefredakteurs von *Correctiv* wie von einem Verfassungsrechtler enthalten – als auch ein O-Ton von Ulrich Vosgerau selbst. Zusätzlich wird er von Kilian Pfeffer, dem Autor des Tagesschau-Beitrags, sodann indirekt mit dem Satz zitiert: «Sellner habe aber nur über die legale Rückführung von Asylbewerbern gesprochen, so Vosgerau.» Danach heißt es in Pfeffers Beitrag: «Sellner selbst schreibt auf Telegram, er habe nie die Abschiebung von Staatsbürgern gefordert.» Auch eine kurze, distanzierende Stellungnahme der AfD wird in dem Beitrag erwähnt. Zumindest Pfeffer kann man schwerlich vorwerfen, er habe auf Quellenkritik und Gegenrecherche verzichtet.

Da ich Vosgeraus Anschuldigungen sehr ernst nehme, kontaktiere ich Kilian Pfeffer und bitte ihn, mir mitzuteilen, ob denn Vosgeraus Verdacht, es habe «eine gewisse Konzertierung im Vorfeld» gegeben, zutrifft. Der ARD-Redakteur antwortet mir: «Ich verstehe diesen Begriff so, dass *Correctiv* im Vorfeld des 10. Januar mit verschiedenen Medien, auch mit dem ARD-Hauptstadtstudio, im Detail verabredet haben soll, dass, wann und wie über die Recherche berichtet wird. Solche Absprachen hat es mit uns nicht gegeben.»

Ob es Absprachen mit anderen Medien gegeben hat, entzieht sich meiner Kenntnis. Selbst wenn es solche Absprachen gegeben haben sollte, wäre das weder verwerflich noch ungewöhnlich. Inzwischen gibt es zahlreiche Kooperationen von Medien und Rechercheverbünden. Außerdem fiel im Frühjahr auf, dass nicht nur öffentlich-rechtliche Sender über die *Correctiv*-Recherche berichteten, sondern auch viele Privatsender sowie Zeitungen und Onlinemedien. Die allermeisten kommentierten den Bericht mit einem ähnlichen Grundton. Ich möchte eine publizistische Rudelbildung nicht ausschließen, solche problematischen Formen der Berichterstattung hat es schon bei früheren Anlässen gegeben, ich denke etwa an die Berichterstattung über den damaligen Bundespräsidenten Christian Wulff. Aber eine Konzertierung all dieser Medien im Vorfeld halte ich schon aus praktischen Gründen für äußerst unwahrscheinlich.

Nach der ganzen Aufregung über die Berichterstattung interessiert mich umso mehr, was bei dem Potsdamer Treffen tatsächlich besprochen wurde. Da Ulrich Vosgerau dabei war, bitte ich ihn, mir seine Erinnerungen zu schildern. Er erzählt, wie sich seit über 20 Jahren einige wohlhabende Patienten um einen Düsseldorfer Zahnarzt scharen. Da einige dieser Leute Mandanten von Vosgerau seien, habe auch er Zugang zu diesem «Düsseldorfer Kreis» erhalten. So sei er im Herbst 2023 zu dem Treffen bei Potsdam eingeladen worden. In der Einladung habe gestanden, dass auch ein Mann namens Martin Sellner sprechen würde. «Ich wusste von Anfang an, dass Martin Sellner kommen würde. Ich hatte schon viel Positives über ihn gehört, aus ganz unverdächtigen Kreisen. Leute, die keineswegs irgendwie rechtsextrem sind, die ihn mal kennengelernt hatten, hatten mir erzählt, dass das ein sehr angenehmer und gebildeter junger Mann sei, der überhaupt nicht fanatisiert wirke, mit dem man sich sehr angenehm unterhalten könne. Das hat sich mir auch bestätigt, ich hatte auch einen sehr guten Eindruck.»

Correctiv hat einen völlig anderen Eindruck von Martin Sellner. Die Recherchegruppe nennt den Österreicher «das langjährige Gesicht der rechtsextremen Identitären Bewegung.»

Als dieser Martin Sellner in der Potsdamer Villa seine Vorstellungen zur Remigration präsentierte, war auch Vosgerau im Raum und hörte zu. Er erinnert sich so: «Er hat sinngemäß gesagt, es gäbe Ausländer, die keine deutschen Staatsbürger sind, die aber eine unbeschränkte Aufenthaltserlaubnis haben, die aber ganz schlecht integriert sind, die man aber nicht ausweisen kann, weil man dafür einen wichtigen individuellen Grund braucht. Und selbst wenn es einen wichtigen individuellen Grund gibt, zum Beispiel Kriminalität, auch wenn es erhebliche Kriminalität ist, wird es natürlich immer noch abgewogen, wenn einer hier verheiratet ist, es genügt, dass er seinen Lebensmittelpunkt hier hat und dass er Kinder hat. Und wenn der Vater dann wegen schwerer Kriminalität, weil er Ausländer ist, ausgewiesen werden soll, aber die Kinder gehen hier auf die Schule, dann kann man ihn auch nicht ausweisen. Für solche Fälle hat Martin Sellner gesagt, man müsste Möglichkeiten finden, ob man die freiwillig dazu bewegen kann, woanders zu leben.»

Martin Sellner blieb in seinem Vortrag offenbar nicht allgemein, er präsentierte einen sehr konkreten Vorschlag, den auch Ulrich Vosgerau befremdlich fand: «Und da kam es zu dieser Idee, die ich selber skurril finde, Musterstädte in Afrika zu bauen, wo man ganz wunderbar leben kann, wo es tolle Sport- und Freizeitmöglichkeiten gibt, auch Fortbildung und so. Und wo dann völlig freiwillig die Ausländer, Araber und so, überlegen können, ob sie da nicht lieber wohnen wollen, ob es ihnen da nicht besser gefällt. Also ohne Zwang, freiwillig und mit jederzeitiger Rückkehr. Dann hat er schließlich noch gesagt, diese Musterstädte sollten keineswegs nur für Ausländer reserviert sein. Also jeder Deutsche, der da gerne hin möchte, zum Beispiel Flüchtlingshelfer, die sich da gerne nützlich machen wollen, die können da ja gerne hingehen.»

Vosgerau bestätigt, dass Sellner das Wort «Remigration» benutzt hat, er habe aber Wert darauf gelegt, dass alles legal und verfassungsgemäß erfolgen solle. «Remigration schien von ihm der Oberbegriff zu sein für alle freiwilligen und auch nicht ganz freiwilligen Aufenthaltsbeendigenden Maßnahmen.»

Ulrich Vosgerau stellt das Potsdamer Treffen und den Vortrag von Martin Sellner deutlich anders dar als *Correctiv*. Wenn man ihm zuhört, klingt alles viel kleiner, harmloser. War es wirklich so klein und harmlos?

Es lohnt sich, noch einmal genau zu lesen, was *Correctiv* im Januar auf seiner Website über das Treffen geschrieben hat: «Sellner ergreift das Wort. Er erklärt das Konzept im Verlauf des Vortrages so: Es gebe drei Zielgruppen der Migration, die Deutschland verlassen sollten. Oder, wie er sagt, ‹um die Ansiedlung von Ausländern rückabzuwickeln›. Er zählt auf, wen er meint: Asylbewerber, Ausländer mit Bleiberecht – und ‹nicht assimilierte Staatsbürger›. Letztere seien aus seiner Sicht das größte ‹Problem›.»

Correctiv fasste Sellners Überlegungen so zusammen: «Im Grunde laufen die Gedankenspiele an diesem Tag alle auf eines hinaus: Menschen sollen aus Deutschland verdrängt werden können, wenn sie die vermeintlich falsche Hautfarbe oder Herkunft haben – und aus Sicht von Menschen wie Sellner nicht ausreichend ‹assimiliert› sind. Auch wenn sie deutsche Staatsbürger sind. Es ist gegen die Existenz von Menschen in diesem Land gerichtet.»

Gegen diese Version, oder besser: gegen diese Art der Darstellung, steht der Vorwurf von Ulrich Vosgerau, die Kernkompetenz von Medien wie *Correcti*v sei es, «unterlassungsfeste» Veröffentlichungen zu schreiben, «die beim ungeübten Leser den Eindruck hinterlassen, er habe lauter Tatsachen gehört.»

Was sagt Martin Sellner selber dazu? Ich schicke ihm eine Mail und frage ihn: «Ist es richtig, dass Sie bei diesem Treffen keine Abschiebung von deutschen Staatsbürgern gefordert haben?» Sellner antwortet sehr zügig: «Ja, das habe ich zu 100 % nicht gefordert.»

Wurden die Leser und Zuschauer von *Correctiv* also nicht richtig informiert, mit trickreichen Formulierungen vielleicht sogar an der Nase herumgeführt? Auch das Online-Magazin *Übermedien* hat später die Berichterstattung von *Correctiv* kritisiert. Viele Behauptungen seien nicht ausreichend belegt, der Text sei «misslungen», die Berichterstattung vieler Medien «eine Katastrophe.» Haben Vosgerau und *Übermedien* recht?

Ich rufe bei *Correctiv* an und spreche mit dem verantwortlichen Mitarbeiter Marcus Bensmann. Er empört sich, antwortet lange am Telefon und schickt mir dann Mails hinterher, die die bisherige Version von *Correctiv* bekräftigen. Bensmann schreibt zum Beispiel über Sellners vermeintliche Verwendung des Begriffes der „ethnischen Wahl", der in Kreisen der Identitären en vogue ist und ein potenziell destruktives Wahlverhalten von Menschen mit Migrationshintergrund suggeriert: «Sellner beschwor in seinem Vortrag die Gefahren der ‹ethnischen Wahl›, die Staatsbürger mit und ohne migrantischen Hintergrund gegeneinander ausspielt, und die Staatsbürger mit migrantischem Hintergrund zur Gefahr für die Demokratie macht.» Dann schreibt er über Sellners vermeintliche Ausführungen in Potsdam weiter: «Die Gefahr der ‹ethnischen Wahl› könne nur über ‹Remigration› gelöst werden, sagt Sellner, ‹die Fremden leben nicht nur hier, sie wählen auch hier›. Auf die Frage, was denn mit den Staatsbürgern gemacht werden könne, bot Sellner die Lösung an: ‹Remigration› von ‹nicht-assimilierten Staatsbürgern› über ‹maßgeschneiderte Gesetze› und ‹Anpassungsdruck› als ‹Jahrzehnteprojekt›.»

Das hört sich viel größer an, nach einem langfristigen Plan mit dem Ziel, Millionen von Menschen aus Deutschland zu vertreiben. Was aber bleibt, ist das Problem, dass die Aussagen, die in Potsdam gefallen sein sollen, nicht oder nur sehr dürftig belegt sind. Das mag mit der Art zusammenhängen, wie *Correctiv* die Recherche durchgeführt hat, die Recherchegruppe will ihre Quellen aus nachvollziehbaren Gründen nicht offenlegen, und auch nicht, ob Gesprächsinhalte mit Audio-Aufnahmegeräten aufgezeichnet wurden.

Die ganze Angelegenheit ist längst vor Gericht gelandet. Marcus Bensmann weist mich darauf hin, dass die Aussagen, die er mir gemailt hat, bislang juristisch nicht angegriffen wurden. Ulrich Vosgerau würde vermutlich antworten, so zumindest seine bisherige Argumentation, dass *Correctiv* die Möglichkeiten des Presserechts für seine Zwecke ausnutzt.

Unstrittig ist, dass die Veröffentlichung von *Correctiv* viele Menschen aufgewühlt hat und zigtausend Menschen in ganz Deutschland auf die Straßen trieb. Selten hat eine investigative Recherche derart breite und hitzige Reaktionen hervorgerufen. Von Ulrich Vosgerau will ich wissen, wie die Großdemonstrationen auf ihn gewirkt haben. Er antwortet überraschend: «Das ist nicht völlig spontan gewesen, da ist ziemlich viel im Hintergrund vorbereitet worden. Und was ich für eine wichtige Sache halte, ist, was das Rückgrat dieser Demonstrationen ausgemacht hat: Wir haben in Deutschland inzwischen einen regelrechten zweiten öffentlichen Dienst. Das ist der Inbegriff all der Personen, die irgendetwas studiert haben, meistens irgendetwas Nutzloses, die bei diesen zahlreichen NGOs tätig sind, die alle staatlich finanziert werden. Was auch demokratietheoretisch höchst zweifelhaft ist. In einer freiheitlichen Demokratie bildet sich die Meinung eigentlich von unten nach oben, ohne staatliche Leitung, ohne Führung und Erziehung, so spontan. Dieser zweite öffentliche Dienst ist jetzt in eine Krise geraten, weil der Staat vollkommen pleite ist, weil die Energiewende so teuer ist, deshalb hat er große Probleme, diesen zweiten öffentlichen Dienst weiter zu finanzieren. Der Kern dieser Demonstrationen ist ausgemacht worden von diesem zweiten öffentlichen Dienst, der voller Zukunftssorge ist, und deshalb dem Staat vor Augen führen wollte: Ihr braucht uns noch im Kampf gegen rechts.»

Auch hier unterscheiden sich die Wahrnehmungen von Ulrich Vosgerau und mir, ich habe die Proteste ganz anders erlebt. In unserem Gespräch rufe ich in Erinnerung, dass im vergangenen Winter die Umfragewerte für die AfD so hoch waren, dass es viele Menschen in Deutschland mit der Angst zu tun bekamen. «Diese Leute hatten schlicht Sorge, dass in Deutschland etwas ins Rutschen kommt,» entgegne ich ihm. Die *Correctiv*-Berichterstattung war aus meiner Sicht so bedeutsam, weil man der AfD und anderen inzwischen derartige Pläne zur Vertreibung von Millionen von Menschen zutraut. Viele

Bürger hätten den Bericht für plausibel gehalten. Ähnlich sieht das auch *Übermedien*, trotz aller Kritik: «Die Proteste, die der Artikel ausgelöst hat, sind gut und wichtig. Er hat viele Menschen alarmiert, die sich zu Recht über die Verbindungen zwischen bürgerlichen Kreisen und dem rechten Rand sorgen.»

Am Ende meines Mittagsessens mit Ulrich Vosgerau landen wir noch einmal beim Zustand der Demokratie. Sein Wort von der «gelenkten Demokratie» steht im Raum. Auffällig oft spricht er auch von «Postdemokratie», auch in Aufsätzen, die er gelegentlich veröffentlicht, nutzt er diesen Begriff, den der britische Sozialwissenschaftler Colin Crouch in seinem gleichnamigen Buch von 2004 maßgeblich geprägt, jedoch noch anders verwendet hat. Es geht Vosgerau vor allem um die Art der Meinungsbildung in Deutschland. Wieder schießt er gegen den öffentlich-rechtlichen Rundfunk: «Der liberale Anteil der Demokratie dürfte vor allem darin bestehen, dass man die gesellschaftliche Selbstorganisation laufen lässt. Dass sich politische Meinungsfindung ohne staatliche Anleitung spontan bildet. Das haben wir im heutigen System nicht mehr so, sondern wir haben inzwischen einen regelrechten Erziehungsstaat, in dem die Dinge, die der Staat eindeutig nicht machen darf wegen der parteipolitischen Neutralität des Staates, ausgelagert werden an private Organisationen, eingetragene Vereine oder gemeinnützige GmbHs, die aber alle staatlich finanziert werden. Da wird dann eine Volkserziehung betrieben, da wird dann die Munition hergestellt, die der öffentlich-rechtliche Rundfunk dann verschießt.»

Erziehungsstaat, Volkserziehung, Munition – Vosgerau redet sich in Rage. Nein, ein deutscher Jacques Vergès wird er nicht werden. Längst ist er weit mehr als ein Anwalt, der sich nur auf seinen Beruf konzentriert. Er ist so meinungsstark und streitlustig, dass ich ihn mir auch als Politiker oder Publizisten vorstellen kann.

Immerhin, wir sehen beide, dass die Demokratie in Deutschland unter Druck steht, sogar in Gefahr ist – aber aus sehr unterschiedlichen Gründen. Während ich eine Gefahr für die Demokratie durch Demagogen am rechten Rand und den Vertrauensverlust des herkömmlichen Parteiensystems sehe, sieht Ulrich Vosgerau, so verstehe ich ihn, eine Gefährdung der Demokratie vor allem durch ein defektes System der Meinungsbildung, durch Massenmedien, besonders durch den öffentlich-rechtlichen Rundfunk. Das Spektrum der dort abgebildeten Standpunkte habe sich verengt. Er sagt, dass es Mitte der 1980er Jahre in Westdeutschland noch eine größere Meinungsfreiheit gegeben habe; der Hauptton der Debatten sei zwar auch damals schon linksliberal gewesen, aber Rechtsintellektuelle hätten mehr Gehör gefunden: «Mit der deutschen Einheit, oder sagen wir: ab Mitte der 1990er Jahre, beginnt ein Prozess, wo sich das System zu schließen scheint. Wo sich allmählich ein Elitenkonsens herausbildet. Die Opposition gilt dann als illegitim.»

Angela Merkel kommt seiner Auffassung nach bei dieser Entwicklung eine Schlüsselrolle zu: «Die zweite Hälfte der Amtszeit von Angela Merkel kann man weitgehend dahingehend beschreiben, dass sie gesagt hat: wir machen einfach nur noch, was der öffentlich-rechtliche Rundfunk für richtig hält, dann greift er uns nicht mehr an, sondern er beschützt uns. Das ist ja auch aufgegangen. Der öffentlich-rechtliche Rundfunk hat sich ja als Wagenburg um Angela Merkel gruppiert und hat sie beschützt.»

Ich bin auch in diesem Punkt anderer Meinung, aber ich weiß, dass viele Menschen so ähnlich denken wie Ulrich Vosgerau; Menschen, die sich vom öffentlich-rechtlichen Rundfunk abgewandt haben, ihm nur noch Verachtung entgegenbringen. Es wird ihn nicht wundern, dass ich seinen Befund nicht teile. Am Beginn unseres Gespräches hat er erwähnt, dass er meine Arbeit als Dokumentarfilmer kennt. Also wird er wissen, dass ich meine Filme vor allem für die ARD herstelle, darunter waren etliche über die Regierungen von Angela Merkel, auch sehr kritische. Der letzte Film aus dem Jahr 2019 hatte den Titel *Die Notregierung – ungeliebte Koalition*. Mir und anderen pauschal Wagenburgjournalismus vorzuhalten, ist beinahe ehrenrührig. Mein Eindruck ist, dass Ulrich Vosgerau etwas verwechselt. Was er beschreibt, ist ja nicht die Gefährdung der Demokratie. Die Demokratie wäre in ihrer Existenz bedroht, wenn die Gewaltenteilung ausgehebelt werden würde, wenn die Opposition um ihre Rechte gebracht werden würde, wenn die Äußerung abweichender Meinungen unterdrückt und bestraft werden würde und wenn Andersdenkende Gewalt oder Freiheitsentzug befürchten müssten.

Was Ulrich Vosgerau beklagt, ist vielmehr die Hegemonie einer linksliberalen Öffentlichkeit. Man kann die Dominanz von bestimmten Gruppen aus Politik und Medien durchaus als ärgerlich empfinden, insbesondere wenn man nicht Teil der linksliberalen Öffentlichkeit ist. Und Ulrich Vosgerau mag recht haben, wenn er feststellt, dass das Spektrum der im öffentlich-rechtlichen Rundfunk vertretenen Positionen schmaler ist als vor 30 Jahren. Aber Meinungshegemonie ist etwas anderes als gelenkte Demokratie. Und ist es ein Vergehen, wenn man als Journalist den Ausstieg aus der Atomenergie richtig fand? Wenn man mit Merkels Flüchtlingspolitik im Großen und Ganzen einverstanden war? Und wenn man das auch so publizierte? Die Mehrzahl der Journalistinnen und Journalisten, ich eingeschlossen, haben Fehler gemacht, weil wir Angela Merkels Energiepolitik nicht entschieden genug kritisiert haben, auch bei ihrer schlechten Klimapolitik haben wir nicht scharf genug hingesehen. Wir haben Fehler gemacht, weil wir Angela Merkel ihre Russland-freundliche Politik durchgehen ließen und nicht früh genug auf die Gefahren dieser Politik hingewiesen haben. Ja, wir haben Fehler gemacht. Und ja, Journalisten neigen dazu, sich zu Rudeln zusammenzuschließen. Aber verhalten wir uns deshalb demokratiegefährdend? Während ich, trotz mancher Kritik, im öffentlich-rechtlichen Rundfunk nach wie vor eine tragende Säule der Demokratie sehe, sieht Ulrich Vosgerau in diesem Rundfunk offenkundig eine Bedrohung.

Nach zwei Stunden sitzen wir noch eine Weile bei Kaffee und Wasser zusammen und lassen unser Gespräch ausklingen. Vor einigen Jahren habe ich einmal aus der Nähe aufgeschnappt, wie der damalige Finanzminister Wolfgang Schäuble seinem griechischen Amtskollegen Janis Varoufakis sagte: «We agree to disagree.» Das gefiel mir gut. Ulrich Vosgerau und ich reichen uns freundlich die Hand und gehen auseinander.

Der Feind des Staates

Javier Milei war erst wenige Wochen im Amt, da meldeten sich bei ihm mehrere Institutionen, die ihn nach Europa einluden. Sie wollten ihn ehren, ihm Auszeichnungen verleihen und sich mit ihm schmücken. Also organisierten seine Leute eine Reise nach Europa, es sollte nach Hamburg und Prag gehen. Sobald die Termine feststanden, nahm ich mir vor, den Kettensägenmann einmal aus der Nähe zu beobachten.

Doch alles gestaltet sich sehr mühsam. Was auch daran liegen mag, dass sich in Argentinien ein breiter Proteststurm gegen Mileis Sozialreformen erhebt. Bilder von Steine-werfenden Demonstranten und knüppelnden Polizisten gehen um die Welt. Derlei Krawall ist in Argentinien nichts Ungewöhnliches, doch Javier Milei ist immer noch ein Neuling in der Casa Rosada, er hat seine Macht noch nicht gefestigt. Zwar schafft er es, die Inflation zu senken und den Staatshaushalt auszugleichen. Aber die Erfolge sind teuer erkauft, weite Teile der Wirtschaft sind abgewürgt, immer mehr Firmen gehen pleite, über die Hälfte der Argentinier lebt inzwischen unter der Armutsgrenze, ein Fünftel vegetiert unter dem Existenzminimum, das sind über acht Millionen Menschen, deutlich mehr als vor Mileis Amtsantritt.

In dieser hochnervösen Lage nimmt man es ihm zuhause übel, dass er mit seinem Regierungsflugzeug und einem Teil des Hofstaates das Land verlässt, um sich in der Ferne Orden umhängen zu lassen. Als er ein paar Wochen zuvor in Madrid war, um sich bei einer Konferenz von Rechtsaußen-Politikern der Partei Vox feiern zu lassen, mied er ein Treffen mit dem sozialistischen Ministerpräsidenten Pedro Sánchez. Und bei seinen drei Reisen in die USA machte er zwar X-Chef Elon Musk und Facebook-Chef Mark Zuckerberg seine Aufwartung, nicht aber Präsident Biden. Die Zeitung *Clarin* hat ausgerechnet, dass der neue Europatrip die argentinischen Steuerzahler 600 000 Dollar kosten wird.

Milei wirft seinen Reiseplan kurzerhand über den Haufen. Nach Hamburg will er nun einen Besuch bei Kanzler Scholz in Berlin ins Programm zwängen, das wird sich zuhause gut machen. Und die Preisverleihung in Prag lässt er spontan um ein paar Tage verschieben, weil er vorher noch einmal in Madrid Station machen will, um eine weitere Auszeichnung entgegenzunehmen.

Dort wird er zwar nicht von Pedro Sánchez empfangen, aber viele tausend Fans stehen bereit, um ihn enthusiastisch zu begrüßen. Milei ist außer sich vor Freude. Als ihm ein überlebensgroßes Ölgemälde gezeigt wird, das ihn als führungsstarken Mann portraitiert, schießen ihm Tränen in die Augen.

In Hamburg ist der Empfang kühler. An der Elbe haben sich nicht kreischende Anhänger versammelt, sondern 200 wütende Gegner. Sie haben sich unten an den Landungsbrücken versammelt und rufen ihre Parolen den Berg hinauf zum Versammlungshotel, wo Milei als mutiger Vorkämpfer wirtschaftlicher Freiheit gepriesen wird. Der Unmut der Demonstranten wird zusätzlich angeheizt, als sich herumspricht, dass an der Hayek-Konferenz auch die AfD-Politikerin Beatrix von Storch und Hans-Georg Maaßen, der Chef der Werteunion, teilnehmen. Journalisten wird der Zugang zur Preisverleihung hingegen verweigert oder auf unwürdige Art erschwert. Lästige Pressefragen will Javier Milei ohnehin nicht beantworten. Dafür sendet er bunte Fotos von seiner Ehrung über die sozialen Medien in die Welt.

Ganz ähnlich verhält er sich am nächsten Vormittag in Berlin. Bis vor wenigen Tagen hatte das Bundeskanzleramt einen Empfang mit allem Tamtam und militärischen Ehren vorbereitet, und auch eine Pressekonferenz war vorgesehen. Doch dann signalisierten Mileis Leute, dass für die Presse leider keine Zeit sei. Dabei gäbe es eine Menge zu fragen: Warum hält Milei Regierungen, an denen Sozialdemokraten und Grüne beteiligt sind, für die Vorstufe des Kommunismus? Warum glaubt er, dass Sozialismus zu Tod und Sklaverei führt? Wie denkt er über die Massenproteste in seiner Heimat? Vielleicht würde sich auch ein Kollege, weniger ernst gemeint, nach dem Wohlergehen seiner Hunde erkundigen. Also wird es wieder keine Begegnung mit kritischen Journalistinnen und Journalisten geben. Den Empfang mit dem aufmarschierenden Musikcorps der Bundeswehr, das die Nationalhymnen mit allem tschingderassabum spielt, will Milei plötzlich auch nicht mehr. Wie würde das auch aussehen, wenn der erklärte Gegner staatlicher Ordnung im Allgemeinen und sozialistischer Regierungschefs im Besonderen sich bei einem feierlichen Staatsbesuch von einem sozialdemokratischen Kanzler mit Pauken und Trompeten hofieren lässt?

Also lässt Olaf Scholz das Programm auf eine sehr niedrige protokollarische Stufe, einen kurzen Arbeitsbesuch, heruntersetzen. Seine Mitarbeiter werden das knurrend hinnehmen, sie müssen dennoch erscheinen und dafür ihren freien Sonntagvormittag opfern. Als um Punkt zwölf Uhr sieben weiße Mäuse, die Motorradstaffel der Hauptstadt, und anschließend ein gepanzerter Mercedes vor dem Kanzleramt vorfahren, reckt Olaf Scholz seinem Gast aus Südamerika eher unverbindlich die Hand zum Gruß hin. Ich konnte das schon einmal beobachten, als er vor zwei Jahren nach Dschidda flog, um den saudischen Thronfolger zu bitten, die Ölförderquote anzuheben und so den Spritpreis in Deutschland zu senken. Ein nichtssagendes Gesicht aufzusetzen, gehört zu den besonderen Fähigkeiten des deutschen Regierungschefs. Das Treffen mit den Saudis verlief ohne greifbares Ergebnis. Beim Gespräch mit Javier Milei wird es wieder um Rohstoffe gehen.

Auf der anderen Seite des Zauns vor dem Kanzleramt haben sich wieder ein paar Dutzend Demonstranten eingefunden. Sie beschimpfen Milei auf Spanisch als «basura», als Müll, und wünschen ihn zur Hölle. Seine Diplomaten haben darauf verzichtet, eine Gegendemonstration zu organisieren. Anders als 1967, als beim Staatsbesuch von Schah Reza Pahlavi bestellte Jubelperser ihrem Herrscher huldigten und viele Kritiker niedergeknüppelt wurden, haben sich heute keine Jubelargentinier zur Begrüßung ihres Staatsoberhaupts eingefunden. So bekommt Javier Milei, als er aus seiner schweren Limousine aussteigt, zunächst einige üble Schimpfwörter zu hören. Seine Landessprache ist voller bös-blumiger Kraftausdrücke. Milei kennt sie alle, er benutzt sie ja selber.

Möglichst rasch entfernen sich Scholz und sein Gast aus dem Blickfeld der Fotografen und vom Geschrei der Demonstranten. Drinnen, hinter den meterhohen Scheiben des Kanzleramts, stellt Scholz ihm einige seiner wichtigsten Mitarbeiter vor; Kanzleramtsminister Wolfgang Schmidt ist dabei, er spricht fließend Spanisch, auch Wirtschaftsberater Jörg Kukies. Auf ihn kommt es besonders an; beim Bemühen, sich wirtschaftlich von der Dominanz Chinas zu lösen, richtet sich der Blick der deutschen Regierung auf die Lithium-Vorräte in Argentinien, das Leichtmetall ist für die Produktion von Akkus, also für Smartphones, Laptops und Elektroautos unverzichtbar. Ohne Lithium ist eine moderne Volkswirtschaft nicht mehr funktionsfähig.

So sitzen an diesem warmen Sommersonntag zwei sehr ungleiche Männer zusammen und stecken ihre Interessen ab, der feurige Sägenmann und der unterkühlte Scholzomat. Javier Milei braucht Geld aus dem Ausland und noch einen offiziellen Termin auf seiner privaten Award-Tour, Olaf Scholz braucht den wertvollen Rohstoff.

Nach dem Treffen kommt es noch zu einem mittleren Eklat. Regierungssprecher Steffen Hebestreit teilt dezent mit, man habe sich über allerhand wichtige Themen zu Wirtschaft, Handel und die Reformen in Argentinien ausgetauscht, der Bundeskanzler habe jedoch auch «unterstrichen, dass aus seiner Sicht Sozialverträglichkeit und der Schutz des gesellschaftlichen Zusammenhalts wichtige Maßstäbe sein sollten».

Als Javier Milei Stunden später von dem Kommuniqué der Deutschen erfährt, geht er an die Decke. Es habe keinerlei mahnende Worte des Bundeskanzlers gegeben, lässt er verkünden. Wer sagt hier die Unwahrheit? Milei, weil er internationale Kritik an seinen Reformen in der Heimat nicht gebrauchen kann? Oder Scholz, weil er sich als Sozialdemokrat genötigt sieht, die brachialen Reformen des Anarchokapitalisten zu geißeln? Scholz und Milei werden wohl keine engen Freunde werden.

Auch der letzte Teil der Europareise wird ganz anders verlaufen als geplant. Das liberale Institut der angloamerikanischen Universität in Prag will ihm ebenfalls einen Preis überreichen, eine schmucklose Urkunde. Wofür eigentlich? Mileis erste volkswirtschaftlichen Erfolge sind ja noch sehr wackelig, und auf den sozialen Kahlschlag kann er unmöglich stolz sein. Aber er will in Europa jede Gelegenheit zur Ehrung wahrnehmen und ließ daher kurzfristig die Preisverleihung um ein paar Tage verschieben. Bevor irgendein Journalist auf die Idee kommt, sich nach den Gründen zu erkundigen und ihm andere unangenehme Fragen stellt, streicht er auch die angekündigte Pressekonferenz in Prag. Immerhin will er dort eine Rede halten. Also fahre ich von Berlin aus vier Stunden lang mit dem Zug durch Brandenburg, durch Sachsen und die Sächsische Schweiz, den Lauf der Elbe entlang, durch Nordböhmen und komme schließlich in Prag an. Hier warte ich auf Mileis Ankunft.

Vor einer halben Ewigkeit bin ich schon einmal in Prag gewesen, es waren Tage, die ich nie vergessen werde. Wie bereits erwähnt, arbeitete ich 1991 für einen Hamburger Radiosender. Eines Tages lief über den Papierticker die Meldung, dass der berühmte Nazijäger Simon Wiesenthal einen ehemaligen KZ-Kommandanten enttarnt hatte. Er hieß Mikulas Polhora und wohnte in Innsbruck. Was für eine Meldung! Ich machte Polhoras Telefonnummer ausfindig, rief ihn an und stellte überrascht fest, dass er noch nichts von Simon Wiesenthal und seiner Enthüllung gehört hatte. Dieses Erlebnis wühlte mich enorm auf; ich konnte kaum fassen, dass ich einen ehemaligen KZ-Kommandanten am Telefon hatte und dass ich derjenige war, der ihm die Nachricht seiner Enttarnung überbrachte. Polhora, der damals knapp 80 Jahre alt war, stammelte viele Minuten lang am Telefon, dass er unschuldig sei. Dann legte er auf.

Ich kündigte bei dem Radiosender und begann, mich monatelang mit diesem Mann zu beschäftigen und auch mit dem slowakischen Zwangsarbeiterlager Nováky, das er geleitet hatte. In Wien ließ ich mir von Simon Wiesenthal Details seiner Recherche schildern. Dann schrieb ich ehemalige Insassen an, um mehr über Polhora zu erfahren. Ein ehemaliger Gefangener antwortete mir, er lebe in Vancouver und würde bald nach Europa kommen, um das erste Mal seit Jahrzehnten wieder Prag zu besuchen, die Stadt, in der er nach dem Krieg gelebt hatte. Dort könnten wir uns treffen. So kam es, insgesamt zwei Tage lang, von morgens bis zum Abendessen sprach ich mit dem Juden Rudolf Vrba. Wir spazierten durch die Stadt, aßen, tranken, redeten. Er hatte eine Menge zu erzählen, seine Lebensgeschichte glich einer Odyssee voller Qualen.

Als Rudolf Vrba 17 Jahre alt war, wurde er verhaftet und in Nováky interniert, wo er auch Mikulas Polhora erlebte, anschließend kam er ins Konzentrationslager Majdanek, dann nach Auschwitz-Birkenau. Dort wurde er zur Zwangsarbeit an der berüchtigten Rampe verpflichtet, mit anderen Häftlingen musste er die Wertsachen der Neuankömmlinge, die die Züge verließen, aufnehmen und «heim ins Reich» schicken. Er erfuhr die Anzahl von Menschen, die per Zug ankamen, er erfuhr auch, dass die Lagerleitung Vorbereitungen für eine große Anzahl von Zügen aus Ungarn traf, die in einigen Wochen eintreffen sollten. Rudolf Vrba wusste das, und er machte sich keinerlei Illusionen darüber, was mit den Insassen der Züge geschehen sollte. Es war genau das Vorhaben, um das es am Ende des Films *Zone of Interest* geht und weswegen sich der unter Leistungsdruck geratene Lagerkommandant Rudolf Höß im Film übergibt.

Rudolf Vrba hatte also detailliert Kenntnis über das Ausmaß der Judenvernichtung und über die weitergehenden Pläne der SS. Wer weiß, vielleicht begegnete er in dieser Funktion auch dem Vater der Frau, die ich bei meinem Auschwitz-Besuch kennengelernt habe, dem liebevollen Familienvater, der tagsüber als Justiziar im Reichssicherheitshauptamt darauf achtete, dass bei der Vernichtung der Juden alles administrativ korrekt ablief. Rudolf Vrba und dieser Justiziar hatten aus sehr unterschiedlichen Gründen Kenntnisse über die Arbeitsweise der Tötungsmaschine.

Vrba zog eine überaus wagemutige Konsequenz. Im April 1944 entschied er gemeinsam mit einem Mithäftling, die Flucht aus Auschwitz zu wagen. Tagelang versteckten sich die beiden unter einem Holzstapel, fanden einen Weg durch die Umzäunung und entkamen ihren Wächtern, gegen alle Wahrscheinlichkeit. Vrba schlug sich nach Budapest durch und versuchte, die dort lebenden Juden vor ihrer bevorstehenden Deportation zu warnen. Doch zu seiner Enttäuschung ignorierte der Judenrat seine Warnung, innerhalb von acht Wochen wurden über 400 000 Juden aus Ungarn nach Auschwitz deportiert. Der schriftliche, 33 Seiten lange Bericht, den Vrba verfasst hatte, erreichte über die Vermittlung des Vatikans immerhin Schweizer Zeitungen. Die Niederschrift war der erste präzise Augenzeugenbericht über die industriell organisierte Vernichtung von Juden, Jahre später wurde er beim Frankfurter Auschwitzprozess bedeutsam.

Das alles erzählte mir also dieser außergewöhnliche Mann mit seinem starken slowakischen Akzent und mit seinem bitteren Humor, während wir durch Prag liefen. Er erzählte mir auch von den Misshandlungen durch Mikulas Polhora in Nováky und bestätigte Simon Wiesenthals Anschuldigungen. Er berichtete, wie er nach dem Krieg in Prag Chemie studierte, wie er es in der Sozialistischen Republik der Tschechoslowakei nicht lange ausgehalten hatte und schließlich über Israel nach Kanada ausgewandert war.

Ich war tief berührt von der Begegnung, ich schwieg lange und hörte zu. Ab und zu stellte ich eine Frage. Rudolf Vrba hatte seinen Groll auf Nazi-Deutschland nie überwunden, wie auch? Dennoch sah er keinen Grund, warum er mir, dem jungen, nachgeborenen Deutschen, das Gespräch verweigern sollte. Er wollte mir all sein Wissen und seine Gefühle anvertrauen. Ich war überwältigt von so viel Offenheit, auch von so viel Warmherzigkeit, trotz seiner Erfahrungen mit dem Deutschland meiner Vorfahren. In diesen Tagen erhielt ich eine Ahnung von den monströsen Verbrechen, die nur fünf Jahrzehnte zuvor von meinem Land aus geplant und durchgeführt worden waren.

Und ich erhielt ein Gespür von den emotionalen Nöten der Überlebenden, von ihrem lebenslangen Kampf gegen die Erinnerungen und von ihrem Bemühen um eine angemessene Sprache.

Seit diesen Tagen im Jahr 1991 liegt auf meinem Bild von Prag, auf dieser schönen Stadt, ein Schatten, der Schatten der Begegnung mit Rudolf Vrba und der Erzählung seiner Leidensgeschichte.

Als ich jetzt wieder in Prag ankomme, sind meine Eindrücke völlig anderer Natur. Es ist Hochsommer, die Stadt ist voller gut gelaunter Menschen, auch hier sind viele junge Leute mit Fußballtrikots zu sehen, noch immer wird die Europameisterschaft ausgetragen. Wie schön, dass die Bilder, die ich seit über 40 Jahren in mir trage, durch diese neuen, bunten Bilder überlagert werden. Der Nationalismus, der Faschismus, die Menschenfeindlichkeit des europäischen Kontinents sind überwunden. Oder doch nicht?

Die Frau, die ich am nächsten Tag im Prager Žofin Palais treffe, verdreht die Augen und stöhnt. Sie organisiert die Veranstaltung mit Javier Milei und hat jetzt ein paar schlaflose Nächte hinter sich. Weil der argentinische Präsident seine Europareise kurzfristig änderte, musste sie 500 geladene Gäste sowie die Teilnehmer eines Symposiums ausladen und für den neuen Termin wieder einladen. Sie musste das Palais neu buchen, ebenso den Ordnungsdienst, das Catering sowie die Servicekräfte. Auf Englisch zischt sie: «This is not normal, this is not standard!»

Vier Stunden lang harren nun die festlich gekleideten Gäste auf die Ankunft des Ehrengastes aus Übersee. Vier Stunden lang hören sie sich an, wie sich die Politiker und Wirtschaftswissenschaftler auf dem Podium lobend über Milei auslassen. Ein Professor schwärmt, der Argentinier sei «ein wahrer Revolutionär». Es ist schon erstaunlich, dass sechs Jahrzehnte nach Che Guevara wieder ein argentinischer Umstürzler gefeiert wird, ein Mann, der sich selbst als Anarchisten, wenn auch als Anarchokapitalisten, bezeichnet. Diesmal wird der Revolutionär aber nicht von linken Kampfgefährten und Sympathisanten, sondern von konservativen Volkswirtschaftlern und Unternehmern zur Ikone stilisiert. Es hat sich eine Menge verschoben in den letzten Jahren.

Javier Milei heizt die Stimmung an diesem Nachmittag zusätzlich an, vor seinem Auftritt setzt er über 40 Posts und Reposts auf seinem

Lieblingsmedium X ab. Die Erwartung wird in dem schwülheißen Palais von den Vorrednern so sehr hochgeschraubt, dass wenige Minuten vor der Ankunft der Hauptperson eine Frau, die wenige Meter neben mir steht, die Spannung nicht mehr erträgt und in Ohnmacht fällt. Ein Ordner springt zu ihr, bringt sie in stabile Seitenlage und tröpfelt ihr aus einem Glas etwas Wasser in den Mund. Einer Argentinierin, die mit anderen Personen eine Art Empfangskomitee bildet und am Eingang auf Milei wartet, kommen die Tränen. Verstohlen wischt sie sich die Spuren aus dem Gesicht.

Als schließlich eine lange Fahrzeugkolonne vorfährt und der argentinische Präsident einer dunklen Limousine entsteigt, drängen sich der Universitätsdirektor, ein paar Honoratioren und viele Sicherheitsleute um ihn. Da ich ebenfalls eine Weile an den Säulen des Palastes gewartet habe, bin ich unvermittelt Teil der Menschentraube, die mit Milei in Richtung eines kleinen Saales im Erdgeschoss drängt. Die allermeisten Menschen, die sich um ihn scharen, werden herauskomplimentiert. Die Sicherheitsleute scheinen nicht recht zu wissen, wem sie mich zuordnen sollen, und lassen mich eng an der Seite des Präsidenten in den Raum gehen. Dann schließen sich hinter uns die Türen. Erst jetzt erkenne ich, was hier gleich geschehen soll. Zwei Dutzend Personen haben sich in Reih und Glied aufgestellt, um der Hauptperson die Hand schütteln zu können. Vermutlich handelt es sich um Unternehmer, die für diese bevorzugte Behandlung Geld bezahlt haben. Ist ein Händedruck von Javier Milei wirklich so bedeutsam?

Ich stehe weiter ganz dicht an Milei und kann sehen und hören, wie er jeden im Raum persönlich begrüßt, einen Landsmann umarmt er sogar. Er wirkt gar nicht so verhaltensgestört, wie ich ihn nach meinen Gesprächen in Argentinien vor einigen Monaten erwartet hatte. Im Gegenteil, er macht einen gelösten, herzlichen, sogar um Charme bemühten Eindruck.

Wir bleiben einige Minuten in dem Raum, es gibt viel Hallo, Scherze und ein wenig Applaus. Hier stehen keine Gegner zusammen, sondern Jünger. Ihren Helden zieht es weiter, es warten noch mehr Hände, die geschüttelt werden wollen. Sein Blick fällt jetzt auf die großen Einlassmarken, die alle an Bändchen baumelnd über dem Bauch tragen. Auf diesen Karten steht der Name des Gastes, ein QR-Code sowie das Logo der Veranstaltung. Plötzlich erkennt sich Milei auf dem Logo, es zeigt ihn, wie sollte es anders sein, wie er eine Kettensäge in die Luft reckt. Milei geht ein paar Schritte weiter. Dann stockt er, es fällt ihm etwas ein, er geht die paar Schritte zurück, sieht sich das Logo genauer an und ruft dann auf Englisch: «Ha, I am the enemy of the state!» Alle, die um den Feind des Staates herumstehen, kichern, auch ich muss schmunzeln.

Ein paar Minuten später werden im darüberliegenden Stockwerk allerletzte Vorbereitungen für die Preisverleihung getroffen. Die Bühne wird geräumt, ein Rednerpult aufgebaut, auf einer riesigen Leinwand läuft ein Video, das Milei als wahrhaft mutigen Geist zeigt, mit lauter Rockmusik, die Scheinwerfer werden jetzt von der Bühne weg ins Publikum gerichtet, von irgendwo her strömt Trockeneis. Wie anders sind doch die Auftritte deutscher Politiker, im Vergleich mit Javier Milei ist Olaf Scholz ein sprechender Leitzordner.

Dann werde ich wieder überrascht. Der Revolutionär aus Buenos Aires hält keine Revoluzzer-Rede, ohne Teleprompter und ohne Manuskript trägt er 40 Minuten lang Gedanken zu volkswirtschaftlichen Grundsatzfragen vor. Auf Spanisch schildert er seinen Lebenslauf, er übergeht seine missratene Jugend, stattdessen nennt er Wirtschaftsforscher, die ihn geprägt hätten. Es ist eine staubtrockene Rede. Erst am Ende kommt er auf die Lage Argentiniens zu sprechen, aber nur auf seine ersten Erfolge im Kampf gegen die Inflation. Dass weite Teile der Wirtschaft unter seiner Rosskur leiden, sogar einbrechen und Millionen seiner Landsleute in die Armut getrieben werden, erwähnt er nicht, natürlich nicht. Aber vielleicht wollen das die vielen tschechischen Unternehmer im edlen Žofin Palais auch gar nicht hören. Sie nehmen die Parolen des Argentiniers, der den Staat zerreiben und die Wirtschaft entfesseln will, wie Mana entgegen.

Nach etwa eineinhalb Stunden ist der ganze Zauber vorbei, die Menschen springen von ihren Stühlen auf, einige klettern sogar auf ihre Plätze, applaudieren und rufen dem Mann vor ihnen ihre Begeisterung entgegen. Dann steigt Milei wieder in seine Limousine und düst Richtung Flughafen, auf nach Argentinien, dorthin, wo die eine Hälfte der Bevölkerung den Ausgang seines Regierungsexperiments weiterhin mit großer Hoffnung beobachtet, und wo die andere Hälfte der Bevölkerung ihrem Staatschef nur noch Abscheu entgegenbringt.

Auf dem Weg durch die Prager Altstadt zu meinem Hotel versuche ich, die Eindrücke des heutigen Tages mit meinem bisherigen Bild von Javier Milei in Deckung zu bringen. Ich glaube, ihn nun ein wenig besser zu verstehen. Er ist weit mehr als «El Loco», mehr als der Mann, der mit seinen Hunden spricht und mit Arbeitsgeräten vom Baumarkt herumwedelt. Milei versteht es, Menschen für sich einzunehmen, sie zu überzeugen. Anders als Donald Trump beschränkt er sich nicht auf plumpe Attacken gegen seine Gegner und auf narzisstische Selbstdarstellungen. Man muss seinen Überzeugungen nicht folgen, aber es fällt auf, dass in ihm nicht nur ein Populist lateinamerikanischer Couleur steckt, sondern auch ein Wirtschaftswissenschaftler, der ernst genommen werden will.

Aber von dem Mann, den ich heute aus der Nähe beobachten konnte, sollte man sich nicht blenden lassen. Javier Milei hat zwei Seiten, die er je nach Bedarf vorzeigen oder verstecken kann: Die Seite des Intellektuellen mit der geschliffenen Rhetorik. Und die Seite des Machos, der nicht nur die Grundfesten des Staates zersägen will, sondern wohl am liebsten auch seine Rivalen. Javier Milei ist die argentinische Variante von Dr. Jekyll und Mr. Hyde. Das macht ihn so anziehend. Und so gefährlich.

«713»

«Wo warst du, als ...?» ist eine beliebte Frage nach persönlichen Geschichten, die mit historischen Ereignissen verknüpft sind. Zum Beispiel: «Wo warst du am 11. September 2001?» Nun, ich war an diesem Tag, bekannt als 911, in meinem Büro in Hamburg, sah die Bilder im Fernsehen, rief meine Frau an und bat sie, den Fernseher auszuschalten, damit unsere kleinen Kinder die verstörenden Bilder nicht zu sehen bekommen. Dann fuhr ich zum Flughafen und bestieg ein Flugzeug, mit dem ich zu Dreharbeiten für einen Film nach Paris flog. Der Kapitän richtete sich über Bordmikro mit gebrochener Stimme an uns Passagiere, er habe mit seinem Copiloten darüber diskutiert, ob sie überhaupt starten sollten. Zu unkalkulierbar war das Risiko, zu sehr gingen die Gefühle durcheinander. In den Tagen danach entwickelten sich wilde Verschwörungserzählungen, die sich in kleinen Kreisen bis zum heutigen Tage halten.

23 Jahre später ist wieder so ein Tag, der 13. Juli. «Wo warst du, als auf Donald Trump geschossen wurde?» Nun, an 713 bin ich im Bett und schlafe. Als ich am nächsten Morgen, einem Sonntag, auf mein Smartphone schaue, sehe ich zuerst die WhatsApp-Nachricht eines Freundes. Um kurz nach 2 Uhr in der Nacht hat er mich aufgefordert, CNN einzuschalten. Um 2 Uhr in der Nacht! Sofort klicke ich weiter auf eine deutsche Nachrichtenseite und sehe dieses Foto: Donald Trump, mit blutverschmierter Wange, der die Faust in den dunkelblauen Himmel reckt, hinter ihm das Sternenbanner, die Nationalflagge. Dann erst lese ich die schrecklichen Berichte über das, was Stunden zuvor passiert ist. Ein Mordversuch! Ein Zuschauer wurde dabei getötet. Sehr schnell ist klar, dass nicht nur das Attentat die Dynamik des Wahlkampfes ändern wird, sondern vor allem dieses Foto. Trump, der Unbesiegbare, ein amerikanischer Held – das wird die Erzählung sein, die seine Anhänger gegen die Bilder vom stotternden, senilen Joe Biden stellen werden. Der Märtyrer gegen den Greis, der Starke gegen den Schwachen.

Was mich genauso irritiert wie der Anschlag selbst, sind die Lügen und Mythen, die kurz danach in Umlauf gebracht werden. Es sind ungleich mehr als bei 911, als die Welt noch keine sozialen Medien kannte, und sie werden von Menschen mit anderem gesellschaftlichem Gewicht und mit anderer Reichweite verbreitet. Bemerkenswert ist, wie schnell sich die Täter-Opfer-Erzählung umdreht. Bislang war Donald Trump derjenige, der in den USA für Hass und Gewalt in der politischen Auseinandersetzung verantwortlich gemacht wurde. Er war derjenige, der seine Anhänger im Januar 2021 anstachelte, das Kapitol zu stürmen; er ist derjenige, der die Rechte von Waffenbesitzern stärken will; er ist derjenige, der seine Gegner verächtlich macht. Jetzt schieben namhafte Republikaner den Demokraten und dem Deep State sowieso die Schuld für 713 in die Schuhe, für die Schüsse auf Donald Trump und für die gewaltgeladene Atmosphäre in den USA.

Matt Gaetz, ein republikanischer Kongressabgeordneter, schreibt auf X: «Sie haben ein Amtsenthebungsverfahren gegen ihn versucht. Sie haben versucht, ihn ins Gefängnis zu stecken. Jetzt haben sie versucht, ihn umzubringen.» Wen er mit «sie» meint, schreibt er nicht, aber das ist ohnehin klar. James David Vance, der Republikaner, der wenige Tage später von Trump als sein Vize auserkoren wird, schreibt: «Die Zielrichtung der Biden-Kampagne ist, dass Präsident Donald Trump ein autoritärer Faschist ist, der egal wie gestoppt werden muss. Diese Argumentation hat direkt zum versuchten Mord an Präsident Trump geführt.»

Der YouTuber Benny Johnson schreibt nach dem Attentat über Trump: «Er ist bereit, für diese Bewegung zu sterben, für uns.» Auch Björn Höcke mischt sich ein: «Nach den Schüssen auf Trump müssen sich auch die etablierten ‹Leitmedien› des Westens an die eigene Nase fassen. Was haben die Journalisten von *Washington Post* bis *SPIEGEL* nicht alles getan, um uns Trump als verabscheuungswürdige Person zu verkaufen? Auch ihre Schwarz-Weiß-Zeichnung ist ursächlich für das heutige Attentat.» Javier Milei behauptet, die internationale Linke stecke hinter dem Mordanschlag: «In ihrer Panik, bei den Wahlen zu verlieren, greifen sie zum Terrorismus, um ihre rückständige und autoritäre Agenda durchzusetzen.»

Und dann ist da noch der rechtsextreme Moderator Alex Jones. Auf X spricht er in seine Kamera: «JFK befahl, US-Truppen aus Europa zurückzuziehen, einen Monat später wurde ihm der Kopf weggeschossen. Trump hat gesagt, er wird den Krieg in der Ukraine über Nacht beenden, und ich habe euch schon die ganze Woche über gesagt, dass sie versuchen werden, ihn vor der Wahl umzubringen.» Alex Jones sagt voraus, dass «sie» versuchen würden, Trump zu vergiften, mit Bomben zu töten oder zu entführen. Am Ende fleht er seine Zuschauer an: «Betet für Trump, betet für Elon Musk!» Für Elon Musk?

Ich muss kurz erzählen, dass Alex Jones im Jahr 2012 ein Schulmassaker mit 26 Toten öffentlich geleugnet und als Inszenierung verunglimpft hat, drei Jahre später beehrte ihn Donald Trump mit einem Interview. Später wurde Jones wegen seiner üblen Lügen verurteilt und von mehreren sozialen Medien gesperrt, auch von X, das damals noch Twitter hieß. Im Dezember 2023, nach seiner Übernahme von Twitter, ließ der Unternehmer Elon Musk diesen Alex Jones wieder entsperren. Jetzt betet er nicht nur für Donald Trump, sondern auch für Elon Musk.

Javier Milei folgen auf X über 3,5 Millionen Menschen, Alex Jones folgen 3,3 Millionen Menschen, J. D. Vance 2,7 Millionen, Benny Johnson 3,1Millionen und Matt Gaetz ebenfalls 2,9 Millionen. Besonders erschreckend ist, dass Elon Musk, der Besitzer von X, nichts unternimmt, um die unzähligen Lügen, Hassaufrufe und Verschwörungsbehauptungen auf seinem Netzwerk zu unterbinden. Natürlich gilt auch dort die Meinungsfreiheit, auch die Freiheit, Unsinn zu behaupten. Aber es sollte keine Freiheit gelten, andere Menschen bösartig zu verleumden.

Die Reaktion von Elon Musk auf Trumps Nahtoderfahrung ist anderer Natur, und es wird schnell klar, welches Motiv ihn treibt. Er greift in den Wahlkampf ein: «Ich unterstütze Präsident Trump voll und ganz.» Dem aktuell reichsten Menschen der Welt folgen auf seiner Plattform 205 Millionen Follower. Im Kampf der Social-Media-Größen stehen sich Taylor Swift und Elon Musk gegenüber.

Anders als nach 911 verbreiten sich die Lügen über 713 nicht nur in kleinen Zirkeln der Gesellschaft, sie dringen in die Köpfe von Millionen Amerikanerinnen und Amerikanern, und auch in die Köpfe von Millionen von Menschen außerhalb der USA. Musk profitiert immer davon. Das ist die besorgniserregende Erkenntnis dieses Tages: Verschwörungserzählungen werden mehrheitsfähig.

In den vielstimmigen Chor derjenigen, die das Attentat dem Deep State in die Schuhe schieben oder Donald Trumps Überleben zu einem Zeichen Gottes überhöhen, mischt sich auch Donnie Swaggart ein, der Sohn des evangelikalen Gemeindevorstehers in Baton Rouge. Im Frühjahr hatte ich ihn kurz kennengelernt. Der Tag nach dem Trump-Attentat ist ein Sonntag, und Donnie Swaggart hat zu seinem regelmäßigen Gottesdienst geladen. Das Family Worship Center ist beinahe bis auf den letzten Platz besetzt, Kameras zeichnen den Gottesdienst auf, so dass ich ihn mir auf YouTube anschauen kann. Der Prediger ist tief bewegt wegen des Mordversuchs, der gerade mal sechzehn Stunden zurückliegt. Er dankt Gott, dass er Trump verschont habe. Im Hintergrund lässt er auf einer riesigen Leinwand das Foto mit dem blutverschmierten Trump und seiner trotzigen Faust einblenden, das gerade um die Welt geht. Im Video sah und hörte man, wie er seinen Anhängern zurief: «Fight, fight, fight!»

Dann verwandelt Swaggart den Gottesdienst in eine Wahlkampfshow für Trump, seinen Messias, und pumpt sie mit religiösem Pathos auf. Jeder, der sich nicht als Wähler registrieren lasse und für Trump stimmen wolle, würde eine Sünde begehen. «Für diesen Aufruf werde ich Hassmails bekommen, aber das ist mir egal,» ruft er schelmisch grinsend. «Der Grund, warum es sich um eine Sünde handelt, ist, dass Gott die Regierung erschaffen hat. Der Mensch hat die Regierung nicht erschaffen, es war Gott.» Dann wird er noch klarer: «Die Regierung, die gerade im Amt ist, schadet dem Werk Gottes.» Am Ende seiner Wahlkampfpredigt, die den Kirchgängern mächtig ins Gewissen redet, sich nur ja nicht an diesem an Politik interessierten Gott zu versündigen, fordert er alle im Saal auf, sich zu erheben, die Hände gen Himmel zu recken und gemeinsam für «Präsident Trump» zu beten, «weil was sich gestern ereignete, war auch ein Wunder.» Dazu wummert die Kirchenorgel leise eine Soulhymne. Einige der Kirchgänger sind in ihrer Zuwendung zu Gott so ergriffen, dass sie der Ekstase nahekommen. Jetzt ballt Donnie Swaggart seine rechte Hand zur Faust, streckt sie nach oben, genau wie Donald Trump es wenige Stunden zuvor kurz getan hat, und ruft: «Ja, wir werden kämpfen. Wir werden kämpfen.»

Nach dem Kandidatenwechsel bei den Demokraten von Joe Biden zu Kamala Harris macht ein Interview die Runde, das J. D. Vance drei Jahre zuvor Fox News gegeben hat. Er lästert da über kinderlose Politikerinnen wie Kamala Harris: «Unser Land wird von kinderlosen Katzenfrauen regiert, von Frauen, die sich mies fühlen und deshalb wollen, dass sich das ganze Land mies fühlt.» J. D. Vance spricht den Gedanken nicht aus, aber hinter seinem Begriff «Childless Cat Ladies» steckt die Überzeugung, dass die primäre Aufgabe von Frauen darin besteht, Kinder zu gebären und dass sich die herrschende Klasse Amerikas vermehren muss, um ihre Stellung gegenüber Einwanderern zu verteidigen.

GANZ UNTEN

Kopfüber von der Tankstelle

Der Begriff des Faschismus und die Frage nach seiner Zeitgemäßheit stehen wie der sprichwörtliche Elefant in meinem Arbeitszimmer, ich kann beidem nicht mehr ausweichen. Kann man Faschismus nur auf eine historische Erscheinung reduzieren? Ist es sinnvoll, ihn auch für aktuelle Bewegungen und Politiker zu verwenden? Um den Elefanten endlich aus dem Raum zu schaffen, entscheide ich mich, dorthin zu reisen, wo der Faschismus einst entstand, in die Region, in der Benito Mussolini aufwuchs und wo er seine Machtbasis hatte. Vielleicht begegne ich Personen, über die ich das Wesen der Bewegung besser verstehe und auch, warum die alten Ideen heute immer noch so viele Menschen ansprechen.

Der Mann, den viele bis heute Duce nennen, wurde nach viel Gezerre erst im Jahr 1957, zwölf Jahre nach seinem Tod, in seiner Heimatstadt Predappio in der Emilia-Romagna beerdigt. Seitdem treffen sich drei Mal jährlich Anhänger an seiner Gruft, auch an Mussolinis Geburtstag Ende Juli. Dorthin, in die oberitalienische Provinz, will ich reisen.

Zu Italien habe ich eine besondere Beziehung, und wieder spielen meine Mutter und meine Tante Loretta eine Rolle. 1951, nur sechs Jahre nach dem Zusammenbruch des Faschismus auf beiden Seiten der Alpen, reisten die beiden jungen Schwestern mit dem Zug von Bonn nach Barcelona. Eine aufregende Reise muss das gewesen sein, ohne Schnellzüge und ohne Interrail-Tickets, aber mit viel Lebenslust. Sie übernachteten in einem katholischen Jugendheim und lernten in ihrer Unterkunft zwei gleichjunge Italienerinnen kennen, ebenfalls Schwestern; sie waren aus Mailand angereist. Die Vier freundeten sich an, und ihre Freundschaft hielt auch, als sie alle ein paar Jahre später heirateten und Familien gründeten. So wurde Teresita, die Mailänder Jugendbekanntschaft meiner Mutter und angehende Deutschlehrerin, meine Patentante. Als Jugendlicher verbrachte ich einen langen Sommer bei ihr im Piemont und lernte ein paar Brocken Italienisch.

Teresita ist 1933 geboren, sie kennt den frühen Faschismus noch von klein an. Daher nehme ich mir vor, sie vor meiner Fahrt nach Predappio zu besuchen. Zunächst tauschen wir ein paar Telefonate und Emails aus. Sie erzählt mir, dass sie als Schülerin Uniformen tragen musste und dass in ihrer Schule das Fach «Dottrina fascista» eingeführt wurde, in dem Mussolinis Großtaten angepriesen wurden und ein vom Regime vorgegebener Verhaltenskodex galt. Der Lehrplan orientierte sich eng an dem Buch *La Dottrina del Fascismo*, das Benito Mussolini 1932 als Leitfaden für seine Bewegung veröffentlichte. In dem Werk schwärmt er von der Errichtung eines neuen Imperium Romanum, er verlangt von seinen Anhängern, ihr Leben als ewig dauernden Kampf zu verstehen, und preist Familie, Gemeinschaft und Nation. Dieser Dreiklang entfalte seine ganze Vollendung als Staat. Schließlich brandmarkt er alle Strömungen, die sich dem Allmachtsanspruch dieses Staates entziehen. Pazifismus, Liberalismus, Parlamentarismus und Sozialismus seien allesamt historische Entgleisungen, die bekämpft werden müssen. Derartige Vorstellungen wurden Teresita und zigtausend anderen Schülerinnen und Schülern in den 1930er Jahren eingetrichtert. Was sie mir heute über diese Zeit schreibt, klingt nach einer beklemmenden Jugend. Im hohen Alter kann es meine Patentante kaum fassen, dass es immer noch Menschen gibt, die diese Zeit verklären und sich zurückwünschen. Mehr will sie mir erzählen, wenn ich zu Besuch komme. Also kaufe ich ein Flugticket nach Mailand und reserviere einen Mietwagen. Doch wenige Stunden vor meinem Abflug erreicht mich wieder eine Nachricht von Teresita. Sie sei krank geworden und muss unser Treffen schweren Herzens absagen.

Es ist nun zu spät für eine Änderung meines Reiseplans, der Flug ist gebucht und bezahlt. Eigentlich wäre es sinnvoller, nach Bologna zu fliegen. Dennoch fahre ich zum Hamburger Flughafen und checke für einen Flug ein, auf dem ich gar nicht mehr sein möchte. In der Warteschlange fallen mir zwei Teenager auf, die Taylor-Swift-T-Shirts tragen, die beiden Mädchen haben reichlich Glitter im Haar und sprechen Italienisch miteinander. Ja klar, Taylor Swift hat gestern im Hamburger Volksparkstadion gespielt. Die beiden Swifties waren offenkundig für das Konzert nach Hamburg gereist und sind jetzt auf dem Rückweg. Wie unterschiedlich doch jugendliche Biografien verlaufen, damals und heute.

Auf der Anzeigentafel steht: Mailand Malpensa, die Flughafenverwaltung hat anscheinend noch nicht mitbekommen, dass der Mailänder Flughafen seit 11. Juli 2024 in Aeroporto Silvio Berlusconi umbenannt wurde. Berlusconi? Ausgerechnet der Medienmogul, der die italienische Gesellschaft mit seinen plump-oberflächlichen Fernsehprogrammen anfällig für jegliche Art einfacher Versprechungen gemacht hat, sei es der Werbung oder der Politik. Vor ein paar Wochen habe ich in einem Hamburger Kino eine Podiumsdiskussion zu einem Berlusconi-Dokumentarfilm moderiert. Gast auf der Bühne war auch Giovanni di Lorenzo, der *ZEIT*-Chefredakteur, der vor vielen Jahren seine Magisterarbeit über Berlusconis Fernsehfirma geschrieben hat. Als ich von ihm wissen wollte, was von Silvio Berlusconi bleiben wird, antwortete er: «Wir haben immer noch nicht verstanden, wie gefährlich dieser Mann war. Dieser Mann war in der Lage, die Realität zu kaufen und sie durch eine Scheinwirklichkeit zu ersetzen.» Sein Fazit war düster: «Das ist vielleicht sein gefährlichstes Erbe, weil es ein Mittel ist, das inzwischen viele Populisten und Autokraten auf der ganzen Welt einsetzen.»

Nun lande ich also auf dem Mailänder Flughafen Silvio Berlusconi, nehme mir einen kleinen Fiat als Mietwagen und nutze die freie Zeit für einen Abstecher in die Innenstadt. Ich will mir die Geschichte von Benito Mussolini von seinem Ende her erschließen. Dieses Ende ist ein wesentlicher Teil des historischen Faschismus. Es gibt da dieses Foto, das vermutlich jeder, der es gesehen hat, nicht vergessen wird. An einer Mailänder Tankstelle baumeln die leblosen Körper von Benito Mussolini und seiner Geliebten Clara Petacci.

Der Diktator war mit ein paar letzten Getreuen auf der Flucht bei einer Straßensperre am Comer See in der Nähe der Schweizer Grenze von Partisanen zusammen mit seiner Geliebten gestellt und erschossen worden. Die Kämpfer transportierten die Leichname zur Piazzale Loreto in Mailand und stellten sie dort aus. Es war ein symbolhafter Racheakt, acht Monate zuvor hatten Faschisten auf demselben Platz fünfzehn Partisanen erhängt. Der amerikanische *TIME*-Reporter Reg

Ingraham war Augenzeuge und beschrieb die Szene so: «Als ich und andere Korrespondenten an dem Platz eintrafen, drängte sich ein heulender Mob um die Leichen. Partisanen schossen mit Gewehren und Pistolen in die Luft, um die Menge zurückzudrängen. Wir fuhren unseren Jeep in eine Ecke und ich kletterte auf die Motorhaube.» Ingraham beschrieb mit vielen schwer erträglichen Einzelheiten, wie die aufgebrachte Menge auf die Leichen eintrat, wie sie die Körper entstellte und bespuckte. Am Ende seines Berichts schrieb er: «Eine Frau schoss alle Kugeln ihrer Pistole in den Duce. ‹Fünf Schüsse!›, schrie sie, ‹fünf Schüsse für meine fünf ermordeten Söhne!›»

Nach dem Bericht weiterer Augenzeugen schleppten Partisanen die Leichen von Mussolini, Clara Petacci und anderen ebenfalls erschossenen Gefolgsleuten zu einer nahen Esso-Tankstelle und hängten sie dort am Gitterdach auf. Das berühmteste Foto hat der italienische Agenturfotograf Vincenzo Carrese von dem kopfüber baumelnden Diktator gemacht. Schnell wurde es in ganz Italien und weit darüber hinaus verbreitet. Nicht nur die Nachricht von Mussolinis Tod wurde in Windeseile bekannt, sondern auch der fotografische Beweis. Er wurde, soweit ich weiß, von niemandem angezweifelt. Auch Adolf Hitler hat in seinem Berliner Bunker von Mussolinis Ende und der Schändung von dessen Leichnam erfahren. Die Nachricht soll seinen Beschluss bekräftigt haben, sich selbst zu töten und anzuordnen, seine Leiche umgehend zu verbrennen.

Es hilft mir manchmal, an Originalorte zu reisen, um mich zumindest ein wenig in die Vergangenheit zurückzuversetzen, ich kann dann mein durch Lektüre erlangtes Wissen mit optischen Eindrücken in Beziehung setzen. So geht es mir auch bei der Besichtigung des Mailänder Piazzale Loreto. Die Umrisse des großen, quadratisch angelegten Platzes mit seiner Rasenfläche in der Mitte sind wohl unverändert; natürlich gibt es die Tankstelle nicht mehr, jetzt gibt es hier eine Bank, ein China-Restaurant und jede Menge Autoverkehr. Aber der Abgleich mit dem historischen Foto des hängenden Mussolini ist gleichwohl eindringlich. Ich kann nur erahnen, wie viel Zorn sich gegen den führenden Faschisten aufgestaut hat; wie die anfängliche und langanhaltende Begeisterung vieler Italiener in Enttäuschung und schließlich in Zerstörungslust umschlug, so dass ein derartiger Gewaltexzess möglich war.

Ein solches Foto existiert von Hitler nicht. Von ihm blieben nur verkohlte Reste und Asche, die nach Angaben von Forschern vergraben, ausgegraben, wegtransportiert und später in einen Fluss gekippt wurden. Vor vielen Jahren habe ich einmal einen sehr alten Mann kennengelernt, der als Telefonist im sogenannten Führerbunker in Berlin Dienst getan hatte. Rochus Misch war in der Nähe gewesen, als Hitler und Eva Braun heirateten und sich anschließend das Leben nahmen. Er bekam mit, wie Mitglieder des Führerbegleitkommandos die Leichen in Decken wickelten, an die Oberfläche schleppten und dort verbrannten. Sie schütteten reichlich Benzin über die Körper, doch weil wegen der Bombenangriffe und des Artilleriefeuers der Roten Armee ein Sturm über dem Berliner Regierungsviertel tobte, schafften sie es nicht gleich, ein Feuer zu entfachen. So erzählte es Rochus Misch. Bilder von dieser Szene gibt es nicht, Hitlers Ende findet nur in unserer Fantasie statt. Als Misch diesen Tag schilderte, saßen wir in seinem Berliner Wohnzimmer; von der Decke hing ein Kronleuchter, voller Stolz zeigte er auf ihn und meinte, er habe ihn nach Kriegsende aus der Reichskanzlei mitgehen lassen, so ganz wollte er sich von der Vergangenheit nicht trennen. Und obwohl er von den Gräueltaten der Nazis und den Millionen Opfern des Zweiten Weltkriegs wusste, verlor er kein schlechtes Wort über seinen früheren Chef. Hitler sei «ein ganz normaler Mann» gewesen, sagte er einmal, «er war kein Monster».

Nach dem Gespräch in seinem Wohnzimmer gingen wir zu dem Ort in der Nähe des Potsdamer Platzes, an dem früher einmal der Eingang zum Führerbunker gewesen war. Rochus Misch wollte mir die Stelle zeigen, wo die Leichname von Hitler und Eva Braun verbrannt worden waren. Genau dort war jetzt ein großer, kreisrunder Sandkasten, Kinder spielten herum.

Das Bild von Mussolinis Ende ist hingegen seit Jahrzehnten in der Welt, und das entspricht wohl auch der Absicht derjenigen, die es im April 1945 veröffentlichten. Das Foto des von einer Tankstelle baumelnden Diktators sollte ein Nie-wieder-Zeichen sein, es sollte sich im Bewusstsein der Nachkriegsmenschheit einbrennen.

In der Gruft

Am nächsten Tag gerate ich auf der Autobahn Richtung Bologna in einen langen Stau. Irgendwo vor uns bei Parma gab es einen Unfall, die Strecke ist für etwa eine Stunde gesperrt. Während der Wartezeit gehe ich im Geiste die kommenden Tage und Begegnungen durch. Was werde ich über das Wesen des Faschismus erfahren? Wird mir jemand eine Definition des Begriffs Faschismus anbieten, die immer noch gültig ist und mich überzeugt? In dieser Stunde auf der von Lastwagen überfüllten Autobahn, in der nichts nach vorne und nichts zurückgeht, und ich den kleinen Mietwagen nicht verlassen kann, will ich ChatGPT zu Rate ziehen. Es mag bessere Chatbots geben, aber auf die Schnelle und zum Zeitvertreib nutze ich das KI-Angebot, das auf meinem Smartphone bereits installiert ist. Was wird wohl die Essenz der Internetwolke sein? Laut spreche ich ins Handy: «Was ist Faschismus?» Eine weibliche Maschinenstimme antwortet innerhalb von nur einer Sekunde: «Faschismus ist eine autoritäre politische Ideologie, die sich durch extremen Nationalismus, die Ablehnung von Demokratie, die Betonung einer starken, zentralisierten Regierung und oft die Unterdrückung von Opposition auszeichnet.» Diese schnelle Kurzbeschreibung lässt wichtige Aspekte aus, falsch ist sie nicht. Natürlich steckt sehr viel mehr in dem Begriff. Welche Elemente des historischen Faschismus sind heute noch gültig? Gibt es eine Art Gebrauchsanleitung, um faschistische Tendenzen zu erkennen? Nach wie vor spielt der Begriff ja eine bedeutende Rolle in der politischen Auseinandersetzung.

Im November 2016 hat sich der *SPIEGEL*-Redakteur Dirk Kurbjuweit mit dem Standardwerk *Anatomie des Faschismus* des amerikanischen Historikers Robert Paxton beschäftigt. Kurbjuweit wollte herausfinden, ob der Begriff Faschist auf den frisch zum US-Präsidenten gewählten Donald Trump anzuwenden ist. Der Text kommt mir jetzt wieder in den Sinn, weil er nicht nur den Urfaschismus beschreibt, sondern auch seine aktuelle Bedeutung. Er geht deutlich über das hinaus, was ChatGPT ausspuckt. Paxton hat neun Bedingungen aufgezählt, die eine faschistische Politik begünstigen und sie etwas umständlich «mobilisierende Leidenschaften» genannt. Die ersten fünf sind: «ein überwältigendes Krisengefühl», die Angst vor dem Niedergang durch die «zersetzenden Effekte von individualistischem Liberalismus, Klassenkonflikten und Einflüssen aus dem Ausland», das Bedürfnis nach einer «reineren» Gemeinschaft, das Bedürfnis nach Autorität durch geborene Anführer so wie «die Überlegenheit der Instinkte des Führers über abstrakte und universelle Vernunft».

Die übrigen vier Kriterien sind laut Robert Paxton: der Glaube an die Vorrangstellung einer Gruppe, die über jedem Recht stehe; der Glaube, Opfer zu sein, womit jede Handlung gerechtfertigt sei, ohne gesetzliche oder moralische Grenzen; eine Ästhetik der Gewalt und «das Recht der Auserwählten, andere ohne die Schranken irgendeines menschlichen oder göttlichen Gesetzes zu beherrschen».

Nicht alle, aber doch viele der Kriterien passten auf Trump, meinte Robert Paxton. Dennoch war er der Meinung, dass das, was Trump anstrebt, nicht Faschismus sei, sondern «eine klar als amerikanisch erkennbare Perversion von Demokratie». Kurbjuweit urteilte etwas anders, er erinnerte daran, dass Hitler und Mussolini ihr wahres Gesicht erst zeigten, nachdem sie die Regierungsgeschäfte übernommen hatten. Als sich Paxton und Kurbjuweit im Herbst 2016 zu Donald Trump äußerten, konnten sie sich nur auf dessen Wahlkampf beziehen. Seine erste Amtseinführung stand kurz bevor. Seitdem haben wir uns ein genaues Bild von ihm als Präsident machen können. Wir haben erlebt, wie er die Unabhängigkeit der Justiz in Frage stellte, wie er den legitimen Machtwechsel verweigerte und wie er seine Anhänger zum Sturm auf das Kapitol anstachelte.

Ich weiß nicht mehr, ob ich damals, im Jahr 1991 in Prag, Rudolf Vrba nach seinem Verständnis des Begriffes Faschismus gefragt habe. Vermutlich hätte er nicht mit Kriterien geantwortet, sondern mit Namen. Er hätte die Diktatoren nennen können, aber auch die Vollstrecker, Mikulas Polhora wäre einer gewesen, Rudolf Höß ein anderer. Er hätte seine eigenen Erlebnisse schildern können. Aber natürlich beginnt Faschismus viel früher, mit Aufsätzen, Büchern, Reden, mit der Verbreitung eines Weltbildes.

Wird man heutigen Politikern gerecht, wenn man sie Faschisten nennt? Vergiftet der Begriff die politische Auseinandersetzung oder hilft er, Klarheit zu schaffen? Der lange Stau vor Parma kommt mir ganz gelegen, um mich auf das einzustimmen, was vor mir liegt – eine

Besichtigung der Brutstätten des Faschismus und auch der Gedankengänge seiner heutigen Anhänger. Nach einer Weile lockert sich der Verkehr, zwei Stunden später und nach einer Fahrt durch Weinfelder und vorbei an den Plantagen unendlich vieler vertrockneter Sonnenblumen erreiche ich mein erstes Ziel.

In der Nähe des Städtchens Forl bin ich mit einem Mann verabredet, den alle in der Region respektvoll «Conte» nennen, den Grafen. Guido Farneti Merenda Salecchi entstammt einem alten Adelsgeschlecht, seine Familie soll in einer engen Beziehung zu Mussolini gestanden haben. Heute verdient er sein Geld als Multiunternehmer, er ist Weinproduzent und investiert in Immobilien. Eine italienische Journalistin, die ich seit fast 30 Jahren kenne, hat netterweise den Kontakt zu ihm hergestellt. Der Conte hat als Ort unseres Gespräches die Villa Carpena an der Via Crocetta vorgeschlagen, es ist das Anwesen, das einst Benito Mussolini und seine Ehefrau Rachele erbauen ließen und mit ihren Kindern bewohnten. Die Leute in der Umgebung nennen das Gebäude schlicht Villa Mussolini. Der Treffpunkt passt zu meinem Thema.

Für mich, den Besucher aus Deutschland, der es gewohnt ist, dass jedes nostalgische Andenken an Adolf Hitler entweder unter Strafe steht oder mindestens gesellschaftlich geächtet ist, wirkt die Villa wie ein Ort aus einer fernen Galaxie. Doch als ich dem Haus näherkomme, steigt in mir das unbestimmte Gefühl auf, dass mir alles auf unangenehme Art vertraut ist. Weil sich der Conte verspätet, will ich mir das Anwesen genauer anschauen und betrete eine Welt, von der ich nie annahm, in sie einzudringen.

Eine 14-jährige Schülerin bietet sich an, mir den Garten und das Wohnhaus zu zeigen. Ich mag sie nicht Führerin nennen, also nenne ich sie Guide. Sie ist ein fröhliches, offenes Mädchen, das mitreißend erzählen kann. Sehr bald stellt sich heraus, dass ihre Begeisterung ganz dem Mann gilt, der hier einmal gelebt hat. Da ich an diesem Nachmittag der einzige Besucher bin, gehen wir zu zweit durch den großen Garten und die herrschaftliche Villa. Die Schülerin freut sich sichtlich, dass ich aus Deutschland komme, sie meint, dass sie uns Deutsche schrecklich gerne möge. Ich bin nicht sicher, ob ich mich über diese Zuneigung freuen oder wegen ihr ängstigen soll. Für einen kurzen Moment wird mein Guide ernster. Ich könne gerne Fotos machen, aber sie bittet darum, dass ich keine Audioaufnahme von ihrer Führung mache, weil sie sonst Ärger mit der Polizei bekommen könne. Während der nächsten Stunde, die wir zusammen durchs Gebäude und den Garten gehen, verstehe ich, wie sie das meint. Da ich ihren Wunsch respektiere, und da sie minderjährig ist, verzichte ich auf eine wörtliche Wiedergabe ihrer Schwärmereien. Allmählich wird mir klar, dass Faschismus im 21. Jahrhundert nicht nur ein Spleen sehr alter sehr weißer Männer ist; die Schülerin glüht, als sie mir die Geschichte ihres Idols erzählt.

Über einen Kiesweg erreichen wir den kleinen Park, dort stehen mehrere Nebenhäuser, wir gehen zu dem Wintergarten, in dem Mussolini angeblich gerne Zeitung las, und auch zu der großen Voliere. Mir drängt sich der Gedanke auf, dass sich Mussolini in der Abgeschiedenheit der Emilia-Romagna eine Art faschistisches Graceland errichtet hat. Die Villa wirkt so, als wäre sie bis vor kurzem noch bewohnt worden, tatsächlich hat Mussolinis Witwe hier bis zum ihrem Tod 1979 gelebt, auch einige ihrer Kinder hatten hier noch lange ihr Zuhause. Überall sind Kleidungsstücke, Bücher, Gewehre und Pistolen zu sehen; ja, auch Mussolini war eine Waffennarr. An einer Wand hängen Fotos, die ihn als Redner in Rom und Mailand vor unfassbar großen Menschenmengen zeigen. Über 100 000 Menschen standen da dicht gedrängt, um ihren Duce zu hören. Die Faszination, die er vor 100 Jahren auf seine Landsleute ausgeübt hat, muss, wie bei Hitler, überwältigend gewesen sein. Immerhin stellte er dem italienischen Volk in Aussicht, wieder zu Weltgeltung zu gelangen. Er versprach, das Römische Reich neu zu errichten.

Ein Schwindler war er. Aber ein Schwindler mit ungeheuer viel Macht, und mit der Bereitschaft, seine Macht ohne Skrupel einzusetzen.

Die hiesige Heiligenverehrung erscheint vollends absurd, als wir Mussolinis Schlafzimmer betreten, über dem Ehebett hängt ein goldgerahmtes Bild der Gottesmutter mit dem jungen Jesus an ihrer Seite, darunter ein Rosenkranz mit Kreuz. Auf dem Bett hat jemand fein säuberlich die Uniform drapiert, die der Hausherr gerne trug. In Brusthöhe ist ein dunkler Fleck zu sehen, die Schülerin weist mich daraufhin, dass es sich um einen Weinfleck handelt. Das alles soll Besuchern den Menschen Benito Mussolini nahebringen. Soso, Wein trank er also auch.

Was in der Villa kein Thema ist, weil es kein Thema sein soll, ist das jämmerliche Bild, das Mussolini abgab, als sein Land, seine Armee und auch er selbst im Zweiten Weltkrieg hoffnungslos überfordert waren. Es gibt Berichte, wonach Mussolini im Herbst 1942 innerhalb von nur drei Monaten um 20 Kilogramm abmagerte und, geplagt von diversen Krankheiten und einer schweren Depression, wochenlang sein Bett nicht verließ. Wer eine Vorstellung davon haben möchte, in welch erbärmlichen Zustand Italien damals war, kann das bei dem Schriftsteller Curzio Malaparte nachlesen, der ursprünglich selbst Faschist gewesen war, sich später aber von Mussolinis Bewegung lossagte. Sein Roman *Die Haut* schildert den Zusammenbruch jeglicher Moral nach der militärischen Niederlage in Neapel im Herbst 1943 und auch das grauenvolle Erbe des Krieges. Die aufgebrachte Menschenmenge vor einem Krankenhaus beschrieb er so: «Gegen zehn Uhr vormittags brach Tumult aus. Die Leute waren das lange Warten leid, sie wollten unbedingt erfahren, ob ihre Lieben wirklich tot waren oder ob noch Hoffnung auf Rettung bestand, sie verdächtigten die Ärzte und Sanitäter des Verrats, und die Menge fing an zu schreien, zu fluchen und Steine gegen die Fenster zu schleudern; die Menschen warfen sich mit ihrem Körpergewicht gegen die Tür und brachen sie schließlich auf. Kaum hatten die schweren Türflügel nachgegeben, verstummte das lautstarke wilde Getöse; und so, wortlos, wie ein hechelndes Rudel Wölfe mit zusammengebissenen Zähnen und gesenktem Kopf, in den heruntergekommenen, schmutzigen, stinkenden Korridoren des alten Gebäudes immer wieder um sich spähend, so drang die Menge in das Krankenhaus ein.»

Das Bild, das von Benito Mussolini in seinem Wohnhaus vermittelt wird, kommt gänzlich ohne Darstellungen des Niedergangs aus, ohne Kratzer und ohne Zweifel, ohne auch nur nebenbei auf die schrecklichen Spuren zu verweisen, die seine jahrzehntelange Herrschaft hinterlassen hat. Im Flur im ersten Stock hängt hingegen ein Gemälde, das Mussolini mit Stahlhelm zeigt – ein Diktator in Öl, kitschiger geht es kaum. Als ich meinen Guide darauf anspreche, dass Mussolini zwar mit Ehefrau Rachele verheiratet war, aber auf der Flucht mit Clara Petacci verhaftet, erschossen und gehängt wurde, zählt sie die Namen weiterer Geliebter auf. Sie muss dann lachen und meint, im Krieg und in der Liebe sei eben alles erlaubt. Sie ist, wie erwähnt, gerade mal vierzehn Jahre alt. Der Satz wird ihr keinen Ärger von der Polizei einbringen, deshalb kann ich ihn hier zitieren.

Eine bizarre Geschichte erzählt mir die Schülerin noch, die Geschichte von Mussolinis Gehirn. Ich habe später weitere Details nachgelesen. Nachdem seine Leiche am 29. April 1945 von der Mailänder Tankstelle abgehängt worden war, wurde sie am Abend von Partisanen ins Mailänder Institut für Gerichtsmedizin gebracht. Schon die italienischen Forensiker interessierten sich für den Kopf des Verstorbenen, lange hatten sich Gerüchte über Krankheiten gehalten, Mussolini habe aufgrund einer verschleppten Syphilis an neurologischen Ausfällen gelitten. Auch sein herrisches Wesen wollten sie ergründen. Die Mailänder Fachleute taten sich jedoch bei der Untersuchung schwer, der Schädel war wegen der zahlreichen Tritte und Einschusslöcher zu sehr entstellt. Sie fanden nichts, was auf eine krankhafte Veränderung schließen ließ, nichts, was das diktatorische Gehabe erklärte. Bald darauf meldete sich der Chefpsychiater des US-Heeres und bat darum, einen Teil von Mussolinis Hirnmasse ausgehändigt zu bekommen, um es an die Experten des St. Elizabeth Hospitals in Washington D. C. zu schicken. Als ließe sich Faschismus in Hirnwindungen aufspüren und als pathologisches Phänomen erklären. Doch so gründlich sie auch suchten, auch die amerikanischen Forscher stellten keinerlei Abnormität fest. Im Herbst 1945 teilten sie einer Washingtoner Lokalzeitung mit, das, was ihnen von der Gehirnmasse zur Verfügung gestellt worden war, hätte «auch von jedem anderen gesunden Mann» stammen können, «der friedliebend und kein Faschist gewesen war». Dann schlossen sie das Reagenzglas mit der Aufschrift «B M» weg. Erst über 20 Jahre später holten sie Mussolinis Gehirn wieder aus dem Schrank und schickten es über den Atlantik, zurück nach Italien, zu seiner Witwe.

Eine skurrile Fußnote hat die Geschichte noch. Als Mussolinis Hirnmasse viele Jahre später von Washington aus in die Heimat verschickt werden sollte, fanden die Mitarbeiter nur einen Teil des Gehirns im Pathologischen Institut der amerikanischen Armee. Ein anderer Teil, der im St. Elizabeth Krankenhaus aufbewahrt worden war, war nicht mehr aufzufinden. Erst im Jahr 2009 gab es wieder eine Spur des vermissten Hirnteils. Ein anonymer Verkäufer bot es auf eBay an, er verlangte 22 000 Dollar. Die Anzeige wurde nach kurzer

Zeit wieder gelöscht. Ob der Rest von Mussolinis Gehirn im Wohnzimmer irgendeines Fans in den USA oder in Italien seine allerletzte Ruhestätte gefunden hat, lässt sich nicht ermitteln.

Mussolinis Körper, so viel ist aktenkundig, lagert seit langem in einem unterirdischen Gemäuer im italienischen Predappio. Schräg oberhalb von Mussolinis Sarkophag, in einem Loch in der Wand, wird der überwiegende Teil seines Gehirns aufbewahrt. Da ich vorhabe, die Grabstelle in den nächsten Tagen aufzusuchen, nehme ich mir vor, auf die kleine Stelle in der Mauer der Gruft zu achten.

Nach der Tour durch die Villa Carpena ruft der Conte an, er bittet um Verzeihung, er sei auf dem Weg von Bologna und würde sich weiter verspäten. Der Verkehr! Unter einem Baum vor der Villa geselle ich mich zu zwei älteren Männern, die nicht sonderlich viel zu tun haben und ihre Zeit absitzen. Sie trinken Wasser aus kleinen Plastikflaschen und plaudern über alte Zeiten. Als ich ihnen erzähle, dass ich aus Hamburg komme, erwidert der eine, oh, wie gerne denke er an Hamburg zurück. Ich ahne wieder das Schlimmste, aber dann ergänzt er, er habe dort oben mal eine Freundin gehabt. Die Grillen im Garten zirpen, irgendwo kräht ein Hahn, wir sitzen eine Weile schweigend zusammen und warten darauf, dass endlich die Nachmittagshitze abnimmt.

Dann sind Schritte auf dem Kiesweg zu hören. Sie sind kräftig, zielstrebig, und passen nicht zur Trägheit des Nachmittags. Es ist der Graf. Er trägt dunkelbraune, leicht wellige Haare, einen dünnen, auffällig gepflegten Oberlippenbart und sieht ein wenig wie der späte Clark Gable aus. Zur Begrüßung reichen wir uns die Hand, und ohne irgendjemand um Erlaubnis zu bitten, öffnet der Conte einen Kühlschrank in einer Gartenlaube und holt zwei Flaschen Wasser heraus; er kennt sich hier aus und bewegt sich mit großer Selbstverständlichkeit. Unser Smalltalk beginnt mit einer Mischung aus Italienisch und Französisch, der Conte weigert sich beharrlich, Englisch zu sprechen, erst etwas später wird mir klar, welche Art von Problemen er mit der englischen Sprache hat. Nach einer Weile schlägt er vor, seine Tochter anzurufen und zu uns zu bitten. Sie würde fließend Deutsch sprechen und könne unser Gespräch übersetzen, wir müssten sie nur abholen. Wir steigen in seinen voluminösen Land Rover Defender, und der Conte beschleunigt fast wie bei einem Autorennen. Auch über die

Landstraße rast er mit hohem Tempo, als wenn er jede Kurve schon hunderte Male gefahren wäre. Am Steuer gibt er mir erste Kostproben seiner Überzeugungen. Als wir über Deutschland, Frankreich und Italien sprechen, meint er ganz unvermittelt, Europa sei dem Untergang geweiht, die Europäer würden einfach nicht mehr genügend Kinder zeugen, so könne es mit unserem Kontinent nicht weitergehen. Dann schimpft er eine Weile über England und zählt unvermittelt Städtenamen auf: Dresden, Hamburg, Berlin, Köln, Hiroshima, Nagasaki ... All diese Städte hätten die Engländer im letzten Weltkrieg dem Erdbeben gleichgemacht. Ich weiß nicht sofort, worauf er eigentlich hinauswill, aber eines möchte ich doch klarstellen, die Bomben auf Hiroshima und Nagasaki hätten nicht Engländer, sondern Amerikaner abgeworfen. Die seien doch alle gleich, wischt der Conte meinen Einwand beiseite. Er wird ungehalten. Allmählich dämmert mir, warum er partout nicht Englisch sprechen will.

Nachdem wir seine Tochter abgeholt haben, fahren wir nicht denselben Weg zurück über die kurvige Landstraße, sondern hinauf in die Berge. Auf einem Hochplateau halten wir kurz an, der Conte zeigt mit seinem Arm über die weite Landschaft. Das Herz geht ihm auf: «Was Sie hier sehen, ist die Heimat des Faschismus.» Seine Tochter ist 35 Jahre alt und übersetzt sachlich und ungerührt, sie will sich nur auf die korrekte Wiedergabe konzentrieren.

20 Minuten später sitzen wir wieder im Garten der Villa Mussolini und beginnen ein Gespräch, in dessen Verlauf ich mich mehrmals unwohl fühle. Das liegt nicht daran, dass der Conte unhöflich oder garstig wäre, nein, er beantwortet meine Fragen mit gelassener Ruhe. Zunächst erzählt er die Geschichte, die seine Familie und Benito Mussolini miteinander verbindet. Vor vielen Jahren besaßen seine Vorfahren einen Palast in der Nähe, dort lebte Mussolini, als er als Chefredakteur der Zeitung *Il Popolo d'Italia* tätig war. Ohne jegliche Scheu spricht der Conte vom «Duce» und von «wir», er sagt: «Der Duce wohnte bei uns.» Die Schlossbesitzer seien zufrieden mit ihm als Untermieter gewesen, stets habe er seine Miete pünktlich gezahlt. Auch sonst fand die Familie Gefallen an Mussolini; der Conte erzählt, dass seine Vorfahren allesamt Faschisten wurden. Das sei in Italien damals üblich gewesen, große Teile des Adels, vor allem das Königshaus, unterstützten ihn. Wichtige Unternehmer wie Fiat-Gründer

Giovanni Agnelli hatten vorübergehend ein gespanntes Verhältnis zu den Faschisten, aber letztlich halfen sie ihnen an die Macht.

Stolz erzählt Guido Farneti Merenda Salecchi, dass ein Großonkel von ihm Mitglied der Waffen-SS wurde, «freiwillig», er sei sogar mit einem wichtigen Orden ausgezeichnet worden. Seine eigene Zuneigung zu Mussolini sei ungebrochen, sagt der Conte: «Unsere Familie ist dankbar für das, was der Duce für Italien gemacht hat.» Nach einer kleinen Pause fügt er hinzu: «Hier ist der Faschismus nie gestorben.» Er weist auf die 14-jährige Schülerin hin, die mich durch die Villa geführt hat, sie käme aus Pisa und würde nur deshalb hier arbeiten, weil sie von Mussolinis Ideen überzeugt sei.

Dann stelle ich ihm dieselbe Frage, die ich am Mittag im Autobahnstau ChatGPT gestellt habe: «Was ist Faschismus?» Er beantwortet sie völlig anders. Zunächst sagt er kurz, für ihn sei Faschismus die Geschichte seines Vaterlandes. Dann listet er mehrere zivilisatorische Errungenschaften auf, Rechtsprechung, Landwirtschaft, Naturwissenschaften, Musik, Kunst. Besonders auf die Sozialreformen unter Mussolini weist er hin. Eigenartigerweise zählt er nichts Militärisches auf, keine Kriegszüge, keine Gewaltexzesse, er spricht nicht von der aggressiven Agenda von Benito Mussolini, der die Opposition unterdrückte und Italien an der Seite Nazi-Deutschlands in den Zweiten Weltkrieg geführt hat. Der Conte stellt Mussolini als selbstlosen Wohltäter dar und dessen Bewegung als eine große nationale Kraftanstrengung, die die Lebensbedingungen des italienischen Volkes verbessert hat.

Natürlich sind meinem Gesprächspartner die dunklen Kapitel des Faschismus bekannt, er ist ein gebildeter Mann. Aber die Düsternis der Vergangenheit blendet er aus. «Sind Sie selber Faschist?», will ich von ihm wissen. «Ja klar», antwortet er ohne Zögern, «ich bin Faschist», der Faschismus sei schließlich gut für Italien gewesen. Dann bedauert er, dass der historische Faschismus vorbei sei, gestorben mit dem Duce, die Werte, die ihm und anderen so wichtig seien, hätten heute kaum noch Geltung. Welche Werte meint er? Darauf antwortet er ohne langes Nachdenken: «Gott, Vaterland, Familie.» In den italienischen Schulen seien sämtliche Kreuze von den Wänden genommen worden, wegen der Muslime. Europa sei ein sterbender Kontinent, dieser Befund ist ihm wichtig, auf ihn hat er mich schon im Auto hingewiesen.

Jetzt wird der Conte ungeduldig und blickt auf die Uhr, er habe noch einen Termin im Nachbardorf. Ich schlage vor, dass ich unser Gespräch beschleunige, ich würde ihm nur drei Namen nennen und er solle mir sagen, was er über diese Personen denkt. Er nickt, einverstanden.

Also fangen wir an: Giorgia Meloni. Ich vermute, dass seine Augen strahlen, die Ministerpräsidentin wird schließlich oft als Postfaschistin bezeichnet. Sie will die Verfassung ändern, den Einfluss des Parlaments schwächen und die Macht der Ministerpräsidentin, also ihre Macht, ausweiten; sie versucht, den öffentlich-rechtlichen Sender RAI unter ihre Kontrolle zu bekommen, und geht rüde mit kritischen Journalisten um. Das müsste dem Conte doch gefallen. Aber er verzieht das Gesicht. «Meloni hat mit meiner Ideologie nichts zu tun. Nach dem Krieg wurde ein Friedensvertrag mit den Amerikanern unterschrieben, an den muss sie sich halten.» Sein abfälliger Ton lässt darauf schließen, dass er diesen Vertrag für einen Knebelvertrag hält, der Italien bis heute in die Knechtschaft der USA zwingt. Die Bezeichnung Postfaschistin empört den Conte, fast so, als würde Meloni das für ihn so edel klingende Wort Faschist beschmutzen.

Der nächste Name: Silvio Berlusconi. Jetzt hellt sich seine Miene wieder auf. «Nach Benito Mussolini kam Berlusconi. Ich war nie ein Anhänger von ihm, aber er wuchs halt in einer kommunistischen Republik auf.» Der Conte meint das entschuldigend. Die Art, wie er den Begriff «kommunistische Republik» ausspricht, beinahe ausspuckt, lässt darauf schließen, dass er die Geschichte Italiens nach dem verlorenen Weltkrieg als Sieg der Kommunisten über sein Land versteht. Dann kommt er auf Berlusconi zurück: «In dieser Republik war Berlusconi einer von den Besten. Er war außergewöhnlich. Er hat es mit den kriminellen Kommunisten aufgenommen. Daher ist er für mich ein großer Mann.» Wieder malt sich der Conte die Vergangenheit schön. Mit keinem Wort erwähnt er die Hinweise, dass Berlusconi mit Hilfe der Mafia zu Reichtum und Macht kam; auch dass er die Sehgewohnheiten der Italiener mit Fernsehprogrammen verhunzt hat, in denen leichtbekleidete Frauen stumm in die Kamera lächeln mussten, scheint ihn nicht zu stören.

Schließlich der dritte Name: Donald Trump. «Trump ist der amerikanische Berlusconi.» Diese Beschreibung gefällt mir. Aber dann begründet er, Trump sei ein intelligenter, guter Arbeiter. Zu sehr will er ihn dann doch nicht loben: «Er wird immer ein Amerikaner bleiben.»

Der Conte und ich verabreden uns noch für den übernächsten Tag, aus Anlass von Mussolinis Geburtstag wird es eine Prozession zu dessen Krypta geben. Auch Mussolinis Urenkelin Orsola wolle dabei sein, vielleicht könne ich sie ja kennenlernen. Dann steigt er wieder in seinen Land Rover und braust mit großer Geschwindigkeit davon.

Da ich noch etwas länger in dieser Gegend bleiben werde, habe ich ein Zimmer in der Nähe gebucht. Meine Unterkunft für die nächsten Nächte liegt etwas außerhalb von Predappio, wo sich bis zum heutigen Tag alles um alte und neue Faschisten dreht. Der Weg führt zu einem Bauernhof auf einer Anhöhe, hier laufen Hasen und Hühner umher, dort beziehe ich Quartier und bin dankbar, auf andere Gedanken zu kommen.

Am nächsten Morgen weckt mich die Bäuerin und stellt mir ein Tablett mit frischem Brot und Obst vor die Tür. Einen Moment lang zögere ich, ob ich mit ihr über den Grund meines Besuches sprechen und ihre Gedanken zu Mussolini in Erfahrung bringen soll. Aber dann verkneife ich es mir. Ich habe Sorge, dass diese freundliche Frau sich auch als Faschistin zu erkennen gibt.

Die Prozession ist für Sonntag geplant, eigentlich müsste sie an Mussolinis Geburtstag stattfinden, aber weil der in diesem Jahr auf einen Montag fällt, haben seine örtlichen Anhänger entschieden, die Feier um einen Tag vorzuziehen. Ich nutze die Ruhe des Samstags, um mich im Dorf umzuschauen. Als erstes fahre ich zum Friedhof San Cassiano, der am darauffolgenden Tag Ziel der Besucher und sicher sehr voll sein wird. Jetzt gehen nur wenige Menschen an den Steinhäuschen vorbei, in denen die Toten aus der Umgebung aufbewahrt werden. Die Mittagshitze lastet schwer auf dem Areal. Ein älterer Herr, der unendlich langsam über den schmalen Weg schleicht, ahnt, was mein eigentliches Ziel ist, und weist mir die Richtung zur Krypta der Familie Mussolini. Dort steige ich mehrere Treppenstufen hinab, und als ich ganz unten ankomme, freue ich mich zunächst über die Kühle. In dem Gewölbe stehen mehrere marmorne Sarkophage, darin liegen die Überreste von Mussolinis Frau Rachele, von seinen Kindern, und auch von Benito Mussolinis selbst. Vor den großen Steinquadern steht eine Gruppe von vier Männern, drei von ihnen schätze ich auf Mitte 30, einer ist jünger, vielleicht Anfang 20. Sie stehen andächtig da, niemand spricht ein Wort. Beten sie? Plötzlich, wie auf ein heimliches Zeichen hin, straffen alle vier ihre Körper, schlagen die Hacken zusammen und salutieren mit ausgestreckten rechten Armen in Richtung des toten Diktators.

Es ist das erste Mal, dass ich aus der Nähe Menschen sehe, die den sogenannten römischen Gruß zeigen, das Erkennungszeichen der italienischen Faschisten. Hitler hatte der Gruß so sehr gefallen, dass er ihn übernahm und für seine Gefolgsleute in der NSDAP zur Pflicht machte. Während der Hitlergruß heute in Deutschland verboten ist, steht dieselbe Geste in Italien nur dann unter Strafe, wenn sie eine «Verherrlichung des Faschismus» bedeutet. Eine eigenartige gesetzliche Vorgabe. Bei Gedenkveranstaltungen wird der römische Gruß hingegen toleriert. Da die Abgrenzung der Fälle nie ganz einfach ist, fordern besorgte italienische Bürger und Parlamentarier von Giorgia Meloni seit Monaten, das entsprechende Gesetz zu verschärfen und die Umtriebe der Faschisten zu untersagen. Doch von der Ministerpräsidentin, die sich vor vielen Jahren selbst wohlwollend über Mussolini geäußert hat, ist bislang keine eindeutige Distanzierung vom historischen Faschismus zu hören, sie zieht es vor, zu den Forderungen zu schweigen. Die Mussolini-Anhänger von heute können also davon ausgehen, dass ihre Aufmärsche und provozierenden Gesten geduldet werden. Hier unten in der Gruft fühlen sie sich ohnehin sicher, kein Polizist hält Wache, um gegebenenfalls einzuschreiten.

Als die vier Besucher den Raum schweigend verlassen, habe ich Gelegenheit, mir alles gründlicher anzuschauen. Hinter dem Sarkophag von Benito Mussolini steht eingerahmt seine Büste mit der markanten Glatze und dem stark ausgeprägten Kinn. Rechts daneben ist in der Wand der marmorne Miniaturschrein mit Mussolinis Gehirn zu sehen. Vor der Grabstelle hat jemand fein säuberlich frische Blumen aufgesteckt und darüber ein Stoffband gespannt. Handschriftlich steht darauf: «Buon Compleanno Duce», herzlichen Glückwunsch zum Geburtstag! Wer will, kann seinen Namen in ein Referenzbuch schreiben, das auf einem Podest bereit liegt. Ein Pärchen macht davon

Gebrauch. Die beiden jungen Leute stehen noch eine Weile still und salutieren dann ebenfalls in Richtung ihres Duce.

Als Nächstes betritt ein Familienvater mit seinen drei Teenager-Kindern die Krypta, zwei Jungs, ein Mädchen, alle mit kurzen, sommerlichen Hosen. Ich bin erleichtert, dass sich die Geschwister nur neugierig umschauen und dann den Ausgang nach oben suchen. Aber eine Stunde später treffe ich sie schon wieder. Sie stehen mit ihrem Vater in einem Geschäft an der langen Hauptstraße, das bis unter die Decke mit Mussolini-Weinflaschen vollgestopft ist, mit der deutschen Reichskriegsflagge, auch mit Tellern und Tassen, auf deren Oberfläche die Konterfeis von Mussolini und Hitler gedruckt sind. Sogar Hakenkreuze liegen zum Kauf bereit. Vorne neben dem Eingang liegen schwarze Hemden und T-Shirts, die ewige Mode der Faschisten. Hier können sich alle, die am morgigen Sonntag bei der Prozession mitlaufen und sich als Teil der Mussolini-Anhänger zu erkennen geben wollen, das passende Outfit zusammenkaufen. Wie soll man dieses Geschäft nennen? Einen Souvenirladen? Einen Treffpunkt für all diejenigen, die sich mit Italiens Niederlage im Zweiten Weltkrieg nicht abfinden wollen? Eine Kultstätte für Nostalgiker? In diesem Laden also steht die vierköpfige Familie und deckt sich mit Mussolini-Kitsch ein.

Zu Tisch mit Faschisten

Am darauffolgenden Tag versammeln sich etwa 200 Menschen auf dem zentralen Platz von Predappio. Einige sind mit dem Bus angereist, andere mit Privatwagen oder mit Motorrädern. Ein Mini-Van mit der Aufschrift Lions Club hält, acht Männer mit sehr ernsten Mienen steigen aus. Als die Glocken der Kirche Sant'Antonio um Punkt halb elf läuten, setzt sich die Menge in Bewegung, auf einer Ausfallstraße geht es in Richtung Süden. Alle Teilnehmer tragen schwarze Hemden, das Erkennungszeichen der Kampfbünde, die Mussolini vor über 100 Jahren gründen ließ. Männer und Frauen aller Altersgruppen sind dabei, Rentner, Jugendliche, den Altersdurchschnitt schätze ich auf Mitte 40. Ein junger Mann fällt mir besonders auf, auf seinem Hemd trägt er sehr groß und lesbar das Zeichen «SS», darunter ist der deutsche Reichsadler zu sehen, der mit seinen Krähen ein Hakenkreuz umfasst.

Das Ziel des Marsches ist der Cimitero di San Cassiano, auf dem ich schon am Vortag war. Vorneweg tragen drei Männer Schellenbäume mit Adler-Wappen und goldverzierte schwarze Fahnen mit der Aufschrift: A. N. A. I, Associazione Nazionale Arditi D'Italia. Die Arditi waren einmal eine paramilitärische Organisation, vergleichbar mit der SA der Nazis. Ich kenne religiöse Prozessionen zu Genüge aus meiner Zeit als katholischer Messdiener, ein Priester schreitet meistens vorneweg und hält eine Monstranz mit einer Hostie in die Höhe. Aber der Anblick einer Menschenmenge, die anstelle einer Monstranz dem Symbol einer üblen Schlägertruppe hinterherläuft, gruselt mich.

Die Prozession heute hat ebenfalls religiösen Charakter, der tote Diktator wird wie ein Ersatzheiliger angehimmelt. 20 Meter vor der Menge fährt ein Polizeibus im Schritttempo, vier Polizisten gehen nebenher. Anfangs ist mir nicht klar, ob die in feschen dunkelblauen Uniformen gekleideten Männer Ausschreitungen der Faschisten verhindern sollen oder ob sie hier Dienst schieben, um sie vor Überfällen von politischen Gegnern zu schützen. Bald fällt mir auf, dass sich die Ordnungshüter als Geleitschutz verstehen, der der Veranstaltung einen offiziellen Charakter verleiht. Sollten sich die Carabinieri die Teilnehmer des Marsches genau anschauen, würde ihnen auffallen, dass viele von ihnen Embleme auf ihren schwarzen Hemden tragen, die nicht nur den italienischen Faschismus, sondern auch den deutschen Nationalsozialismus verherrlichen. Auch vor diesen Symbolen verschließt die Gendarmerie ihre Augen. In den Vorgärten der Häuser sitzen hier und da Nachbarn, die das Spektakel unaufgeregt an sich vorüberziehen lassen. Ob sie wollen oder nicht, ihre Stadt ist erneut Kulisse des nationalen Mussolini-Kultes.

Nach einer halben Stunde erreicht der Gedenkmarsch den Friedhof, wieder läuten von einer Kirche schwere Glocken. Eine etwa 50-jährige, ganz in Schwarz gekleidete Frau steigt die Stufen zum Eingang empor und greift nach einem Mikrofon. Ich erkenne sie, es ist Mussolinis Urenkelin Orsola. Sie begrüßt alle, die gekommen sind, und spricht liebevoll von ihrem Nonno; eigentlich bezeichnet der Kosename il nonno Großväter und nicht Urgroßväter, aber so genau will das heute niemand nehmen. Nach ihrer Ansprache brüllt ein Mann in militärischem Ton eine Aufforderung in die Menge, die ich nicht verstehe. Aber die Reaktion ist unmissverständlich, die Teilnehmer nehmen Haltung an wie Soldaten. Das ist das Signal, dass alle über den Friedhof zur Gruft der Familie Mussolini gehen sollen. Weil 200 Personen nicht gleichzeitig in die unterirdischen Gänge passen, sorgen ein paar Männer und Frauen, die ehrfurchtgebietende Ordnerbinden an ihren Oberarmen tragen, dafür, dass nur einzelne Gruppen von etwa einem Dutzend Menschen hinabsteigen. Die anderen warten geduldig draußen in der glühenden Hitze, bis sie an der Reihe sind. Plötzlich dringt aus dem Kellergewölbe unter uns der dumpfe Klang einer männlichen Stimme: «Camerata Benito Mussolini!», darauf hallt es aus mehreren Kehlen: «Presente!» Der faschistische Gruß, die Anwesenheitsbekundung an den Kameraden Mussolini, wird drei Mal sehr laut und energisch gerufen. Dann tritt Ruhe ein, die nächste Kleingruppe darf in die Tiefe. Als auch ich erneut zu Benito Mussolini letzter Ruhestätte hinabsteige, sehe ich nach wenigen Minuten, dass alle anderen aus meiner Kleingruppe beim Appell «Camerata …!» die Hacken zusammenschlagen und ihren rechten Arm finster entschlossen zu dem großen Sarkophag ihres toten Führers strecken. Es ist ein Gruß in ein fernes Jahrhundert, aber von Menschen, die heute leben.

Nachdem sämtliche Mitglieder der Prozession ausreichend Gelegenheit hatten, Benito Mussolini ihre Treue über dessen Tod hinaus zu zeigen, laut und deutlich «Presente» zu rufen und dabei auf römische Art zu salutieren, läuft die Menge zum Ausgang des Friedhofs. Der größte Teil zieht zu Fuß auf die Landstraße nach links in Richtung Predappio. Ein anderer Teil biegt nach rechts zum nahegelegenen Ristorante Locanda Appenino. Im großen Speisesaal ist Platz für vielleicht 80 Personen. Einlass erhält nur, wer angemeldet ist und auf einer sorgsam geprüften Liste steht. Durch Vermittlung meiner italienischen Kollegin in Deutschland ist es mir gelungen, ebenfalls meinen Namen auf die Liste setzen zu lassen. Die beiden Frauen, die den Eingang kontrollieren, wissen nicht so recht, an welchen Platz sie mich lotsen sollen. Sie rätseln und diskutieren, eine Weile ist unklar, ob sie mich hineinbitten oder abweisen wollen. Da schaltet sich Orsola Mussolini ein, sie scheint die Gastgeberin zu sein, alle hören auf ihr Wort. Ja, sie habe vernommen, dass ein Journalist aus Deutschland kommen würde, das müsse ja wohl ich sein, bestätigt sie den Damen mit der Liste; plötzlich lösen sich alle Probleme in Luft auf. Signora Mussolini begrüßt mich mit einem einladenden Lächeln und geleitet mich zu einem freien Platz, ausgerechnet neben dem Jungen, der mir schon in der Innenstadt aufgefallen war. Es ist der Junge, der das SS-Hemd trägt.

In diesem Augenblick rast mir vieles durch den Kopf, mein Besuch in Auschwitz vor über 30 Jahren, meine Begegnung mit dem Überlebenden Rudolf Vrba in Prag und vieles andere. Wie kann man sich in einer solchen Situation richtig verhalten? Niemand hat mich gezwungen, beim Gedenkmarsch zu Mussolinis Gruft nebenherzulaufen, auch bin ich freiwillig zu diesem Mittagessen gegangen, durchaus neugierig.

Im Jahr 2006 hatte ich einmal Gelegenheit, den amerikanischen Präsidenten George W. Bush im Weißen Haus zu interviewen. Drei Jahre zuvor hatte Bush der US-Armee befohlen, den Irak zu überfallen, als Rechtfertigung zogen er und seine Leute eine Lüge heran, vorsichtige Schätzungen gehen von einer halben Million Menschen aus, denen dieser Irrsinn bis Ende der Besetzung 2011 das Leben kostete. Hätte ich nicht mit Bush sprechen sollen? Ich tat es, weil ich es als Teil meines Berufes verstehe, auch mit Menschen zu sprechen, die ich verachte. In dieser Hinsicht ähneln sich Journalisten, Politiker und Diplomaten, sie müssen Sprechfähigkeit herstellen, über alle Grenzen hinweg – auch wenn wir Journalisten anderen Motiven folgen. Journalisten stehen nicht im Dienst eines Staates oder einer Regierung. Hatte ich Hoffnung, den amerikanischen Präsidenten dazu zu bewegen, eine schwere Fehlentscheidung einzugestehen? Nein, natürlich nicht. Ich habe in meinem Leben einige ergiebige Interviews führen können, dieses Gespräch gehörte nicht dazu. Dennoch war es richtig, mit Bush zu sprechen. Ich verstehe meine Arbeit als Bemühen, Zuschauern und Lesern Einblicke in Situationen und Gedankenwelten zu vermitteln, die ihnen sonst verschlossen sind.

Das ist auch der Grund, warum ich heute Mittag vor diesem langen Tisch stehe, an dem schon ein Haufen Männer und Frauen mit schwarzen Hemden sitzt. Ich möchte etwas in Erfahrung bringen, was Außenstehende üblicherweise nicht sehen und hören können. Wie denken die Menschen in diesem Raum? Was bringt sie dazu, acht Jahrzehnte nach dem Ende des Zweiten Weltkrieges immer noch einem Mann zu huldigen, der sich selbst, sein Land und Teile Europas und Nordafrikas ins Unheil gestürzt hat? Geht von diesen Leuten eine Gefahr für die Demokratie aus, jetzt oder irgendwann später?

Nach kurzem Nachdenken nehme ich neben dem Jungen mit dem SS-Hemd Platz. Er stellt sich als Roberto vor, wohnt in der Toskana und ist für diesen besonderen Tag nach Predappio gereist. Uns gegenüber sitzen zwei Frauen, die in der Po-Ebene zuhause sind; ich habe Glück, eine von beiden spricht gut verständlich Deutsch. Sie macht einen offenen, interessierten Eindruck und freut sich, mit mir, dem Besucher aus Germania, ins Gespräch zu kommen. Vor Jahren habe sie mal in einem Eiscafé in Berlin gejobbt, erzählt sie, jetzt arbeite sie an einer Tankstelle. Roberto links neben mir bleibt ausgesprochen maulfaul, während des gesamten Mittagessens spielt er mit seinem Smartphone und postet Fotos und Videos von der Mussolini-Prozession und von Männern in militärischen Uniformen. In Roberto scheinen der alte SS-Kult und die Zeichensprache sozialer Medien zu verschmelzen. Irgendwann spreche ich ihn auf sein Hemd an. Gerne, sogar ein wenig eitel, dreht er sich um und zeigt mir, was unter der SS-Rune steht: «Meine Ehre heißt Treue.» Das war der Wahlspruch der Schutzstaffel der Nazis. Sie organisierte die Verschleppung und Ermordung von Millionen Juden, Sinti und Roma sowie von Oppositionellen. Ob er denn wisse, was der Spruch auf seinem Hemd bedeute, frage ich. Roberto nickt, dann widmet er sich wieder seinem Handy. Aus diesem Saulus werde ich keinen Paulus machen. Ein Gespräch mit ihm ist sinnlos.

Nach ein paar Minuten verstummen die Tischgespräche an den anderen Plätzen, ein älterer Mann ergreift das Mikrofon und bittet um Ruhe. Er ist ebenfalls ganz in Schwarz gekleidet, aber er trägt einen schmalen weißen Kragen um den Hals. Die Frau gegenüber flüstert mir zu, dass es sich um Padre Giulio Maria Tam handelt, den Priester von Sant'Antonio. Zum Auftakt der Prozession ließ er die Glocken läuten. Hochwürden ist hier ein überaus gerne gesehener Gast, und er gibt sich alle Mühe, der Gastgeberin zu gefallen. Der Geistliche wettert gegen Marxisten und gibt den versammelten Faschisten allein durch seine Anwesenheit und seine warmen, zustimmenden Worte seinen Segen. Orsola Mussolini ist entzückt und wirft ihm vom anderen Ende des Tisches voller Dankbarkeit Kusshände zu.

Als Hauptspeise wird «Tagliatelle di Nonna Rachele al Ragu» serviert, vermutlich hat Benito Mussolinis Ehefrau Rachele das entsprechende Rezept ihren Kindern und Enkeln vermacht. Nachdem die

Bandnudeln verspeist sind, ertönt aus den Lautsprechern Marschmusik. Sofort erstrahlt die Frau mir gegenüber, sie summt die Melodie erst vorsichtig, dann entschlossener, schließlich beginnt sie, den Text deutlich mitzusingen. Als ich sie nach dem Titel des Liedes frage, antwortet sie, es heiße *Faccetta nera*, am ehesten lässt er sich mit «Schwarzes Halstuch» übersetzen. Das Kampflied wurde im Italienisch-Äthiopischen Krieg 1935 gesungen, als Mussolini das Territorium der italienischen Kolonien erweitern wollte und hunderttausende Zivilisten bestialisch töten ließ, zum Teil mit Giftgas. Die Frau am Mittagstisch sagt, sie sei mit dem Lied aufgewachsen, ja klar, sie sei Faschistin, alle in ihrer Familie seien das. Auch die Texte der anderen Lieder, die jetzt im Restaurant gespielt werden, singt sie voller Inbrunst mit. Ihr Gesichtsausdruck verklärt sich zunehmend.

Es ist das erste Mal in meinem Leben, dass ich Menschen treffe, die sich selbst ganz offen als Faschisten bezeichnen. Der Conte tat es ein paar Tage zuvor, die Frau am Tisch gegenüber tut es jetzt, und vermutlich würden sich alle 80 Personen, die im Restaurant einträchtig zusammensitzen, ebenfalls bekennen: Ja, wir sind Faschisten. Niemand würde sich dafür schämen.

Nachdem alle Märsche gespielt sind, kommen die Frau gegenüber und ich wieder ins Gespräch, diesmal reden wir über Giorgia Meloni. Von der Neuen in Rom hält auch sie nichts, sie sei auch nicht besser als ihre vielen Vorgänger. Dann kommt sie auf Hitler zu sprechen. Der würde in der Geschichtsschreibung unfair behandelt werden. Unfair? Was ist mit den Toten des Zweiten Weltkrieges, frage ich sie, die Schätzungen belaufen sich auf 65 Millionen Menschen. Einige Hunderttausend liegen auch auf italienischen Friedhöfen, Soldaten, Zivilisten, Kriegsgefangene, nicht wenige sind in der Emilia-Romagna beerdigt, vermutlich auch in den Grabstätten von Predappio gleich nebenan. Was ist mit ihnen? Benito Mussolini, der Kriegsherr, und seine Faschisten haben viele von ihnen auf dem Gewissen.

Die Zahlen seien übertrieben, sagt die Frau, und überhaupt, in Kriegen gäbe es halt Tote. Und was ist mit geschätzt 6 Millionen ermordeter Juden? Auch die Zahl will sie nicht glauben. Sie habe gehört, sagt sie mit Gewissheit, die Konzentrationslager seien gar keine Vernichtungslager gewesen, sondern Arbeitslager. Soll man bei solchen Antworten aufstehen? Soll man diskutieren und versuchen, die

Gesprächspartnerin vom Gegenteil zu überzeugen? Welche Erfolgsaussicht hätte das? Unser Gespräch stößt an eine Grenze, ich stoße an eine Grenze.

Ohnehin werden wir bald unterbrochen, weil sich Orsola Mussolini zu uns an den Tisch setzt. Sie ist eine aufmerksame Gastgeberin, die sich nach dem Wohlergehen ihrer Gäste erkundigt. Sie weiß, dass ich für ein Buch recherchiere, aber ein Wortlautinterview will sie mir nicht geben. Dennoch erzählt sie gerne aus ihrem Leben, von Nonno Benito, von der guten alten Zeit und was Italien ihrem Urgroßvater alles zu verdanken habe. Ihr Verständnis von Faschismus, so viel wird mir klar, entspricht etwa dem Verständnis des Conte. Für sie, und wahrscheinlich für die allermeisten im Raum, ist Faschismus die Erinnerung an eine großartige Zeit Italiens. In dieser Erzählung haben die Opfer des Faschismus, die politisch Verfolgten, die Ermordeten, die Verwüstungen in Äthiopien und vor allem während des Weltkrieges keinen Platz. Für sie ist Faschismus Ausdruck einer Sehnsucht, das Verlangen nach nationaler Größe.

Während wir miteinander sprechen, fällt mir noch etwas an Orsola Mussolini auf: Sie lacht gerne. Augenscheinlich empfindet sie großes Vergnügen dabei, andere Menschen kennenzulernen und sich mit ihnen zu unterhalten. Ja, Orsola Mussolini wirkt humorvoll, geradezu beunruhigend sympathisch. Sie spricht fließend Spanisch, denn sie wuchs in Südamerika auf, wohin ihre Familie nach dem Krieg emigrierte. Ihr Großvater, Benito Mussolinis Sohn Vittorio, war über Uruguay nach Argentinien ausgereist und hatte dort sein Glück mit einem Geschäft für Handtaschen und Taschentücher versucht. In Europa hatte er seinen Nachnamen als Last empfunden. Orsola strahlt hingegen aus, dass sie mit ihrem Nachnamen im Reinen ist, aus ihren Worten dringt Stolz, eine Mussolini zu sein.

Und doch unterscheiden sich die beiden Frauen, die ich an diesem Mittag kennenlerne, die Tankstellenarbeiterin und Mussolinis Urenkelin, in ihrer freundlichen Zugewandtheit von den übrigen Schwarzhemden, die ich beobachte. Die allermeisten Gäste der Zusammenkunft wirken wie Kämpfer, die es bedauern, gerade keine Gelegenheit zur physischen Auseinandersetzung mit Andersdenkenden zu haben und sich stattdessen mit Wein und Kampfliedern trösten. Sollte sich die Gelegenheit ergeben und ein neuer Duce auftauchen, dieser Eindruck drängt sich mir auf, werden die meisten bereit sein, zuzuschlagen. Von den Mussolini-Jüngern, die hier und heute zusammenkommen, geht aktuell keine Gefahr aus, so scheint mir. Aber es fällt auf, wie fest sie in der Tradition eines brutalen Regimes stehen, wie offen, ja schamlos sie ihre radikalen Überzeugungen äußern und ihre Erkennungszeichen vor sich her tragen. Sollten sich die Zeiten ändern und sollte ein neuer charismatischer Führer den richtigen Ton treffen, kann die kleine Bewegung schnell wieder zu einer Massenbewegung anschwellen.

Das, was mir der Conte, was mir Orsola Mussolini und die anderen Gäste der Tischgesellschaft über den Faschismus erzählt haben, zeigt mir auch, wie fremd sich unsere Vorstellungen von Geschichte gegenüberstehen. Die Definitionen von Faschismus, die Robert Paxton und sogar ChatGPT anbieten, sind allesamt präziser und entsprechen eher der historischen Wahrheit als das, was mir die Menschen erzählen, die dicht an seiner geografischen Quelle leben. Die Begegnungen zeigen mir auch, wie kunstvoll die Faschisten von heute jegliche Brutalität des untergegangenen Regimes ignorieren. Und sie zeigen, dass wir vollkommen gegensätzliche Schlussfolgerungen aus der Geschichte ziehen. Der Spruch «Nie Wieder!» ist den Menschen in diesem Raum fremd.

Nach drei Stunden verabschiede ich mich von Roberto, meinem Tischnachbarn mit dem SS-Hemd, von der ehrfürchtig singenden Faschistin gegenüber und von der herzlichen Urenkelin des Diktators und laufe die zwei Kilometer zu Fuß zur Innenstadt zurück. Dann steige ich in meinen kleinen Fiat und fahre den Berg hinauf, hoch zum Bauernhof, zu den Hasen und Hühnern, dorthin, wo ich übernachte und wo es wunderbar still ist.

«Höcke oder Solingen»

Am Anfang der letzten Augustwoche breche ich ein weiteres Mal nach Thüringen und Sachsen auf. Die Tage und Wochen vor Wahlen sind immer eine gute Gelegenheit, mehr zu erfahren über die Gedanken und Gefühle der Bevölkerung; dann sprechen Politiker, aber auch ihre Wählerinnen und Wähler, meistens ungehemmter über Politik.

Da ich die nächsten Tage auch in Kleinstädte und Dörfer reisen will, nehme ich für meine Reise wieder das Auto. Die Bahn- und Busverbindungen sind zu selten und zu unsicher. Unterwegs höre ich einen Podcast, den Anne Will mit dem Soziologen Steffen Mau aufgenommen hat. Warum sich die Gesellschaft in Ostdeutschland und in Westdeutschland so unterschiedlich entwickelt hat, erklärt er vor allem mit der demografischen Entwicklung. Nach 1949 hätten sehr viele Menschen die DDR Richtung Westen verlassen, nach dem Mauerfall weitere 1,8 Millionen Bürger. Auch der Bevölkerungszuwuchs durch Migranten sei in West- und Ostdeutschland sehr verschieden gewesen. Während in der alten Bundesrepublik seit 1955 Fachkräfte aus dem Ausland angeworben wurden, sei die ostdeutsche Gesellschaft verhältnismäßig homogen geblieben. Dann sagt er einen wichtigen Satz: «Schrumpfgesellschaften sind häufig Gesellschaften der Angst. Weil man das Gefühl hat, wir werden immer weniger. Und wenn jetzt noch Zuwanderung kommt, dann wird es ja noch schwieriger, uns aufrechtzuerhalten.»

Das erste Ziel meiner Reise ist Gera im östlichen Zipfel von Thüringen. Ich wurde zu einer Lesung in die Stadtbibliothek eingeladen. Die anschließende Diskussion verläuft überraschend friedlich, jedenfalls nicht so angespannt wie in manchen westdeutschen Städten. Die Gäste sprechen offen über ihre Sorgen, viele haben Angst vor einem Wahlsieg der AfD, alle haben Angst vor einer Ausweitung des Krieges in der Ukraine. Ich spüre, wie verunsichert diejenigen sind, die sich zu Wort melden. Sie klagen über die Regierung in Berlin, die sich aus ihrer Sicht im permanenten internen Streit aufreibt, statt sich um die Themen der Bürger zu kümmern: «Hören die überhaupt auf uns?» Einige beschweren sich über die Berichterstattung der etablierten Medien, man wisse ja gar nicht mehr, wem man glauben soll und wem nicht. Es entwickelt sich ein offener Austausch ohne Tabus, ohne langatmige Selbstdarstellungen und auch ohne die üblichen Aggressionen. Was die Zuhörer so kurz vor den Landtagswahlen eint, ist die Sorge um die Zukunft ihrer Demokratie. Auch hier in Gera berichten mehrere Besucher, wie der Streit um politische Themen ihre Familien und auch Freundeskreise entzweit.

Am nächsten Vormittag besteige ich eine Straßenbahn, die mich in den Stadtteil Lusan bringt, dort soll ein Wahlkampfstand der AfD stehen. Einige Haltestellen für Busse und Bahnen haben in Gera Namen, die nach längst vergangenen Zeiten klingen: Friedrich-Engels-Straße, Pionier-Kaserne, Puschkin-Platz. Nach 20 Minuten komme ich in Lusan-Laune an, einer großen Plattenbausiedlung, die in den 1970er Jahren hochgezogen wurde und die an Berlin-Marzahn erinnert. Jeder vierte Bewohner von Gera lebt hier. Die Siedlung ist deutlich in die Jahre gekommen, der Eingang des Gesundheitszentrums ist mit Brettern zugenagelt, ein Restaurant hat schon vor langer Zeit den Betrieb eingestellt. Vor einem mobilen Asia-Imbiss warten ein paar Menschen und wollen Döner kaufen. Gleich nebenan stehen vier Männer, zwei jüngere und zwei etwas ältere, unter einem blauen Sonnenschirm und einer ebenso blauen Stellwand mit AfD-Logo. Auf dem Plakat lächelt ein übergroßer Mann mittleren Alters mit hoher Stirn, dunklem Sakko und roter Krawatte. Darüber steht sein Name: Dr. Wolfgang Lauerwald. Einer der Männer unter dem Sonnenschirm sieht dem Mann auf dem Plakat ein wenig ähnlich, doch er trägt einen Strohhut, außerdem eine kurze Hose. Ich trete näher und stelle mich als Buchautor aus Hamburg vor, als «Wessi». Zunächst schauen mich die Männer ein wenig verwundert, ja grimmig, an, doch dann ergreift der Mann vom Plakat das Wort und sagt, er sei Wolfgang Lauerwald, das Foto auf dem Plakat sei schon etwas älter, er würde als AfD-Kandidat für den thüringischen Landtag kandidieren und ja, gerne würde er meine Fragen beantworten. So entwickelt sich ein langes Gespräch, das immer wieder unterbrochen wird, weil einer der anderen drei Männer seine eigene Sicht auf die Welt loswerden will oder weil das Mobiltelefon des Kandidaten klingelt.

Die vier Männer äußern ihre Sorge, dass bei der bevorstehenden Landtagswahl manipuliert werden könnte. Sie verweisen darauf, dass die Briefwahlergebnisse ihrer Partei erfahrungsgemäß deutlich unter dem Ergebnis der Stimmen lägen, die am Wahltag abgegeben werden. Das spräche doch dafür, dass da irgendjemand unrechtmäßig seine Finger im Spiel habe. Die Diskussion kenne ich aus den USA, doch weder in Ostdeutschland noch in den USA wurde bei den vergangenen Wahlen bislang Betrug in großem Maßstab nachgewiesen. Der Verdacht bleibt unbewiesen.

Dann wendet sich mir Wolfgang Lauerwald zu, der Kandidat mit Strohhut, und erzählt, wie er dazu kam, sich für die AfD zu engagieren.

Er wurde 1955 in Erfurt geboren und zog als Sechsjähriger mit seinen Eltern nach Gera. Später studierte er Medizin und arbeitete lange als Oberarzt am örtlichen Bezirkskrankenhaus, später in einer Gemeinschaftspraxis. Er kennt die Menschen in Gera, und viele kennen ihn. Der Mediziner ist kein Außenseiter, er ist tief verwurzelt in der Gesellschaft seiner Heimatstadt.

Als im Jahr 2013 die AfD gegründet wurde und die neue Partei bald die alte politische Ordnung durcheinanderbrachte, schloss sich Lauerwald ihr an, erst etwas zögerlich und mit respektvollem Abstand. Dann lernte er Björn Höcke kennen, und der überzeugte ihn, für den Kreisvorstand und anschließend für einen Sitz im Landtag zu kandidieren. Seit fünf Jahren ist Wolfgang Lauerwald nun Abgeordneter und hat gute Aussichten, in wenigen Tagen wiedergewählt zu werden. Die AfD erlebt gerade wieder ein Umfragehoch, und sie nutzt das Attentat von Solingen für ihren Wahlkampf. In sozialen Medien kursieren Bilder des thüringischen Spitzenkandidaten mit dem Spruch «Höcke oder Solingen».

Als ich ihn frage, warum die AfD in Ostdeutschland so stark ist, und zwar nicht erst seit dem Anschlag, drängelt sich der blonde, etwa 70-jährige Mann neben ihm vor: «Wir hatten das alles schon mal.» «Was?» Jetzt geht Wolfgang Lauerwald dazwischen und will das erklären: «Wir hatten hier schon eine Diktatur gehabt, Diktatur des Proletariats nannte sie sich. Aber das war nur eine Kaste von SED-Bonzen, die von Russland gestützt wurden, die 1949 die Macht an sich gerissen haben. Das war hier alles gleichgeschaltet. Das war alles auf SED-Linie ausgerichtet, Wahlergebnisse von 98 Prozent, Wahlbetrug. Meinungsfreiheit war auch nicht vorhanden.» Das meinen also die beiden Männer, wenn sie davon sprechen, «das alles» schon mal gehabt zu haben. BRD gleich DDR? Ernsthaft?

Wolfgang Lauerwald erzählt jetzt in Stichworten die ersten Etappen seines Lebensweges, der wohl einer typischen DDR-Biografie entsprechen soll, ein Leben mit guter Ausbildung und auch einem guten Beruf, solange man sich nicht mit der Obrigkeit anlegte und mit kritischen Bemerkungen über die SED-Herrschaft auffiel. Dann kommt er zu dem Punkt zurück, den er eigentlich machen wollte: «Wenn wir jetzt erleben, wie die Meinungsfreiheit eingeschränkt wird, wie gegen Andersdenkende gehetzt wird, wie die AfD als Oppositionspartei diffamiert und unterdrückt wird, dann wissen wir aus dem Osten: Das hatten wir alles schon mal. Wir sind viel kritischer gegenüber der Regierung, als es der Westdeutsche ist.» Er fasst seine Ausführung so zusammen: «Deswegen ist derjenige, der im Osten aufgewachsen ist, so sensibel gegenüber Übergriffigkeiten des Staates. Deswegen haben wir ganz andere Wahlergebnisse. Wir sind nicht doofer, wie es immer hingestellt wird, uns muss auch nicht die Demokratie beigebracht werden. Wir wissen genau, was Demokratie heißt, und die wollen wir bewahren.»

«Das ist interessant», falle ich ihm ins Wort, «Sie sagen, Sie wollen die Demokratie bewahren. Aber Sie sagen auch, wir sind auf dem Weg in eine Diktatur, wie Sie sie schon einmal hatten.»

«Ja, genau. Meinungsdiktatur.»

«Was meinen Sie mit ‹Meinungsdiktatur›?»

«75 Prozent ist wohl die Zahl der Bürger, die angeben, sie trauten sich heutzutage nicht mehr, ihre Meinung zu sagen. Das ist von einer Umfrage eines Meinungsforschungsinstituts. Das ist offiziell, das habe ich mir nicht ausgedacht.»

«Aber Sie wirken auf mich nicht so, als ob Sie Angst hätten, Ihre Meinung zu sagen. Sie äußern sie doch ziemlich frei.»

«Passen Sie auf, ich bin im Ruhestand, ich bin nicht mehr im Beruf. Ich habe mein Leben aufgebaut, ich habe alles erreicht in meinem Leben, was ich erreichen wollte. Ich muss vor niemandem den Mund halten.»

«Aber Sie haben gerade gesagt, wir haben eine Meinungsdiktatur, die Sie an die DDR erinnert.»

«Ja, die Leute, die hier auf Arbeit gehen, die angestellt sind im öffentlichen Dienst oder bei der Polizei, die trauen sich natürlich nicht, auf der Arbeit ihre Meinung zu sagen, weil sie dann Angst haben müssen, entlassen zu werden. Das ist schon mehrfach vorgekommen. Und da haben die Leute natürlich Angst zu sagen: Ich bekenne mich zu den Ideen der AfD oder ich wähle AfD. Das traut sich heutzutage kaum einer mehr, öffentlich zu sagen. Das finde ich schlimm. In der Demokratie dürfte es überhaupt kein Thema sein, dass man seine Meinung nicht mehr offen sagen darf, auch wenn es nicht die Meinung ist, die der Staat gerne hören möchte.»

So geht das eine Weile hin und her. Ich habe nicht den Eindruck, dass die freie Meinungsäußerung in unserem Land unterdrückt wird. Dafür lese ich zu viele Bekenntnisse zur AfD, zu Putin, zu Trump, gegen die Bundesregierung und auch freimütig geäußerte Hassbotschaften in sozialen Medien. Sie kommen von Menschen, die ganz selbstverständlich ihren Klarnamen veröffentlichen, es wird sich bei ihnen wohl kaum ausschließlich um Rentner handeln. Die Zahl «75 Prozent» klingt nach, ohne dass Wolfgang Lauerwald erklären könnte, welches Umfrageinstitut welche Erhebung durchgeführt hat. Das muss er auch nicht wissen, vielleicht hat er sogar recht und es gibt eine solche Umfrage. Aber die vier Männer, die hier in der Vormittagshitze vor der Plattenbausiedlung von Gera-Lusan zusammenstehen, nehmen jedenfalls kein Blatt vor den Mund.

Dann kommen wir auf die Berichterstattung über die AfD vor der nahen Landtagswahl zu sprechen, etwa auf die Titelbilder von *SPIEGEL* und *STERN*, die eindringlich vor Björn Höcke warnen.

«Schaden Ihnen solche Berichte oder helfen sie Ihnen?»

Jetzt schaltet sich der dritte, etwas jüngere Mann ein, der neben uns steht und die ganze Zeit über aufmerksam zugehört hat: «Mittlerweile hilft es uns.»

«Warum?»

«Weil die Leute umgeschaltet haben.»

Wolfgang Lauerwald mischt sich wieder ein: «Die Leute können diese Propaganda nicht mehr hören. Die haben ja ihren eigenen Verstand, die meisten jedenfalls. Die Leute, die vor der Glotze hängen, die werden natürlich trefflich vom Staatsfunk manipuliert.»

Eine Gruppe von Schulkindern gesellt sich zu uns und bittet die Männer am AfD-Stand, ihnen Werbezettel und Kugelschreiber der Partei auszuhändigen: «Unsere Eltern haben uns geschickt, wir sollen ihnen etwas von Ihnen mitbringen.» Gerne reichen die vier Männer ein paar Flugblätter hinüber und packen noch AfD-blaue Packungen Gummibärchen dazu. Die Kinder verschwinden fröhlich. Wir reden noch ein paar Minuten, dann wünsche ich den vier Männern einen schönen Tag.

Eine Weile gehe ich ziellos durch den Stadtteil und finde schließlich ein Schnellrestaurant in der Nähe. Dort sitzt ein etwa 50-jähriger Mann mit sehr dunklen Haaren, sehr dunklem Bart und überhaupt sehr südländischem Aussehen und trinkt Tee. Ich bestelle mir ein kühlendes Getränk und setze mich zu ihm. Wir stellen uns gegenseitig vor, und er erzählt, dass er aus Syrien kommt und schon seit über zehn Jahren mit seiner Familie in Deutschland lebt. «Oh, Syrien», sage ich, der Mann weiß sofort, woran ich denke. Er erzählt, wie sehr ihn das Attentat von Solingen erschüttert habe, dort hat ja ein 26-jähriger Flüchtling aus Syrien drei Menschen ermordet. Jetzt würde alles noch viel schlimmer für ihn werden, meint er. Eigentlich würde er ganz gerne in Gera leben, aber immer öfter würde er von Deutschen aus der Nachbarschaft hässliche Kommentare wegen seines fremden Aussehens hören. Neulich hätten ihn einige Jungs sogar geschlagen. Er sei zur Polizei gegangen und habe eine Anzeige erstatten wollen. Doch die Polizei habe sich geweigert, seine Anzeige aufzunehmen. Die Polizei in Gera sei genauso rechtsextrem wie viele der Bürger, sagt er.

Mir fallen gleich wieder die Männer am AfD-Stand ein paar 100 Meter entfernt ein, ich muss an ihr Schlagwort von der Meinungsdiktatur denken und daran, dass kaum noch jemand wagen würde, seinen Mund aufzumachen. Der Syrer, der in seiner Not bei der Polizei kein Gehör fand und das Gefühl hatte, dass seine Aussage unerwünscht ist, wird das vielleicht ähnlich empfinden, nur aus einem völlig anderen Grund.

Aber dann will er noch etwas Freundliches sagen über die Stadt, die zu seiner neuen Heimat geworden ist. Er ist bemüht, sich in Gera zu arrangieren, trotz aller Widrigkeiten. Überall gebe es böse Menschen, meint er. Aber überall gebe es auch gute Menschen. In Gera habe er längst viele Freunde gefunden. Wir reichen uns die Hand zum Abschied.

Ich verlasse Gera mit dem sehr unbestimmten Gefühl, dass viele Menschen hier Angst haben. Die einen behaupten, sie hätten Angst, ihre Meinung offen auszusprechen. Wieder andere haben Angst vor Messerattacken, Angst vor dem Krieg in der Ukraine, Angst um die Demokratie. Dann gibt es Bürger wie den Tee trinkenden Syrer, die Angst vor rassistischen Beleidigungen haben. Ich bekomme es ebenfalls ein wenig mit der Angst zu tun. Die Stimmung hier und in anderen Orten könnte derartig eskalieren, dass sie sich in gewaltsamen Ausschreitungen entlädt.

Nordhausen

Am nächsten Tag fahre ich ganz in den Norden Thüringens, nach Nordhausen, dort hat die AfD zum Wahlkampfendspurt eingeladen und die Veranstaltung freundlich «Sommerfest» genannt, Björn Höcke ist als Hauptredner angekündigt. Vor vielen Jahren war ich schon einmal hier, weil ich an einem Fernsehbeitrag über die unterirdischen Produktionsanlagen des ehemaligen Konzentrationslagers Mittelbau-Dora gearbeitet habe. In einem Tunnelsystem, tief im Harz, ließ Hitler Zwangsarbeiter unter menschenunwürdigen Bedingungen an den versprochenen Wunderraketen V1 und V2 schuften. Die Zahl der Todesopfer von Mittelbau-Dora und dem Lager Buchenwald wird auf über 75 000 geschätzt.

Vor einem Jahr wurde ich erneut auf Nordhausen aufmerksam, weil sich der Leiter der Gedenkstätten Buchenwald und Mittelbau-Dora, ein Mann namens Jens-Christian Wagner, bei der Oberbürgermeisterwahl öffentlich zu Wort gemeldet hatte, um mit deutlichen Worten vor Jörg Prophet, dem örtlichen AfD-Kandidaten, zu warnen. Im September 2023 sagte Wagner über Prophet als möglichen Oberbürgermeister: «Für Mittelbau-Dora und die gesamte Stadt Nordhausen wäre das meines Erachtens eine Katastrophe.» Es kam nicht so weit, der AfD-Mann verlor die Wahl knapp. Jens-Christian Wagner hat sich mit seiner Einmischung nicht nur Freunde gemacht. Und er ließ nicht locker, vor kurzem organisierte er mitten im Landtagswahlkampf eine ungewöhnliche Kampagne, er verschickte 350 000 Briefe an Haushalte in Thüringen und warnte wieder eindringlich. Mit der AfD würde bei der Thüringer Landtagswahl eine Partei antreten, die das Leiden der Opfer des Nationalsozialismus auch in den thüringischen Konzentrationslagern aus der Erinnerung tilgen wolle. Björn Höcke selbst versuche, die Sprache des Nationalsozialismus wieder salonfähig machen. Namentlich warnte der Historiker auch vor dessen Parteifreund Jörg Prophet.

Am Tag vor dem Sommerfest der AfD in Nordhausen wurde Jens-Christian Wagner ein anonymes Schreiben mit einer Fotomontage zugestellt. Der 58-jährige Gedenkstellenleiter kennt die Bürger in der Gegend gut, er ist eine halbe Autostunde von hier entfernt aufgewachsen. Und er scheint kein Mensch zu sein, der sich schnell fürchtet. Aber was er sah, als er den Brief in der Hand hielt, entsetzte ihn doch. In der Betreffzeile stand: «Wahl zum Thüringer Landtag am 1. September 2024.» Rechts oberhalb war ein Galgen abgebildet, darunter hing der Kopf von Jens-Christian Wagner. Die Überschrift lautete: «Ein Galgen, ein Strick, ein Wagnergenick.» Wagner machte das Schreiben in sozialen Medien öffentlich.

Einen Tag später warte ich nun gespannt auf den Auftritt des AfD-Politikers Jörg Prophet, er ist Vorredner von Björn Höcke. Viele hundert Menschen sind gekommen, der Platz ist randvoll, auch junge Paare, die Kinderwagen vor sich herschieben, sind dabei. Aus dem Lautsprecher neben der Bühne dröhnt ein Popsong, der die Leute in Stimmung bringen soll: *Love is a battlefield* von Pat Benatar aus den 1980er Jahren. Die Schülerin, die mich in Oberitalien durch die Villa Mussolini geführt hat, hätte sicher ihre Freude an dem Lied.

Dann tritt Jörg Prophet auf. Sofern er von der Galgen-Montage erfahren hat – Wagner postete den Vorfall in den sozialen Medien –, hätte er jetzt bei dem Sommerfest Gelegenheit, vor großem Publikum solche üblen Schreiben zu verurteilen und zur Mäßigung im politischen Wettstreit aufzurufen. Doch der großgewachsene Lokalpolitiker, der nur wenig älter als Jens-Christian Wagner ist, hat anderes im Sinn. Mit tiefer, lauter Stimme und zunehmender Erregung ruft er in die Menge vor ihm: «Sie wissen vielleicht aktuell, ich habe einen ‹Fanclub›: Professor Dr. Wagner, von der Stiftung Buchenwald. Er hat sich abends hingesetzt, 350 000 Briefe geschrieben, hat Björn Höcke beleidigt, hat mich beleidigt. Häme, Hass, Hetze, Lügen, das, was wir gewohnt sind.» Habe ich richtig gehört? Üblicherweise klagen Politiker von anderen Parteien, dass sie dem Hass aus AfD-Kreisen ausgesetzt sind. Jetzt also andersherum? «Eure Anwesenheit bestätigt mir das», spricht Prophet zum Publikum, «das prallt an uns ab. Wir wissen ganz genau, für was wir Verantwortung tragen, natürlich ist das ein Teil unserer Geschichte. Und wir stehen innerhalb unseres Landkreises, unserer Stadt Nordhausen dafür, auch international. Das ist ein Teil unserer Geschichte, das ist ein Teil unserer Verantwortung.» Offenbar meint er das ehemalige Konzentrationslager in der Nachbarschaft. Doch Prophet ist noch nicht fertig, der entscheidende Gedanke kommt erst noch, und er schlägt eine völlig andere Richtung ein: «Aber wir lassen uns keine Schuld andichten, das ist vorbei! Weder Sie noch Ihre Kinder noch Ihre Väter sind schuldig daran.»

Das ist seltsam. Jörg Prophet spricht davon, Nordhausen würde für seine Verantwortung einstehen. Aber schon im nächsten Satz ruft er, dass sich die Bewohner keine Schuld andichten lassen. Bei einer emotional vorgetragenen Ansprache kann man nicht jeden Satz so sauber formulieren, wie man das bei einem schriftlich verfassten Aufsatz tun würde. Dennoch macht mich seine Rede stutzig. Natürlich wäre es völlig unangemessen, den Bürgern von Nordhausen pauschal eine Schuld an den NS-Verbrechen vorzuwerfen, erst recht ihren Kindern. Aber wie kann Jörg Prophet sicher sein, dass keine Väter Schuld tragen an den Verbrechen, die vor über 80 Jahren in der Umgebung begangen wurden?

Die überwiegende Anzahl der Zuhörer beim Sommerfest scheint entweder mit Jörg Prophets Thesen einverstanden zu sein oder nicht so genau hinzuhören, sie klatschen und johlen. Auffällig ist, dass Prophet den ersten Gedanken mit der Verantwortung noch in gemäßigtem Ton vorträgt. Die zweite Phrase «Wir lassen uns keine Schuld andichten, das ist vorbei!» brüllt er hingegen in voller Lautstärke über den Platz. Nur dieser Satz dürfte sich bei den meisten Zuhörern einprägen.

Was mich genauso verstört wie der Inhalt der Ansprache, ist der aggressionsgetränkte, aufwiegelnde Ton, mit dem Jörg Prophet seine Parolen vorträgt. Die Rede steigert sich zu einem einzigen schrillen Schrei. Üblicherweise fürchtet man sich vor einem solch wütenden Mann. Auf dem Platz in Nordhausen jubeln ihm die Menschen zu.

Dann klettert Björn Höcke auf die Bühne und blinzelt in die Abendsonne. Um sich und sein Publikum in Stimmung zu bringen, teilt er zunächst kräftig gegen Journalisten aus. Ich kenne das von Donald Trump. Immer wieder zeigt er bei Veranstaltungen drohend auf die Kamerateams und Reporter, die ihn beobachten, und beschimpft sie als «enemies of the people», als Feinde des Volkes. Björn Höcke klingt ganz ähnlich, zunächst wettert er gegen öffentlich-rechtliche Medien und dann gegen sogenannte Konzernmedien, gegen große Verlagshäuser. Unvermittelt ruft er in die Menge: «Ist denn der *SPIEGEL* da ...?» Er schaut in die ersten Reihen der Zuhörer, dorthin, wo die Pressevertreter stehen, und schiebt mit verächtlichem Unterton hinterher: «… das Sturmgeschütz der Demokratie, wie er sich früher mal nannte. Heute ist er das Sturmgeschütz der Kriegspropaganda, für Oppositionsbeschimpfung und Hetze.» Einige Zuhörer drehen sich um, sie halten Ausschau nach einem bekannten Journalistengesicht. Aber weder Höcke noch seine Anhänger werden fündig. Verständlicherweise will sich niemand vor der Menge als *SPIEGEL*-Reporter zu erkennen geben, zu viel Hass liegt in der Luft.

Etwas später bei Höckes Rede fällt mir eine Passage auf, die viel über seine langfristig angelegte Agenda verrät, über seine Vision von der Zusammensetzung der Bevölkerung. Er polemisiert gegen die Einwanderung ausländischer Fachkräfte und verspricht, den Mangel an Fachkräften künftig mit Deutschen zu decken. Ihm schwebt eine große Familienoffensive vor, damit deutsche Eltern wieder mehr deutsche Kinder zeugen, die eines Tages dem deutschen Arbeitsmarkt zur Verfügung stehen: «Wir denken nicht in Legislaturen, wir denken in Generationen. Wir müssen endlich die demografische Wende einleiten.» Für den Fall seiner Wahl stellt er ein Kinderbegrüßungsgeld in Höhe von 10 000 Euro in Aussicht, anrechenbar auf die Lohnsteuer. Nach diesem Versprechen macht er eine kurze Pause, er greift hinter sich nach einem Wasserglas, hebt es in die Höhe und ruft wie im Rausch: «Unsere Fachkräfte machen wir selbst. Prost!» Sein Grundgedanke lässt sich so deuten: Der Anteil an Ausländern im Land soll reduziert werden, Deutschland den Deutschen. Wieder grölt die Menge.

Am nächsten Tag fahre ich 300 Kilometer weit, wieder Richtung Osten, nach Sachsen. Wie in Italien stehen auch hier kilometerweit vertrocknete Sonnenblumen. Die Dörfer, durch die ich fahre, wirken leblos, wie nach einer Naturkatastrophe oder wie nach einem Krieg, die allermeisten sind verwaist. Die wenigen Menschen, die ich auf der Straße sehe, sind im Rentenalter oder kurz davor. Bäckerläden oder Apotheken gibt es kaum. Im Autoradio spielen Popsender Hitparadenmusik der 80er, 90er Jahre und «das Beste von heute». Wie arm Deutschland doch musikalisch ist, gemessen an dem, was der Hörfunk zu bieten hat. Ich beneide die Amerikaner um ihre Countrymusik, um ihren Blues, ihren Soul, ihren Jazz. Ich beneide die Italiener um ihre Canzone, die Franzosen um ihre Chansons, und die Lateinamerikaner beneide ich um ihre reichhaltige Volksmusik. Diese ureigenen Musikgattungen können Menschen selbst dann ein Zugehörigkeitsgefühl vermitteln, wenn sie sich aus politischen Gründen fremd werden. Und in Deutschland? In Sachsen, Sachsen-Anhalt und Thüringen? Man muss schon sehr weit in der Musikgeschichte zurückgehen, um auf Johann Sebastian Bach, Carl Maria von Weber, Georg Friedrich Händel und andere zu stoßen, die eine solche volksverbindende Kraft entfaltet haben. Immerhin hat Mitteldeutschland, diese wunderschöne Region, solch großartige Musiker hervorgebracht, auf die sich Jahrhunderte später alle beziehen können. Dazu kommen Goethe, Schiller und andere Geistesgrößen, auch berühmte Architekten, und natürlich Martin Luther. Der Bezug auf die reiche Kulturgeschichte der Region ist der einzige nennenswerte Punkt in den vielen AfD-Reden, die ich bislang gehört habe, der mich anspricht. Das Heimatgefühl, das auch in dieser kulturellen Tradition wurzelt, kenne ich, und ich verstehe, dass man dieses Gefühl schätzt und pflegen will.

Auf meiner langen Autofahrt versuche ich, mich in eine passende Stimmung zu bringen und schiebe Bach-Kantaten ins CD-Laufwerk ein, «Schwingt freudig euch empor». Für einen Augenblick rücken die aktuellen Probleme, rücken AfD, BSW, Höcke und alles andere in weite Ferne. Doch die erhabene Gefühlslage hält nicht lange, sie bricht ab, als ich in Freital in der Nähe von Dresden ankomme und die vielen Wahlplakate an den Straßenrändern sehe.

Der örtliche AfD-Verband hat eine eigentümliche Aktion angekündigt, einen Autokorso «für den Weltfrieden». Das Schauspiel, wie dutzende Autofahrer im Konvoi durch ihre Stadt fahren und glauben, zwischen Russland und der Ukraine einen Frieden herbeihupen zu können, möchte ich mir anschauen. Als ich pünktlich zur angegebenen Zeit auf dem Platz des Friedens stehe, sehe ich nur parkende Kleinwagen in der Mittagssonne und dunklen Staub, der vom Wind hochgewirbelt wird. Vielleicht war diese Aktion sogar den Freiberger AfD-Sympathisanten zu albern. Niemand hält an, niemand hupt, der Weltfrieden muss doch auf anderem Weg herbeigeführt werden.

Vermutlich wurde die Auto-Demo nur kurzerhand abgesagt, und ich habe es nicht erfahren. Mein Versuch, telefonisch Verantwortliche der AfD ans Telefon zu bekommen, scheitert, in ihrem Büro hebt niemand ab. Der Inner Circle der Partei und seine Anhänger müssen auf anderem Weg miteinander kommunizieren, in WhatsApp-Gruppen oder über Telegram, wer weiß.

Ich drehe um und fahre eine Stunde lang in die sächsische Stadt Limbach-Oberfrohna, dort soll am späten Nachmittag Maximilian Krah auftreten. Das ist eine Überraschung, noch vor drei Monaten hat sich die AfD-Führung für Krah geschämt und ihn aus dem Europawahlkampf verbannt. Ein Mitarbeiter von ihm wurde wegen des Vorwurfs geheimdienstlicher Tätigkeiten für China festgenommen, gegen Krah selbst wurden Vorermittlungen wegen des Verdachts der Bestechlichkeit eingeleitet. Krah sorgte noch für einen weiteren Skandal, als er gegenüber der italienischen Zeitung *La Repubblica* bekannte: «Ich werde nie sagen, dass jeder, der eine SS-Uniform trug, automatisch ein Verbrecher war.» Und: «Es gab sicherlich einen hohen Prozentsatz an Kriminellen, aber nicht alle waren kriminell.» Als diese Sätze öffentlich wurden, kündigte Marine Le Pen an, im EU-Parlament die Fraktionsgemeinschaft mit der AfD aufzukündigen.

Maximilian Krah betritt jetzt die kleine Bühne auf dem Johannisplatz, schaut in die Abendsonne und lässt sich feiern, als sei nichts gewesen. Den über 100 Zuschauern scheint es egal zu sein, was dem Mann vorgeworfen wird. Solange er nur deftig genug gegen die Regierung in Berlin austeilt, gegen die CDU und gegen die Medien. Auch als er ruft «Echte Männer sind rechts», ist ihm der Applaus des Publikums sicher.

Auf dem Platz treten noch weitere regionale AfD-Politiker auf, sie alle stoßen ins gleiche Horn: gegen die Medien, gegen die CDU, die unter Merkel die vielen Flüchtlinge ins Land geholt habe, gegen Windenergie, gegen das Gendern, gegen alle Personen, die vom klassischen Mann-Frau-Verständnis und der traditionellen Vater-Mutter-Kind-Rollenaufteilung abweichen. Ich verstehe sofort, wogegen die Partei ist, aber ich habe Mühe zu begreifen, wofür sie eintritt. Ich kann kaum positive Botschaften erkennen, keine Zuversicht. Bei den beiden AfD-Veranstaltungen in Nordhausen und Limbach-Oberfrohna überwiegt das Contra, und das mit ätzend-anprangerndem Ton. Vor allem bei einem Thema sind sich alle Redner einig: «Wir wollen unsere Heimat behalten.» Die AfD, die sich auf den Marktplätzen von Sachsen und Thüringen präsentiert, klammert sich genauso verbissen an ein Ideal von Vergangenheit, wie es Donald Trump und seine MAGA-Bewegung in den USA tun. Und ich habe nicht den Eindruck, dass die AfD die Heimat von Bach und Goethe meint.

Auf einigen AfD-Veranstaltungen ist in diesen Tagen derselbe Schlachtruf zu hören, der vor wenigen Monaten auch auf Sylt von jungen Leuten mit Sektgläsern in der Hand gegrölt wurde: «Deutschland den Deutschen, Ausländer raus!»

Signale

Dann kommt der Tag der Wahl in Sachsen und Thüringen. Ich verbringe den Sonntagnachmittag und den Abend im Erfurter Landtag. Zahlen und Gerüchte schwirren durch die Luft, auf dem Flur treffe ich auf den Pressesprecher einer bekannten Politikerin der Ampelkoalition. Er ahnt, dass der Abend für seine Partei desaströs enden wird und stöhnt, dass das nach all den öffentlichen Auseinandersetzungen in der Ampelregierung der letzten drei Jahre kein Wunder sei. «Jeden Tag zerfleischen die sich aufs Neue.» In der Kantine des Landtags soll eine Wahlsendung übertragen werden, ich kaufe mir eine Limonade, setze mich an einen Tisch und warte auf die ersten Hintergrundberichte. Auf der großen Leinwand ist das Programm des Mitteldeutschen Rundfunks zu sehen, bis 17:30 Uhr läuft kein Sonderprogramm zur Wahl, sondern das Sandmännchen, noch aus DDR-Zeiten. Die Sendung mit der sahnigen Melodie passt zur Hysterie dieses Nachmittags wie das Betäubungsmittel Propofol.

Schon wenige Minuten nach 18 Uhr ist klar, dass die AfD in Sachsen nur ganz knapp hinter der CDU auf Platz 2 landet und in Thüringen sogar zur mit großem Abstand stärksten Partei gewählt worden ist. Die Ampelparteien wurden übel abgestraft, die FDP verschwindet vom Radar der Öffentlichkeit. Es zeichnet sich auch ab, dass der Wahlsieg der AfD nicht nur das gewohnte Parteiensystem erschüttert, sondern Sahra Wagenknecht mit ihrem BSW in eine Position bringt, aus der heraus sie an der Seite der CDU nach der Macht greifen kann – wenn sie es will.

Der Star des Abends ist jedoch Björn Höcke, innerhalb weniger Minuten mutiert er vom Medienbuhmann zum Medienliebling. Alle wollen etwas von ihm, ein Bild, eine Geste, einen Satz, irgendein

Wort. Er eilt durchs Gebäude, gibt ein erstes schnelles Interview und stürzt dann eine breite Treppe drei Stockwerke hoch, um sich in einem Konferenzraum mit seinen engsten Parteifreunden zu beraten. Hinter ihm hetzen sechs Sicherheitsbeamte und etwa dreißig Kameraleute und Fotografen die Treppen nach oben. Sie drängeln, schubsen und schlagen wild um sich. Plötzlich ist Ruhe, die Meute bewegt sich nicht mehr, ihr Objekt ist unsichtbar. Nach zehn Minuten reißt Höcke die Tür des Konferenzraums wieder auf, läuft die breiten Treppen hinab, die Meute hinterher. Unten im Plenarsaal kommt die stampfende, schwitzende Gruppe erneut zum Stehen. Höcke blickt um sich, er genießt diesen Augenblick, das Geschiebe und Gedränge um ihn herum, die vielen Kameras und Scheinwerfer, die auf ihn gerichtet sind. Der Mann, der die allermeisten Medien als «Systempresse» verachtet, badet in diesem Moment in ihrer Aufmerksamkeit. Er spricht, ohne groß auszuwählen, in beinahe jedes Mikrofon, das ihm hingehalten wird. Er spricht eilig irgendetwas von Erfolg, von Volkswillen, von großen Veränderungen und dass die Thüringer nicht wollen, dass sich Deutschland abschaffe. Wie bitte?

Ich stehe dicht vor ihm und frage, wie er das meint? Die Phrase kommt mir von Thilo Sarrazin bekannt vor, und auf ihn bezieht sich Höcke auch. Er verweist auf das Attentat in Solingen und dass die innere Sicherheit zerfalle. Dann fügt er hinzu: «Der Sozialstaat ist zur Plünderung freigegeben.» Und dann: «Wir sind in eine Phase des Staatzerfalls eingetreten, die innere Sicherheit ist nicht mehr gewährleistet, und das erkennen die Menschen. Ja, dieser Staat ist wirklich in seiner Existenz bedroht.»

Während wir miteinander sprechen, dringt Lärm von der Straße vor dem Landtag zu uns. Es ist nicht gleich auszumachen, was die Quelle des Geräusches ist. Eine Sicherheitsbeamtin flüstert mir etwas später zu, dass vor dem Landtag eine Menschenmenge demonstriert. Dann verstehe ich, wer sich da draußen versammelt. Die Menge singt einen linken Gassenhauer: «Völker, hört die Signale! Auf zum letzten Gefecht! Die Internationale erkämpft das Menschenrecht.»

In der Nacht schaue ich mir im Hotel die Aufzeichnung der «Berliner Runde» des ZDF an. Bernd Baumann, der parlamentarische Geschäftsführer der AfD im Bundestag, strotzt vor Selbstbewusstsein: «Das ist eine Revolution des Parteiensystems, was wir heute haben, die AfD ist alleine drei Mal so stark, wie alle Ampel-Parteien zusammen, und BSW und CDU haben ja nur deshalb besser abgeschnitten, weil sie unsere Forderungen in der Migrationspolitik übernommen haben.» Dann wird er noch deutlicher: «Wir sehen ja, AfD wirkt. CDU und BSW haben unsere Kernforderungen in der Migration übernommen. Herr Merz will ja jetzt sogar die Grenzen schließen und zurückweisen an den Grenzen. Er möchte nach Afghanistan und Syrien abschieben. Das heißt, unsere Programmatik, unsere Forderungen setzen sich um in der Politik.»

Tanja und ihr Bruder

Nach der Diskussion in der Stadtbibliothek in Gera notierte sich eine Besucherin meine Telefonnummer und meinte, sie würde eine Frau kennen, mit der zu sprechen es sich lohnen würde. Am nächsten Tag meldete sie sich bei mir und stellte den Kontakt her, die Frau habe ein großes Problem in ihrer Familie. Also fahre ich zurück nach Gera und treffe mich mit der Frau. Wir haben uns in einem weitläufigen Park am Fluss verabredet, gehen eine Weile spazieren, dann setzen wir uns auf eine Bank, und aus ihr sprudelt es heraus. Sie nennt mir ihren wahren Namen, möchte aber nicht, dass ich ihn in diesem Buch veröffentliche, also heißt sie hier nur Tanja. Was sie zu erzählen hat, ist eine erschütternde Geschichte und vermutlich kein Einzelfall.

Tanja wurde fünf Jahre vor dem Zusammenbruch der DDR geboren und wuchs am Rande eines kleinen thüringischen Dorfes auf einem Bauernhof auf. Sie hat zwei Brüder und eine Schwester. An die Zeit vor dem Mauerfall kann sie sich kaum erinnern. Sie weiß aber, dass im Wohnzimmer ihrer Großeltern lange Zeit ein Bild von Erich Honecker hing, zudem hat sie die Vorurteile nicht vergessen, die früher gegenüber Westdeutschen im Umlauf waren. Jetzt spitze ich die Ohren, auch weil ich ihr sehr früh erzählt habe, dass ich in Bonn, tief im Westen, aufgewachsen bin. Nachdem Tanja ein paar geläufige Klischees aufzählt, etwa dass Wessis durchweg Angeber-Typen mit dicken Autos gewesen seien, fügt sie ein weiteres Klischee hinzu, dass ich noch nicht kannte. Wahrscheinlich kennt Tanja das Klischee auch nicht aus eigenem Erleben, sondern von Erzählungen. Sie sagt, früher habe man Westdeutsche am Geruch erkannt. Wieso das? Sie meint, den Ostdeutschen sei der Duft von uns Westdeutschen schon aufgefallen, als es während der DDR-Zeit noch Intershops gab. Dort konnten fast ausschließlich West-Touristen einkaufen. Nur in diesen auf Devisen ausgerichteten Geschäften habe man gute Seife erstehen können, das habe halt den Geruch von uns Fremden ausgemacht. All dieses Gerede über Wessis und Ossis habe für sie jedoch längst jegliche Bedeutung verloren. Ich bin beruhigt.

Als Tanja 20 Jahre alt war, zog sie vom Land nach Gera und arbeitet hier seitdem als Sozialarbeiterin, inzwischen kümmert sie sich um Flüchtlinge. In der Stadt ist sie heimisch geworden, sie schätzt das kulturelle Leben, hat viele Freunde und will weiter in Gera wohnen bleiben. Aber es gibt etwas, was ihr die unbeschwerte Freude verleidet. Immer häufiger sieht sie rechtsradikale Schmierereien an Hauswänden, auch Aufmärsche von Neonazis und Treffen von Reichsbürgern häufen sich. Die Stadtverwaltung würde viel, zu viel von all dem dulden. «Gera ist ein Ort geworden, an dem man seine menschenverachtende Gesinnung laut äußern darf», sagt sie ernst, «das macht mir Angst».

Schließlich erzählt sie mir von ihrem älteren Bruder, das Verhältnis zu ihm ist das, was ihr eigentlich auf der Seele liegt und wovon sie bei unserem Treffen erzählen will. Als ihr Bruder 16 Jahre alt war, schloss er sich einer linksradikalen Gruppierung an und zog von zuhause aus, ab in die nächstgelegene Kleinstadt. Er färbte sich die Haare, lebte eine Weile als Punker auf der Straße, später in einer Wohngemeinschaft. «In einem Dorf oder in einer Kleinstadt fällt man ja auf, wenn man andere Klamotten anhat. Er suchte eine neue Zugehörigkeit, das war sein Ziel.»

Tanja schaute zu ihrem großen Bruder auf. Sie verstand nicht alles, was er tat und sagte, aber sie buhlte um seine Aufmerksamkeit. Sie wollte von ihm anerkannt werden und dachte: «Wow, der traut sich was.» Der Kontakt zur Familie wurde brüchig, doch er riss nicht ganz ab. Die Eltern suchten ihren Sohn gelegentlich auf, um ihm Lebensmittel zu bringen. Und er ließ sich blicken, wenn die Großeltern mal einen Geburtstag feierten. Dann wurden ausgelassene Familienfeste veranstaltet. Irgendwann machte der Bruder eine Lehre als Maler und schlug sich mit Gelegenheitsjobs durch, er wurde sesshaft.

Schließlich verschwand er eine Weile aus Tanjas Leben, die beiden hatten lange keinen Kontakt mehr, sie wusste kaum noch etwas von ihm.

Eines Tages trafen sie sich zufällig wieder, ihre Großmutter lag im Krankenhaus, die beiden Geschwister besuchten sie zeitgleich. Da fiel Tanja auf, dass sich ihr Bruder erneut stark verändert hatte. Jetzt trug er schwere Stiefel, hatte sich die Haare rasiert und war tätowiert. «Da habe ich ihn auf sein Äußeres angesprochen: Du siehst ja wie ein Fascho aus! Da hat er nur gelacht.» Tanja hat sich über ihren Bruder erschrocken, dennoch fanden die beiden wieder zueinander, sie sprachen viel, auch über private Probleme. «Da ist unsere Beziehung echt eng geworden, wir haben häufig telefoniert. Das war offen, es war auch emotional.»

In diesen Jahren arbeitete ihr Bruder als Lastwagenfahrer, Tanja fand das spannend. «Der hat mich mal eingeladen, mit ihm eine Tour nach Bayern zu fahren. Wir haben im LKW geschlafen, ich fühlte mich von ihm anerkannt. Auf den Rastplätzen haben wir andere Fahrer getroffen. Als er mit ihnen sprach, habe ich sein Fascho-Gedankengut gespürt. Das war ein super-enttäuschender Moment für mich.» Damals machte Tanja eine Entdeckung, die sie noch viel mehr erschreckte: In der Gartenlaube ihres Bruders hing ein Bild von Adolf Hitler. Sie konnte kaum glauben, was sie sah, und musste an das Honecker-Bild im Wohnzimmer ihrer Großeltern denken. «Als ich das Hitler-Bild sah, bin ich rückwärts raus und habe gesagt: Ich kann nicht in diesem Zimmer sein. Doch er hat wieder nur gelacht.»

Tanjas Bruder hat sich immer weiter radikalisiert, sein Gehabe, seine Sprüche. Dennoch blieb das persönliche Verhältnis zu seiner Schwester halbwegs intakt. Als er sich in eine Frau verliebte und heiratete, organisierte er selbst ein Fest, eine große Hochzeit im Familienkreis. «Wir haben zusammen seinen Hochzeitstanz einstudiert. Es war unsere intensivste Zeit. Wir haben damals auch über politische Themen gesprochen, vorsichtig. Ich habe ihm Fragen gestellt und er hat versucht, zu antworten.» Tanja erzählte ihm auch von ihrer Arbeit in der Flüchtlingshilfe, es gab damals noch Neugier, auf beiden Seiten.

Vor etwa fünf Jahren verschlechterte sich das Verhältnis. Die Ehe von Tanjas Bruder ging in die Brüche. «Mit diesem Verlust von Vertrauen ist er total abgedriftet. Er hat sich in seinen Freundeskreis zurückgezogen, dort hat er seine Heimat gefunden, ein neues Zuhause. Von seinen Kumpels erhielt er das Gefühl: ‹Du bist einer von uns.›»

Tanja hat eine Stunde lang ununterbrochen gesprochen, sehr lebendig, mit vielen Einzelheiten. Jetzt stockt ihr die Stimme. Sie merkt, dass ihre Erzählung an einen Wendepunkt gerät. Dann erzählt sie weiter, bedächtig. Die Diskussionen mit ihrem Bruder hätten sich nach dem Scheitern seiner Ehe verändert, der Ton sei rauer geworden, anklagend. Die Beziehung wurde angespannter. Eines Tages hätten die beiden miteinander telefoniert. Das Gespräch sei äußerst schlecht verlaufen, sehr gereizt. Ihr Bruder habe ihr Vorwürfe wegen ihrer Sozialarbeit gemacht, die Flüchtlinge würden die Deutschen doch laufend mit Messern bedrohen. Sie habe dagegengehalten, dass sie solche Angriffe noch nie erlebt habe. Darauf habe er entgegnet, dass Flüchtlinge doch nur darauf aus seien, uns Deutsche zu zerstören. «Das steigerte sich immer mehr, bis hin zu üblen Beleidigungen.» Dieses Telefonat sei das letzte Gespräch der beiden gewesen: «Ich habe ihn danach nicht mehr angerufen. Und er hat sich auch nicht mehr gemeldet.»

Was sie seitdem von ihrem Bruder weiß, ist nicht viel. Inzwischen lebe er in Bayern, das Hitler-Bild habe er wohl immer noch an der Wand hängen. Außerdem soll er Mitglied in einem Schützenverein sein und Waffen besitzen. Das beunruhigt sie. Und das beunruhigt mich auch.

Tanja will etwas genauer über das Weltbild sprechen, das sich ihr Bruder zurechtgezimmert hat: «Es geht nicht nur gegen Flüchtlinge, nicht nur um Rassismus. Für ihn ist der Staat grundsätzlich falsch, er hält das ganze System, die ganze Rechtstaatlichkeit, für falsch. Er will auch keine Steuern zahlen, er arbeitet schwarz.» Für ihren Bruder habe das politische System, in dem wir leben, diktatorische Züge, diesem System wolle er sich entziehen.

«Hat er eine alternative Vision?»

Tanja antwortet kühl: «Hitlers Bild.»

Eine Weile denkt sie nach und muss dann grinsen, ihr fällt gerade ein Widerspruch auf: «Er beschwert sich darüber, dass er in einer Diktatur lebt – und wünscht sich eine neue Diktatur.»

«Gibt es irgendeine Möglichkeit, dass Sie mit Ihrem Bruder noch einmal sprechen?»

«Er ist halt mein Bruder. Ich würde mich nicht verwehren, wenn er reden wollte. Weil ich die Hoffnung nie aufgebe. Aber ich würde ihn nicht fragen, ob er offen ist. Ich bin massiv enttäuscht.»

«Sie halten es aber grundsätzlich für richtig, miteinander zu sprechen, auch wenn die Unterschiede noch so groß sind?»

«Ja, das halte ich für richtig. Wenn es tatsächlich ein Reden ist.»

«Warum?»

«Weil sich nur so etwas ändert. Demokratie bedeutet ja, dass wir diskutieren. Mir geht es nicht darum, dass wir alle einer Meinung sein müssen. Es geht ja darum, verschiedene Meinungen zusammenzubringen.»

Mit diesem versöhnlichen Satz könnte unser Gespräch gut enden. Der Satz drückt eine Resthoffnung aus, selbst für zerrüttete Beziehungen. Aber dann überwiegt bei Tanja doch die Bitternis, die Verletzung. Und sie zieht eine rote Linie:

«Das Problem ist, wenn es Beleidigungen gibt, wenn es Gewaltandrohungen gibt, wenn sich jemand wünscht, dass Menschen tot sind. Auf dieser Grundlage diskutiere ich nicht.»

Im Dschungel

Im Oktober, kurz vor der Präsidentschaftswahl in den USA, reise ich für ein paar Tage nach New York. Es ist eine gute Gelegenheit, einen ehemaligen Klassenkameraden wiederzusehen und auch meinen Cousin Martin in Connecticut zu besuchen. Da ich vor langer Zeit einmal eine Weile in New York gewohnt habe und die Stadt ganz gut kenne, verspüre ich wenig Lust, mir Sehenswürdigkeiten anzuschauen. Nur die Besichtigung des Trump-Towers in der 5th Avenue reizt mich. Vor dem Gebäude haben Polizisten Absperrgitter aufgestellt, man weiß ja nie. Zwischen den Autos, die sich im Stopp and Go von Kreuzung zu Kreuzung quälen, schlängelt sich ein Mann mit Trump-Perücke, dunklem Anzug und mit roter Trump-Krawatte und zieht die Aufmerksamkeit der Passanten auf sich. Kein Ahnung, warum er das tut, der Mann sammelt kein Geld, er schreit keine politischen Parolen, er genießt einfach nur seine eigene Show.

Die Lobby des Trump-Towers ist mit rötlichem Marmor und vielen goldverzierten Geländern ausgeschmückt, alles blinkt, alles glitzert. Es gibt Souvenir-Shops, in denen man sich mit MAGA-Kappen, T-Shirts und viel Trump-Plunder eindecken kann. Es gibt ein Trump-Restaurant und ein Trump-Café. Alles hier ist great. Aus den Lautsprechern dröhnt nicht wie üblich sanfte Kaufhausmusik, sondern die laute Stimme von Donald Trump, er hält eine seiner Wahlkampfreden. Vor dem Mann gibt es kein Entkommen, nicht hier. Im Trump-Café bestelle ich einen riesigen Milkshake und frage die Kellnerin, wie es sich anfühlt, von morgens bis abends Donald Trump zu hören. Sie zuckt mit den Achseln und sagt, sie würde ihn gar nicht mehr wahrnehmen, Hauptsache die Bezahlung stimme. Dann setze ich mich an einen Bistrotisch und nippe an dem Milkshake. Trump regt sich gerade mal wieder über Migranten auf, er poltert unterschiedslos gegen alle Fremden, die aus dem Süden kommen. Er verspricht, im Falle seiner Wahl die größte Massendeportation der amerikanischen Geschichte durchzuführen, noch größer als Eisenhowers Operation Wetback. In der Lobby stehen keine Fernsehmonitore, so dass man Trump und sein Publikum nicht sehen kann. Aber man kann den Jubel hören, die Ekstase spüren, die er auslöst, als er das Wort «Massendeportation» ruft. Die Menge ist außer sich. Es fühlt sich unwirklich an, diese Rede im durch und durch vergoldeten Trump-Café zu hören, in einer Stadt, in der viele Millionen Menschen auf engstem Raum zusammenleben. Wie viele von ihnen haben keine Migrationsgeschichte?

Ein paar Blocks weiter, unter der riesigen Uhr in der Mitte der Grand Central Station, bin ich mit Christian verabredet, meinem Freund aus Bad Godesberg. Was für ein herzliches Wiedersehen! Wir steigen in die Subway und kommen ein paar Minuten später in Queens an, wo er in einem Hochhaus wohnt.

Mit Christian verbindet mich eine lange Geschichte, beinahe so lange wie die mit meinem Cousin Martin. Christian und ich sind in dieselbe Schulklasse gegangen und auch die Stunden nach dem Unterricht haben uns damals zusammengeschweißt. Ich erinnere, wie wir einmal mit unseren Mopeds nachts durch unsere Wohnviertel fuhren und so viele Plakate für die nahe Bundestagswahl überklebten wie möglich. Wir hatten uns über die platten Parolen sämtlicher Parteien geärgert und glaubten, als Vorstadt-Revoluzzer den Lauf der Dinge aufhalten zu können, wenigstens ein bisschen. Natürlich kam es anders, Helmut Kohl holte bei der Wahl 1976 mit seiner Union fast 50 Prozent der Stimmen und wurde doch nicht Kanzler, weil Helmut Schmidt mit der SPD nur 6 Prozent weniger bekam und sich auf die FDP als Koalitionspartner verlassen konnte. Damals war Vertrauen in der Politik noch ein hoher Wert, aber wahrscheinlich war ich einfach zu jung, um zu verstehen, wie Politik funktioniert - und 6 Jahre später gab es ja einen spektakulären Vertrauensbruch in der sozialliberalen Koalition. Wir glaubten beide an die Demokratie und auch daran, dass wir mit unseren Klebezetteln zu ihrem Gelingen beitragen können, in unserem Sinn. Christian und ich hatten eine Menge Spaß. Bis heute schätze ich ihn für seinen scharfen Verstand, für seine genaue Art, sich auszudrücken und auch für seinen Mut, von Zuhause fortzugehen und sich ein ganz eigenes Leben aufzubauen.

Vor vielen Jahren zog er mit Sack und Pack weg aus Deutschland nach New York, dort arbeitete er erst als Börsenmakler, später sattelte er um und baute einen Vertrieb von Büchern, DVDs und CDs auf. Zwölf Jahre lang haben wir uns nicht mehr gesehen. Wir brauchen uns nur kurz anschauen, die gemeinsame Herkunft und viele alte Geschichten verbinden uns, seine humorvollen Wortspiele haben sich nicht verändert. Aber seine Lebensverhältnisse sind anders als bei unserem letzten Treffen, seit drei Jahren führt er einen erbitterten Scheidungsstreit. Je länger er erzählt, desto mehr gewinne ich den Eindruck, dass diese traumatische Erfahrung auch seinen Blick auf das Land verändert, in dem er jetzt schon so lange lebt und dessen Staatsangehörigkeit er angenommen hat. Als die Dämmerung einsetzt, gehen wir am East River spazieren, in einem Café am Ufer tanzen Menschen unter freiem Himmel Salsa und können dabei auf die gegenüberliegende Skyline blicken. Christian mag den Moment nicht lange genießen und zieht weiter, aus seiner Wohnung schaut er ebenfalls auf die eindrucksvolle Kulisse, er kennt den Anblick zu Genüge. Wenn er morgens aufsteht, kann er auf die ersten Helikopter blicken, die unter ihm über den Fluss düsen. Außerdem scheint er New York längst nicht mehr als den großen Abenteuerspielplatz für Erwachsene zu empfinden, für den er einst seine deutsche Heimat verließ.

Christian beschreibt, dass ihn die politischen Verhältnisse in New York zunehmend bedrücken. In schneller Folge zählt er auf, in welchen Bereichen die städtische Verwaltung versagt, in der Schule seiner

Kinder, im öffentlichen Schwimmbad, im Justizsystem. Er schimpft über die Richter, die meistens nicht nach rechtstaatlichen Kriterien urteilten, sondern nach politischen Motiven. Er lästert über die *New York Times*, die ich als Leuchtturm des Journalismus empfinde; Christian aber sagt, die *Times* würde ihre Leserschaft einseitig und ideologisch gefärbt informieren, sie würde abweichende Meinungen unterdrücken, er nennt sie «links außen». Ausführlich schildert er, wie sich amerikanische Bauarbeiter von Migranten, die ihre Arbeitskraft für die Hälfte des Lohns anbieten, bedroht fühlten. Wegen all dieser Unzulänglichkeiten und Ungerechtigkeiten würden die Menschen im Großraum New York in einem Zustand des andauernden Stresses leben. «Ihr in Deutschland versteht gar nicht, wie die USA ticken. Ihr glaubt noch an den Rechtsstaat. Hier glaubt fast niemand mehr an Recht und Gerechtigkeit.»

Dann kommt er auf die New Yorker Bürgermeister zu sprechen, sämtliche Stadtoberhäupter der letzten Jahre seien in Korruptionsskandale verwickelt, wer hier Politik machen wolle, benötige dafür unglaublich viel Geld. Posten und Einfluss in Verwaltung und Justiz würden von milliardenschweren Unternehmern ganz schlicht gekauft. Er beschreibt ein Gefüge, in dem das Recht des Stärkeren herrscht, Fressen und Gefressen werden, weit weg von den Idealen des rheinischen Kapitalismus, weit weg von der sozialen Marktwirtschaft, mit der wir beide im beschaulichen Beamtenstadtteil Bad Godesberg aufgewachsen sind. Das New York, so wie Christian es wahrnimmt, ist eine Wildnis, Politiker sind hier nur eine besondere Spezies von Raubtieren, ziemlich weit oben in der Hackordnung. Dieser Urwald ist vermutlich ganz nach dem Geschmack von Martin, und erst recht nach dem Geschmack von Javier Milei.

Ich spüre, wie desillusioniert Christian inzwischen von seinem Leben in dieser riesigen Stadt ist. Irgendwann sagt er sehr entschieden: «In New York gibt es keine Demokratie.» Wir gehen ruhig am Fluss entlang, der uns von Manhattan trennt.

«Wirst Du wählen gehen?»

«Ich bin noch unschlüssig. Ob ich in New York meine Stimme abgebe oder nicht, ist ja egal. Wegen des Wahlsystems wird die Frage, ob Trump oder Harris gewinnt, eh nur in einer Handvoll Swing States entschieden.»

Da ist etwas dran. Aber wenn die Mehrheit der Amerikaner und Amerikanerinnen ähnlich desillusioniert und verbittert ist wie Christian, erklärt das auch, warum bei so vielen Menschen die Sehnsucht wächst, das herrschende System grundsätzlich zu beseitigen.

Das Wiedersehen mit Christian ist bewegend, es macht Freude, ihn wiederzusehen und seinen Lebensweg zu verfolgen. Aber die langen Spaziergänge am East River sind auch ernüchternd, in seinen Erzählungen erkenne ich keinerlei Hoffnung mehr. Vielleicht hat er sich der politischen Stimmung in Amerika ergeben, vielleicht ist er längst Teil dieser nihilistischen Kultur geworden, die das Gemeinwohl aus dem Blick verloren hat. Einer Kultur der kalten, einsamen Herzen. Beim Blick über den East River sehe ich die überwältigend schöne und auch die überwältigend grausame Seite Amerikas. Ich sehe eine Stadt, die auch Donald Trump hervorgebracht hat.

Mit einem Vorortzug fahre ich eineinhalb Stunden lang raus aus der Stadt, Richtung Connecticut. An einem kleinen Bahnhof holt mich mein Cousin mit seinem Lieferwagen ab. Wir fahren durch eine Hügellandschaft, in der es viele schmucke Häuser mit gepflegten Vorgärten gibt, Kürbisse mit eingeschnittenen Halloween-Fratzen liegen herum, an vielen Häusern weht die amerikanische Nationalflagge, vor einigen stehen Schilder, die für Kamala Harris und Tim Walz werben. Martin nimmt es sportlich, er sagt, er sei als Republikaner eine Ausnahme in dieser Gegend. Als wir an einem Wohnhaus vorbeifahren, an dem die Besitzer gleich mehrere Schilder mit der Aufschrift «Trump for President» in den Vorgarten gestochen haben, hupt er vor Freude drei Mal laut.

Beim gemeinsamen Abendessen mit Caroline, seiner Frau, tauschen wir zunächst Neuigkeiten aus dem Familienkreis aus, als wir durch einen Anruf unterbrochen werden. Martins Mutter Loretta ist in der Leitung, sie ist ganz aufgelöst. Über North Carolina ist gerade ein fürchterlicher Hurrikan hinweggefegt, ausgerechnet in ihrem Heimatort Asheville, direkt vor ihrer Haustür, hat sich der Sturm am schlimmsten ausgetobt. Straßen wurden überflutet, Häuser und Autos wurden weggeschwemmt. Insgesamt starben in der Region über 230 Menschen, von den überwiegend aus Mittel- und Südamerika stammenden Servicekräften ihres Seniorenheims werden noch immer zwei Personen vermisst. Tagelang hatte Loretta keinen Strom, auch die Wasserversorgung war unterbrochen.

Wir geben uns Mühe, Loretta zu trösten, dann legt sie auf. Martin und ich sprechen jetzt über die bevorstehende Wahl. Besonders das Thema Migration, das sich durch den gesamten Wahlkampf zieht, beschäftigt uns. Martin stellt einige kühne Thesen auf: Weil die demokratische Partei im afroamerikanischen und hispanischen Teil der Bevölkerung an Zuspruch verliert, würde die Regierung von Joe Biden Flüchtlinge aus Haiti einfliegen, um den Verlust an Wählerstimmen auszugleichen. Er spricht von «Replacement», das kommt dem deutschen Wort Umvolkung unangenehm nahe. Martin ist ganz überzeugt von seiner These und erklärt, die Demokraten würden die Migranten aus machtstrategischen Gründen nach Ohio transportieren, einem Battle Ground State, in dem der Wahlausgang traditionell knapp sei. Und ja, in der Stadt Springfield würden Flüchtlinge aus Haiti tatsächlich Haustiere essen, so wie Trump das neulich behauptet hat. Wie zum Beweis greift er zu seinem Handy und spielt mir einen Nachrichtenbeitrag von FoxNews vor, der belegen soll, dass Migranten Katzen verspeisen. Aber in dem Video wurden nur wüste Gerüchte zusammengeschnitten, irgendjemand hat irgendwas gehört. Ich befürchte, dass auch Martin einer Falschinformation aufgesessen ist.

«Wer wird die Wahl gewinnen?»

«Trump natürlich.»

«Wie würde sich Amerika verändern, sollte Kamala Harris gewinnen?»

Ich spüre, wie sich mein Cousin bei dieser Vorstellung quält. Er sagt voraus, in einem solchen Fall würde sich das politische Klima drastisch verschlechtern, Harris würde wichtige Grundrechte der Bevölkerung beschneiden, etwa das Recht, Waffen zu besitzen. Ja, es gäbe in seinem Land Verrückte, die Amok laufen und um sich schießen, aber das seien Ausnahmen, im ganzen Land gäbe es 350 Millionen Waffen, und das sei auch in Ordnung so, schließlich gehörten Waffen zur amerikanischen Kultur, zur Tradition des Landes. Dann verdüstert sich seine Stimmung noch mehr, nach einem Wahlsieg der Demokraten würden die Amerikaner nicht mehr alles öffentlich sagen dürfen. Als Präsidentin würde Kamala Harris die Redefreiheit, die in der amerikanischen Verfassung verankert sei, beschneiden, wahrscheinlich sogar ganz abschaffen. Man habe doch vor einigen Jahren gesehen, dass Donald Trump, als er noch Präsident war, von sozialen Medien gesperrt worden sei. Erst Elon Musk habe ihn gottseidank wieder entsperrt. Jeder solle in sozialen Medien alles sagen dürfen, ohne jegliche Beschränkung. Nicht die Regierung, sondern alleine der Markt solle entscheiden, wer dort sein Publikum findet und wer nicht.

Während Martin spricht, fällt ihm das Buch *1984* von George Orwell ein. Er ist ganz aufgekratzt: «In dem Roman gab es ein Wahrheitsministerium, man wollte den Menschen vorschreiben, was die Wahrheit ist. Wenn man etwas Abweichendes sagte, musste man damit rechnen, dass man mundtot gemacht wurde. Es ist bemerkenswert, wie sehr George Orwell die Zukunft vorausgesagt hat.» Das Schreckgespenst, das Martin an die Wand malt, klingt wie die amerikanische Version der Meinungsdiktatur, die AfD-nahe Kreise in Deutschland schon heute beklagen. Was Martin nicht erwähnt, ist, dass die Verantwortlichen von Twitter und Facebook im Januar 2021 gute Gründe hatten, Trump auf ihren Plattformen zu sperren. Nach dem Sturm aufs Kapitol fürchteten sie, dass er seine Anhänger zu weiteren Ausschreitungen anstachelt und dass sich der Aufstand zu einem Bürgerkrieg ausweitet.

Wir sprechen jetzt eine Weile über soziale Medien und auch über die etablierten Massenmedien. Martin sagt, in den USA könne man den großen Zeitungen und Fernsehsendern nicht mehr vertrauen, sie würden nicht mehr journalistischen Standards folgen, sondern nur noch ihrer politischen Agenda. Da kann ich ihm nicht widersprechen, die großen Sender sind in ihrer Berichterstattung längst so gespalten, wie die großen Parteien. Dann preist Martin die demokratische Kraft von sozialen Medien, er hoffe doch sehr, dass beispielsweise X, das ehemalige Twitter, vollkommen unreguliert bleibe und dass man sich dort weiterhin vollkommen frei äußern dürfe. Elon Musk ist für ihn ein Retter der Demokratie.

Ich sehe zwar ebenfalls das demokratische Potential von sozialen Medien und nutze sie ebenfalls, aber sie sind längst mehr als nur der Marktplatz, auf dem Bürger unabhängig und frei ihre Meinungen austauschen. Vor allem X wird in politischen Machtkämpfen missbraucht, als Instrument eines sehr reichen Menschen, die Meinung der Öffentlichkeit in seinem Sinn zu beeinflussen. Martins Euphorie mag ich also nicht teilen und widerspreche ihm entschieden. Seit der Übernahme durch Elon Musk habe sich X in die völlig falsche Richtung entwickelt. Als ein Beispiel führe ich Alex Jones und seine Lügen an, etwa über das angeblich inszenierte Schulmassaker von Sandy Hook. Jetzt könne Alex Jones seine üblen Verschwörungserzählungen wieder Millionen von Usern mitteilen, das sei doch kein demokratischer Fortschritt, Leute wie Jones würden die Gesellschaft mit Falschinformationen gezielt in die Irre führen. Martin sieht das völlig anders. Was Alex Jones über das Schulmassaker behauptet habe, sei schrecklich, ja. Aber man müsse seine Posts ja nicht lesen. Gerade sein Fall zeige doch, wie wichtig Meinungsfreiheit sei, egal ob einem die Meinung gefalle oder nicht. Er sei froh, dass Elon Musk Alex Jones auf X wieder freigeschaltet habe, Kamala Harris würde solche Stimmen künftig sicherlich unterdrücken.

«Wenn man einmal anfängt, Zensur auszuüben, dann gibt es keine Grenze mehr. Wer wird über die Zensur entscheiden, wer wird künftig der Wahrheitsminister sein?»

Martin hält ein Plädoyer für eine radikale Meinungsfreiheit, ohne jegliche Beschränkung. Das ist mir zu simpel. Ich will ihn mit einem drastischen Beispiel konfrontieren.

«Würdest du auch so reden, wenn dieser Alex Jones zum Mord an dir aufrufen würde?» Da legt Martin seine Stirn in Falten und gerät mit seinen Argumenten ins Schwimmen. Kurz sucht er nach Worten. Ja, in einem solchen Fall würde wohl eine Grenze überschritten werden, gibt er zu. In unserem Gespräch erleben wir einen kleinen Moment der Verunsicherung, der Annäherung, immerhin.

Und doch muss ich an diesem Abend erneut feststellen, dass sich Martin und ich in politischen Grundsatzfragen immer weiter voneinander entfernen. Zum Glück sind wir immer noch in der Lage, unsere Standpunkte auszutauschen, auch zu streiten. Und dann können wir wieder herzlich lachen. Über alle Auseinandersetzungen hinweg ist unser persönliches, familiäres Verhältnis unverändert intakt.

Am nächsten Mittag fährt mich Martin zurück zum Bahnhof der nahegelegenen Kleinstadt, wo die Bahn nach Manhattan abfährt. Wir umarmen uns und verabreden, uns bald wieder gegenseitig zu besuchen. Ich besteige den Vorstadtzug, fahre durch Orte, in denen die Häuser immer höher werden, bis sie schließlich an den Wolken kratzen.

In Red Hook, im südlichen Zipfel von Brooklyn, gibt es ein weitläufiges Hafengelände, früher wurden hier vor allem Frachter abgefertigt. Hier besteige ich ein großes Passagierschiff, um auf eine für mich ungewöhnliche Weise zurück nach Europa zu reisen.

Transatlantik

Eine deutsche Zeitung hat mich eingeladen, auf der Überfahrt nach Hamburg Vorträge zu halten. Ein verlockendes Angebot. Ich hoffe, mich auf hoher See ein wenig in die Gedankenwelt meiner Tante Loretta versetzen zu können, die sieben Jahrzehnte zuvor den Weg über den Atlantik in die umgekehrte Richtung gewagt hat. Und dann ist da auch die Möglichkeit, kurz vor der amerikanischen Präsidentschaftswahl mit Passagieren zu den Aussichten für die USA und für Deutschland ins Gespräch zu kommen.

Elf Tage lang verbringe ich Zeit mit Menschen, die mir, als wir ablegen, sehr fremd sind. Das ist ein völlig anderer Rahmen als bei sonstigen Lesungen. Allmählich lerne ich den Versicherungsmakler kennen, die Psychologin, den Unternehmensberater, die alleinstehende Rentnerin, die amerikanische Schriftstellerin, mit der ich mich gut verstehe. Beim Mittagessen sitzt am Tisch nebenan ein junges Ehepaar, das gerade seine Hochzeitreise beginnt. Ein Passagier hat die Schiffsreise nach Europa gebucht, weil er nicht gerne fliegt. Wir begegnen uns im Restaurant oder an der Reling, manche schweigen nur und schauen aufs Meer, andere beginnen eine Unterhaltung. Die nahe Wahl in den USA sorgt bei allen für eine Grundspannung.

Anders als ursprünglich geplant nimmt der Kapitän Kurs hoch Richtung Nordatlantik, er will den Ausläufern der neuen Wirbelstürme, die sich im Südosten der USA austoben, ausweichen. Über Lautsprecher verkündet er die neue Route und erzählt dabei in trockenem, nachrichtlichem Ton, dass wir bald nördlich an der Stelle vorbeifahren, wo einst die Titanic untergegangen ist. Nördlich? Beim Abendessen, das ich in einer kleiner Gruppe Mitreisender einnehme, erheitern wir uns mit allerlei Scherzen über Eisberge. Dann sprechen wir über ein Szenario, dem man in diesen Tagen weit weniger ausweichen kann, die gar nicht mehr unwahrscheinliche Wiederwahl von Donald Trump. Es sind schaurige Aussichten, Kollisionen jedweder Art, die unsere Fantasie anregen und die Tischgespräche prägen.

An Bord gibt es Fernsehmonitore, wer will, kann das Programm amerikanischer Sender sehen. Möglich macht das Starlink, das globusumspannende Netzwerk von Elon Musk, irgendwo im All kreisen Satelliten über uns. Weit draußen im Meer, einige hundert Seemeilen östlich von Neufundland, empfangen wir FoxNews, dort wird gerade eine Wahlkampfveranstaltung der Republikaner in Pennsylvania übertragen. Wir sehen Elon Musk, wie er mit ausgestreckten Armen wie ein Springteufel über die Bühne hüpft. Er ergreift das Mikrophon und schlägt einen harten, warnenden Ton an. Sollte Kamala Harris zur Präsidentin gewählt werden, würde sie Amerika vollständig verändern, sie würde die Redefreiheit abschaffen und das Tragen von Waffen verbieten. «Freie Rede gehört zur Demokratie,» ruft er. «Deshalb steht das Recht im ersten Verfassungszusatz. Und der zweite Verfassungszusatz [das Recht, Waffen zu tragen, Anm. der Autor] ist dafür da, sicherzustellen, dass wir den zweiten Zusatz behalten.» Elon Musk plädiert also dafür, sich notfalls mit Waffengewalt Gehör zu verschaffen; Trump müsse gewinnen, ruft er, um die Demokratie zu verteidigen.

Musks Sprüche über Redefreiheit und Waffen hatte ich nahezu wortgleich ein paar Tage zuvor im Haus von Martin gehört. Doch anders als mein Cousin halte ich nicht Kamala Harris für eine Big-Brother-Figur aus Orwells *1984*, vielmehr kommt Elon Musk selber der literarischen Vorlage immer näher. Der reichste Mensch der Welt hat furchteinflößend viel Macht und entzieht sich weitgehend demokratischer Kontrolle. Mit Tesla beherrscht er einen wichtigen Teil des Marktes von E-Autos, und er verfügt über sämtliche Daten, die Tesla-Fahrer erzeugen. Die Raumfahrt der USA ist längst von seiner Firma Space X abhängig. Mit Starlink bringt er Fernsehprogramme und Internet in die entlegensten Winkel der Erde. Seine Plattform X dominiert einen wichtigen Bereich der öffentlichen Kommunikation; er profitiert sogar von der Spaltung der Gesellschaft, mehrere Studien zeigen, dass der Algorithmus von X aggressiven und beleidigenden Posts eine größere Sichtbarkeit verschafft, was die Reichweite der Plattform erhöht. Elon Musk spekuliert zudem darauf, unter einem Präsidenten Trump einen Regierungsposten zu erhalten und künftig die Staatsausgaben zu lenken. Er überlegt, eine hohe Zahl von Bundesbehörden zu schließen, auch das Bildungsministerium. Javier Milei, der andere Anarchokapitalist, dürfte entzückt sein. Elon Musk, der schon so viele Branchen revolutioniert hat, hat offenbar Gefallen an einem neuen Projekt gefunden: dem Umbau des amerikanischen Staates.

Meine Atlantiküberquerung verläuft unter völlig anderen Umständen als die meiner Tante damals in den 1950er Jahren – unter den Augen von Elon Musk. Der nicht abreißende Strom von Online-Nachrichten und E-Mails, der mich sogar südlich von Grönland verfolgt, dämpft jegliches romantische Gefühl, das Loretta empfunden haben mag. Der amerikanische Wahlkampf begleitet uns wie die Delfine, die neben dem Schiff in die Luft springen. Beim Abendessen tauschen wir die neuesten Umfragewerte der beiden Kandidaten aus. «Habt ihr das auch gehört? Kamala Harris verliert das Momentum der letzten Wochen.» Die Angst der Gäste vor Donald Trump ist deutlich zu spüren, auch ihre Sorge, dass Trump im Fall seiner Wahl Wladimir Putin die Ukraine zum Fraß vorwirft.

Je mehr wir uns Europa nähern, desto mehr drängen auch deutsche Themen in unsere Gespräche. Ich lerne ein Ehepaar kennen, das sich mit der Schiffsreise einen lang gehegten Traum erfüllt. Die beiden sind etwa Mitte fünfzig, sie erzählen, wie sie als junge Leute von Westdeutschland nach Thüringen gezogen sind, damals, nicht lange nach der Wiedervereinigung, habe sie die Aufbruchstimmung im Osten gelockt. Jetzt aber habe sich ihr Lebensgefühl verändert, politische Ansichten würden immer schroffer aufeinandertreffen. Nicht nur in den USA, sondern auch in ihrer Region würde inzwischen offen über Migranten gelästert, ruhige und sachliche Debatten mit Nachbarn und Kollegen seien kaum noch möglich. «Aber wir können ja nicht nur übers Wetter reden», sagt sie. Die nervöse Anspannung in ihrer Gegend sei schwer auszuhalten, die Landtagswahl vor ein paar Wochen habe ihnen einen Schrecken eingejagt. Inzwischen denken die beiden darüber nach, Thüringen zu verlassen und wieder nach Westdeutschland zu ziehen. Aber wohin? Die politische Stimmung verändere sich ja gerade überall. Das Ehepaar ist ratlos, die beiden scheinen zu resignieren. Sprachlosigkeit ist die schlechteste Perspektive.

Allzu lange bleibt die Laune an Deck jedoch nicht düster, dafür sorgt schon der Nachmittagscocktail. Die Bordkapelle spielt Siebzigerjahre-Hits, der Refrain «I will survive» von Gloria Gaynor passt zu allen Gesprächsthemen, zu Schiffsuntergängen, zum Rechtsruck in der Heimat, auch zu Donald Trump. Allmählich kommt jedoch das Gefühl auf, dass uns die Zeit davonläuft, jeden Tag durchqueren wir eine Zeitzone, die Tage an Bord haben nur 23 Stunden. Wir nähern uns nicht nur dem europäischen Festland, sondern auch dem Tag der amerikanischen Präsidentschaftswahl. So muss es sich anfühlen, wenn man auf einen Eisberg zusteuert, es für Kurskorrekturen aber zu spät ist.

Entscheidungstage

Kurz nachdem unser Schiff in Hamburg festmacht, fliegt Joe Biden über den Atlantik, zu einem Abschiedsbesuch nach Berlin. Sogar Margot Friedländer ist zu seinen Ehren gekommen. Wofür sie Biden danken will, sagt sie nicht, aber wenn eine 102 Jahre alte Holocaustüberlebende den Gegenspieler von Wladimir Putin und Donald Trump umarmt, kann man sich seinen Teil denken. Ich stehe mit einigen Kollegen im Kanzleramt und muss an den Staatsbesuch eines anderen amerikanischen Präsidenten denken. Im Jahr 1982 wurde Ronald Reagan in Berlin wegen der Stationierung amerikanischer Mittelstreckenraketen mächtig angefeindet. Aus Protest gingen hunderttausend Menschen auf die Bonner Hofgartenwiese, ich war einer von ihnen, auch ein junger Student namens Olaf Scholz war dabei. Am Berliner Nollendorfplatz lieferten sich Demonstranten eine stundenlange Straßenschlacht mit der Polizei.

Und heute? Wieder sollen amerikanische Mittelstreckenraketen in Deutschland stationiert werden. Aber diesmal dankt Olaf Scholz überaus herzlich für die Unterstützung der Amerikaner, er dankt ihnen dafür, dass sie helfen, die Sicherheit Deutschlands zu gewährleisten. Wie sich die Zeiten doch ändern. Nachdem der Kanzler Joe Biden mit Komplimenten überhäuft hat, vibriert das gesamte Regierungsgebäude. Emmanuel Macron und Keir Starmer fliegen mit dröhnenden Hubschraubern ein, auch sie wollen ihrem Leitwolf ein letztes Mal die Hand drücken, bevor, ja bevor was eigentlich? Bevor Donald Trump die guten transatlantischen Beziehungen auf den Müll wirft? Bevor die amerikanische Demokratie zerfällt? Die drei wichtigsten Staats- und Regierungschefs Europas stehen in der Lobby zusammen und wärmen sich aneinander, sie ahnen gewiss, dass ihnen ein langer frostiger Winter bevorsteht. Auch unter den meisten Journalisten ist eine Weltuntergangsstimmung zu spüren, wie ich sie selten zuvor wahrgenommen habe. Zu den unheilverheißenden Wahlprognosen aus den USA kommen unheilverheißende Meldungen aus Deutschland. Der Ansehensverlust der deutschen Regierung ist inzwischen so besorgniserregend, dass viele Kollegen ein baldiges Auseinanderbrechen der Koalition erwarten. Die Frage, die ich an diesem Tag am häufigsten höre, lautet nicht, ob die Regierung frühzeitig scheitert, sondern wann und wie. Vom Mikado-Spiel ist die Rede, wer sich als erster bewegt, verliert.

Als sich Scholz, Macron, Starmer und Biden zum Gruppenfoto aufstellen, um in die Kameras zu lächeln und zu winken, wirkt ihre zur Schau gestellte gute Laune hohl, wie eine von PR-Beratern empfohlene Geste, ohne Kraft. Die Zusammenkunft ist nicht nur ein Abschied von politischen Freunden, sie ist der Abschied von einer Ära. Auf dem Berliner Regierungsviertel liegt zentnerschwere Wehmut, die Schockstarre setzt bereits heute ein, Tage vor der Wahl.

Auf der anderen Seite des Atlantiks wird das Duell zwischen Donald Trump und Kamala Harris und ihren Einpeitschern immer wütender, blutiger. Es gleicht einem Boxkampf in der letzten Runde, nicht mit Fausthieben, sondern mit Worten von dantesker Abgründigkeit: «Geisteskrank», «Drogenabhängig», «Zuhälter», «Faschist», «Tyrann», «Müll», «Betrüger», «Teufel», «Prostituierte», «Hurensohn», «Antichristin». Dieser Kampf hat nicht das Beste aus Amerika ans Tageslicht gefördert, sondern seine niedersten Instinkte offengelegt. Zwei Politiker haben sich übel verprügelt – und ihr Volk ist entzweit. Die Verletzungen ziehen sich durch die beiden großen Parteien, durch alle Bevölkerungsschichten und durch unzählige Familien.

Wer schafft es in Zukunft, der anderen Seite die Hand zu reichen? Wer beginnt ein offenes, ehrliches Gespräch? Über die Gräben hinweg. Solche Gespräche sind wichtig, überlebenswichtig.

In der Novembernacht, als in den USA der Gong zur letzten Runde verhallt ist und die Welt auf die Verkündung des Siegers oder der

Siegerin wartet, bin ich erneut in Berlin. In einem ungemütlichen Hotelzimmer verfolge ich die Auszählung der Stimmen in den amerikanischen Bundesstaaten. Um kurz nach 3 Uhr fallen mir die Augen zu und ich schlafe ein. Als ich wenige Stunden später meine Augen wieder aufmache und den Fernseher einschalte, besteigt gerade Donald Trump die riesige Bühne eines Kongresszentrums von West Palm Beach und sagt: «Wir haben Geschichte geschrieben.» Seine Anhänger kreischen.

Viele Stunden später, während ich noch versuche, meine Gedanken und Gefühle halbwegs zu ordnen, endet der Tag, als Olaf Scholz vor die Journalisten tritt und mit einer qualvoll unterdrückten Mischung aus Bitterkeit und Zorn die Entlassung seines Finanzministers verkündet. Die Deutschen sind am Morgen mit der Wahl von Donald Trump aufgestanden und werden mit dem Bruch der eigenen Regierung ins Bett gehen. Im spärlich beleuchteten ersten Stock des Kanzleramts spricht Olaf Scholz von gebrochenem Vertrauen, er meint sein Verhältnis zum bisherigen Koalitionspartner. Aber in diesen Tagen ist mehr zerbrochen, viel mehr.

Als der Kanzler seine Ansprache mit den trockenen Worten «schönen Dank» schließt, wagt niemand der Journalisten, eine Frage zu stellen, alle bleiben regungslos auf ihren Stühlen sitzen und warten, ob sich noch irgendetwas ereignet, irgendein Bild, irgendeine Gefühlsregung.

Dann geht Olaf Scholz den weiten Flur zurück in Richtung des Fahrstuhls, alleine.

EPILOG

Was habe ich mitgebracht von meinen Reisen in den letzten Monaten, außer sehr vielen Hotelrechnungen und Fotos auf meinem Smartphone? Welche Erkenntnisse habe ich gewonnen in den Großstädten und Dörfern im Norden und Süden Amerikas, in Italien und vor allem in Deutschland?

Was mir aufgefallen ist:

– In weißen Schrumpfgesellschaften wächst die Angst vor Bedeutungsverlust
– Die Angst schlägt zunehmend in Wut um
– Demokratische Regierungen schaffen es immer weniger, das Sicherheitsbedürfnis ihrer Bürger zu befriedigen
– Koalitionen, deren Partner gegeneinander arbeiten, zerstören das Vertrauen nicht nur ihrer Wähler
– Das Misstrauen großer Teile der Bevölkerung gegen Journalisten wird immer größer
– Demagogen füllen das Vertrauenssvakuum
– Die Angriffe auf die Demokratie von innen und von außen vereinen sich zu einem perfekten Sturm
– Wir leben nicht im Zeitalter des Postfaschismus, sondern im Zeitalter des Präfaschismus
– Es gibt Menschen, die mir Hoffnung machen

In den letzten Monaten habe ich viele Menschen beobachtet, die einen Widerwillen gegen beinahe jegliche Form von Veränderung empfinden. Besonders stark ist der Widerwillen gegen Veränderungen, die ihnen von außen aufgedrängt oder auch nur empfohlen werden, und seien sie noch so sinnvoll. Sie empfinden eine Aversion gegen klimaneutrales Reisen und klimaneutrales Wohnen, gegen fleischloses Essen oder gegen politisch korrekte Sprache. Sie wenden sich von etablierten Medien ab, weil sie das Gefühl der Bevormundung verspüren. Viele wehren sich aus verständlichen Gründen gegen industrielle Veränderungen, sie fühlen sich als Opfer von Transformationsprozessen. Die tiefgreifendste Abwehrhaltung ist aber eine andere: Sie richtet sich gegen fremde Menschen.

Der Soziologe Steffen Mau hat beschrieben, dass Gesellschaften, deren Größe abnimmt, häufig Gesellschaften der Angst sind. Sein Wort Schrumpfgesellschaft trifft sicher auf Ostdeutschland zu, die seit langem anhaltende Abwanderung ändert die Bevölkerungsstruktur dort massiv. Bezogen auf ganz Deutschland sehe ich die Entwicklung anders. Zwar sinkt die Geburtenrate, doch dank der steigenden Zahl von Zuwanderern wächst die Gesamtbevölkerung. In der Folge verringert sich jedoch der Anteil der christlich geprägten, weißen Bevölkerung im Verhältnis zu den Menschen, die neu ins Land kommen, auch aus anderen Kulturkreisen. Der afroamerikanische Hypothekenmakler Chris, den ich in Alabama kennengelernt habe, wies mich auf eine ähnliche Entwicklung in den USA hin. Ich möchte daher von «weißen Schrumpfgesellschaften» sprechen. Je mehr sie zurückgedrängt werden, desto mehr wächst die Angst.

Fast überall ringt die weiße, christlich geprägte Mehrheitsgesellschaft um ihre Vormachtstellung. Sie sorgt sich vor dem wirtschaftlichen und sozialen Abstieg und vor dem Verlust der kulturellen Dominanz. Das Leben in ihren Städten ändert sich, weil die neuen Mitbürger anders aussehen, weil sie sich anders kleiden und anders sprechen. Oft werden sie auch als Konkurrenten um Arbeitsplätze und Sozialleistungen wahrgenommen. Viele Menschen fürchten sich zudem vor Übergriffen. All das stellt die Bereitschaft einer Gesellschaft zur Offenheit auf die Probe. Ich blicke auf diese Entwicklung mit Verständnis, ich muss an die Opfer von Attentaten in Mannheim, Solingen und anderswo denken.

Aber ich denke auch an die Geschichte meiner eigenen Familie, an meine Tante, die in jungen Jahren nach Amerika ausgewandert ist, an meine Frau, die von Argentinien nach Deutschland zog. Ich denke auch an den Syrer in Gera, an die deutschstämmige Studentin in Tennessee, an den italienischen Taxifahrer in Buenos Aires, an die kolumbianische Altenpflegerin in North Carolina. Ihr Leben, unser Leben, würde völlig anders verlaufen, wenn sich Amerika und Europa Fremden gegenüber verschlossen hätten.

Die Jahrzehnte der Offenheit, die unsere Länder ausgezeichnet und erfolgreich gemacht haben, scheinen zu Ende zu gehen. In den USA wehrt sich die MAGA-Bewegung erbittert gegen Hispanics, die aus dem Süden in den Norden ziehen. Das penetrante Beharren auf diesem Thema war ein Grund für den Wahlerfolg von Donald Trump. In Deutschland versuchen Björn Höcke und seine Leute den Einfluss aus Nordafrika und dem Nahen und Mittleren Osten zurückzudrängen. In Italien fürchten sich Faschisten wie Guido Salecchi vor allen Muslimen. Ihre Rhetorik ist ähnlich brachial: «Sie vergiften unser Blut» (Trump), «Deutschland schafft sich ab» (Höcke), «Europa ist ein sterbender Kontinent» (Conte Salecchi).

Die Erwartung breiter Teile der Bevölkerung richtet sich auf die politische Führung ihrer Länder: Macht etwas, schützt uns vor den Fremden, sichert unsere Heimat! Doch den meisten Regierungen gelingt es nicht, das wachsende Sicherheitsbedürfnis ihrer Bürger zu befriedigen und ihnen Zuversicht und Neugier zu vermitteln. So wächst nicht nur die Enttäuschung über Politiker, die gerade an der Macht sind, sondern auch über das gesamte politische System. Der Behauptungskampf der weißen Schrumpfgesellschaft mutiert zu einem Kampf gegen eine Staatsform. Die Demokratie gerät in Verruf, weil Toleranz und Kompromiss in ihrem Wesenskern verankert sind und weil sie auf das Ideal der offenen Gesellschaft ausgerichtet ist. Die Feinde der Demokratie sehnen sich hingegen nach einer in sich geschlossenen, homogenen Gesellschaft. Dieser Streit zieht sich durch viele Debatten, sei es um Migration, um Abtreibung oder um Strafzölle. Immer werden diese Debatten von der Angst um den Verlust der eigenen Stellung getrieben. Zunehmend schlägt die Angst in Aggression um.

Auch in Argentinien macht sich Angst vor Bedeutungsverlust breit, aber aus anderen Gründen. Dort wächst die berechtigte Sorge, dass das Land den Anschluss an die weltweite Wohlstandsentwicklung verliert. Javier Mileis Behauptungskampf unterscheidet sich daher von den um ihre Stellung fürchtenden Ländern im Norden. Milei schwächt die staatlichen Institutionen absichtlich, er öffnet sein Land für ausländische Investoren und nimmt dabei Unternehmenspleiten und einen weiteren Armutsanstieg weiter Teile seiner Bevölkerung in Kauf. Eine riskante Strategie, die auf großen Widerstand stößt. Milei geht mit enormer Härte vor: Kritik versucht er zu ersticken, in dem er Oppositionelle an den Pranger der Öffentlichkeit stellt, auf sozialen Medien lässt er Hetzkampagnen verbreiten und flirtet schamlos mit dem Erbe der Militärjunta. Er stilisiert sich zu einem Auserwählten, zu einem Erlöser, und entfernt sich immer weiter von der Demokratie. Seine Anhänger nehmen ihm seine Verrücktheiten ebenso wenig übel wie die Gefolgsleute von Donald Trump. Die beiden Männer haben mit Kalkül ein gefährliches Element in die politische Auseinandersetzung eingeführt: Wahnsinn.

Sind Donald Trump, Javier Milei und Björn Höcke Faschisten? Es ist sinnvoll, sich über faschistische Tendenzen Gedanken, ja Sorgen zu machen und sie klar zu benennen. Vergleiche mit dem historischen Faschismus sind zur Schärfung der Sinne hilfreich. Als Mahnung. Aber das Wort Faschismus ist längst zu einem Kampfbegriff verkommen, Donald Trump benutzt es ja selber, um Gegner zu verunglimpfen. Wenn mein Cousin Joe Biden mit Stalin und Pol Pot vergleicht, sollte man es ihm nicht gleichtun und Donald Trump und Björn Höcke mit Hitler vergleichen. Das ist Unfug und führt in die Irre. Der inflationäre und unpräzise Gebrauch kann den Blick auf aktuelle politische Prozesse verstellen, er kann den notwendigen Diskurs schließen, statt ihn zu öffnen. Was ich aber über Donald Trump, Javier Milei und Björn Höcke sagen will, ist: Sie stehen dem Faschismus näher als der Demokratie.

Die Tendenzen sind bei allen drei Politikern und in allen drei Ländern besorgniserregend. Was wird passieren, wenn auch Länder wie Deutschland, Frankreich oder Italien eines Tages von schweren Wirtschaftskrisen mit vielen Millionen Arbeitslosen durchgeschüttelt werden? Was wird passieren, wenn modernere, geschicktere Demagogen an die Macht streben, Demagogen mit Charme? Demagogen, die Massenmedien nicht wie ihre Feinde behandeln, sondern wie ihre Freunde. Demagogen, die einflussreiche Journalisten nicht verprellen, sondern für ihre Zwecke einspannen. Wie gesagt: Wir leben nicht im Zeitalter des Postfaschismus, wir leben im Zeitalter des Präfaschismus.

Das führt mich zu einem anderen Begriff in der aufgeregten Debatte. Sind Trump, Milei, Le Pen, Meloni, Höcke und vergleichbare Personen rechtsextrem? Das Wort kann man eigentlich nur noch als Hilfsbegriff verwenden. Seit einigen Jahren gibt es eine politische Achsenverschiebung in Amerika und Europa; sie ist so deutlich, dass zwar noch das Wort «rechts» passt, nicht aber in Kombination mit «extrem». Das alte Wort rechtsextrem beschreibt immer mehr den neuen Standort der politischen Mitte. Mir ist aufgefallen, wie häufig ich in bürgerlichen Kreisen der USA die Geschichten von der manipulierten Wahl 2020 und des vom Deep State inszenierten Sturms aufs Kapitol gehört habe. Und in Deutschland? Ausländerfeindliche Sprüche, üble Unterstellungen gegen Journalisten, sogar die Behauptung, die Regierung arbeite an einer großen Umvolkung hört man nicht mehr nur an den Rändern der Gesellschaft, sondern auch im gebildeten und wohlhabenden Bürgertum.

Im Jahr 2016 war ich einmal auf einer Pegida-Demonstration in Dresden. Am Schluss der Kundgebung schrie die Menge wie wild gegen Asylbewerber: «Abschieben, abschieben, abschieben!» Ich war erschüttert. Acht Jahre später dröhnt der Ruf «Abweisen, abweisen, abweisen!» aus ungleich mehr Kehlen im Land, sogar aus der Mitte des Deutschen Bundestages. Erschrickt noch jemand? So unbequem die Feststellung ist: Der Begriff rechtsextrem verliert an Bedeutung, er ist ein Begriff des Übergangs. Dennoch will ich nicht auf ihn verzichten, ich will mich nicht an die Achsenverschiebungen gewöhnen.

Gibt es Hoffnung? Ja natürlich, ich habe auf meinen Reisen viele Menschen kennengelernt, die sich dem großen Sturm gegen die Demokratie entgegenstellen. Gesellschaft ist kein Zustand, sondern ein Prozess. Man kann auf ihn Einfluss nehmen. Das oft beschriebene Beispiel Polens zeigt, wie sich Mehrheitsverhältnisse wieder ändern können.

Demokratie ist wie eine Großfamilie. Wenn die Mitglieder nicht mehr miteinander sprechen, droht sie zu zerbrechen. Dann entsteht Misstrauen, schlimmstenfalls Hass. Aber solange sich die Verwandten einander zugehörig fühlen und miteinander sprechen, werden sie durch einen Grundkonsens verbunden. Nennen wir ihn Respekt. Oder Toleranz. Man muss nicht bei allen Themen übereinstimmen, aber man kann lernen, die Verwandten auszuhalten, möglicherweise sogar zu verstehen. Daher ist es wichtig, Familientreffen zu organisieren, Gelegenheiten, bei denen man sich austauscht. Das Gleiche gilt für demokratische Gesellschaften. Es ist Aufgabe von öffentlich-rechtlichen Sendern und anderen Medien, nicht nur zu senden, sondern auch zu empfangen, also auch Meinungen jenseits des Mainstreams abzubilden, solange nicht gegen geltende Gesetze verstoßen und dreist gelogen und verleumdet wird. Das Ringen um Vertrauen ist wichtiger als das Ringen um Marktanteile. Die Redaktionen sollten aber auch den Rücken gerade machen und vor dem Gefasel von der Meinungsdiktatur nicht in die Knie gehen.

Es ist die Aufgabe von Regierungen, notwendige Veränderungen in Wirtschaft und Gesellschaft umzusetzen, aber auch für Verständnis zu werben und zu moderieren. In dieser Hinsicht gab die Ampelregierung ein denkbar schlechtes Beispiel ab. Ursprünglich hatten die drei unterschiedlichen Partner die Chance, in unterschiedliche Bereiche der Gesellschaft zu wirken, die Bevölkerung von ihren Entscheidungen zu überzeugen und sie zusammenzuhalten. Aber sie haben das verspielt, was die Demokratie genau wie eine große Familie im Inneren zusammenhält: Vertrauen.

Die Wahlergebnisse in Frankreich, Österreich, in den Niederlanden, aber auch in Sachsen, Thüringen und Brandenburg sind Vorboten. Einiges spricht dafür, dass Europas Länder künftig von Parteien regiert werden, die schlecht zueinander passen. Gefährliche Konstellationen zeichnen sich ab, politische Instabilität droht in einer Zeit, in der die Bevölkerungen sich nach Stabilität sehnen. Die Volksvertreter stehen vor völlig neuen Herausforderungen. Wenn es ihnen nicht gelingt, stabile und konstruktiv zusammenarbeitende Regierungsbündnisse zu schmieden und das Vertrauen der Bevölkerung zurückzugewinnen, dann droht am Ende: die Kettensäge.

DANK

Ich möchte einigen Personen danken, die mich bei der Arbeit an diesem Buch unterstützt haben. Zunächst ist da meine eigene Familie, meine Mutter, meine Tante Loretta und mein Cousin Martin, meine Frau Maria Laura sowie meine Söhne Lucas und Nicolás. Mit ihnen habe ich lange Gespräche für dieses Buch geführt, andere haben mir bei der Recherche und mit kritischen Anmerkungen geholfen. Ich möchte Matthias Hansl danken, meinem Lektor, er hat mich mit klugen Ratschlägen und einem scharfen Blick durch dieses Projekt gelotst. Ich danke dem gesamten Team des Verlags C.H.Beck, stellvertretend nenne ich Jonathan Beck, Sebastian Ullrich sowie Ulrike Wegner, Konstanze Lueg und Claire Zander. Ich danke für ihr Vertrauen und ihren großen Einsatz, ebenso Franziska Günther, meiner klugen Literaturagentin und Ratgeberin. Martin Ingenfeld hat das Buch auf Fehler gewissenhaft durchforstet, vielen Dank dafür. Mein Freund Werner Knobbe hat mich mit seiner politischen Sachkenntnis unterstützt, Jörg Nabert mit seinem juristischen Fachverstand, Caren Butta hat mir mit vielen Kontakten und Hintergrundinfos selbstlos bei meiner Reise nach Oberitalien geholfen. Zuletzt danke ich all den Personen, die ich auf meinen Reisen kennengelernt habe und mit denen ich offene Gespräche führen konnte. Es gab viel Widerspruch, gelegentlich auch Verständnis, aber immer gab es die Bereitschaft, sich auf andere Sichtweisen einzulassen. Wieder einmal wurde mir klar, wie wichtig es ist, nicht nur übereinander zu sprechen, sondern auch miteinander.

REGISTER